Theodor Storm

Gesammelte Schriften

13. Band

Theodor Storm

Gesammelte Schriften
13. Band

ISBN/EAN: 9783744650403

Hergestellt in Europa, USA, Kanada, Australien, Japan

Cover: Foto ©ninafisch / pixelio.de

Weitere Bücher finden Sie auf **www.hansebooks.com**

Theodor Storm's

gesammelte Schriften.

Erste Gesammtausgabe.

Vierzehn Bände.

Braunschweig,
Druck und Verlag von George Westermann.
1882.

Theodor Storm's

gesammelte Schriften.

Band 13.

Braunschweig, Verlag von G. Westermann
1882.

Inhalt

Des dreizehnten Bandes.

Eekenhof.

(1879.)

Es klingt wie eine Sage, und man könnte es fast für eine solche halten; an mehreren Orten soll es geschehen sein, und die Poeten haben hie und da einen Fetzen davon abgerissen, um ihn, jeder nach seiner Weise, zu verwenden. Dennoch möchte ich eine abgelegene Wiese unserer engeren Heimath, auf welcher die deutlich erkennbare Vertiefung eines jetzt verschütteten Ringgrabens und einige halbzersplitterte Eichenriesen am Rande derselben die Stätte eines einstigen Herrensitzes anzeigen, für den Schauplatz halten, auf welchem diese Schatten der Erinnerung einst in lebendiger Gestalt vorübergingen. Nicht etwa, weil es dort vor Jahren noch in selten ausführlicher Ueberlieferung erzählt wurde; aber es ist nachweisbar von Geschlecht zu Geschlecht bis in die Gegenwart heraufgekommen, und wenn wir die Stufen wieder abwärts steigen, so treffen wir auf den ersten

1*

Erzähler, dessen Name in dem noch erhaltenen Kirchenbuche verzeichnet steht, der nicht nur die Uhr des alten Herrenhauses in seinem Dorfe noch hat schlagen hören, wenn just die Luft nach dieser Richtung wehte, sondern der im Vorbeigehen auch noch den alten menschenscheuen Herrn in einsamer Mittagszeit unter einer der großen Eichen sitzen sah, den greisen Kopf unbeweglich nach dem in jähem Verfall begriffenen Gebäude hingewandt. Bei stillem Wetter, wenn etwa die Augustsonne recht heiß vom Himmel brannte, hat man es hören können, wie drinnen der Kalk herabgerieselt, wie es im Gebälk gekracht oder gar, wer mag wissen was, mit dumpfem Fall herabgestürzt ist.

Jetzt ist Alles längst verschwunden; aber auf den verstaubten Trümmern eines hölzernen Epitaphiums, welche in meiner Jugend auf dem Boden der dortigen Dorfkirche lagen, war noch das Bild des alten Herrenhauses sichtbar, wie es sich einstöckig mit hohem, fast fensterlosem Unterbau innerhalb des Ringgrabens erhoben hat. Nach der Structur der beiden Zackengiebel zu urtheilen, mußte es im sechzehnten Jahrhundert erbaut sein; die gegen Morgen belegenen

Fenster des oberen Stockwerks schienen in ihrer Zu=
sammenstellung anzudeuten, daß sich dort, wie in
den meisten derzeitigen Landsitzen des Adels, zunächst
der Stiege die kleinere Winter= und daran in gleicher
Lage die geräumige Sommerstube oder, wie man
gern zu sagen pflegte, der Rittersaal befunden hatte.

Und so stimmt es auch mit jener bis auf uns ge=
kommenen Erzählung; aus dieser ist sogar noch weiter=
hin zu schließen, daß man aus dem Saal in einige
gegen Abend belegene Kammern habe eintreten und
durch diese wieder auf den oberen Flur habe hinaus=
gelangen können. Der Saal selbst aber, welcher die
Bildnisse aus dem mütterlichen Geschlechte des letzten,
in seiner Jugend verschollenen Eigenthümers soll ent=
halten haben, spielt noch heute in der Phantasie des
Volkes eine Rolle; noch jetzt weiß man von dem
Bilde eines jungen blonden Obristers im Reiterkoller
aus der Zeit der Grafenfehde, über dessen blasses
Antlitz eine blutrothe Narbe hingelaufen, und neben
diesem von einer stolzen schwarzäugigen Dame mit
Reiherfedern auf dem Schlapphute und einem Stieg=
litz auf der Hand. Das verbundene Geschick dieses
Paares soll für das des ganzen Geschlechtes vor=

bestimmend gewesen sein; aber die Sage über sie ist
verschollen; nur will man wissen, wenn bei der Ihren
einem der Todeskampf begonnen habe, dann sei,
wann immer und zu welcher Tages- oder Jahreszeit, ein wundersamer Vogelgesang erschollen und
jählings wieder stumm geworden, sobald die Seele
sich von ihrem Leib gelöset habe. Neben der Thür
aber, welche in eine der westlichen Kammern führte,
hing ein anderes Frauenbild, an welches unsere Erzählung ihre Fäden anknüpft.

Wenn außerdem die Ueberlieferung von einem
Walde wissen will, an dessen Rande einst das Haus
gelegen habe, so gab auch hievon jenes Epitaphien-
bild eine Andeutung; denn zur Linken außerhalb des
Ringgrabens zeigte sich ein Heckthor, hinter dem sich
ein Weg in Bäumen zu verlieren schien.

* * *

In der zweiten Hälfte des siebzehnten Jahrhunderts, um die Zeit da Herzog Christian Albrecht
und der dänische König gemeinschaftlich das Land
regierten, ist es gewesen, als dieser Hof — im Volks-
munde, wie noch jetzt der Platz, wo einst das Haus

gestanden, „Eckenhof" genannt — durch Heirath in den Besitz eines Herrn Hennicke kam, der vordem als Hofjunker unter des Herzogs Leuten lebte. Er ist ein jüngerer Sohn gewesen und soll von seinen Knabenjahren an das Majoratsgut seines Hauses nur mit Neid und Haß in seines ältesten Bruders Hand gesehen haben; denn Habgier und Verschwendung haben in seinem Herzen sich gestritten. Zum Glücke aber gab es auch schon derzeit jenes zweite Mittel, um mühelos, wie durch Geburt, zu Hab und Gütern zu gelangen; und es ist auch zwei Mal glücklich von ihm angewandt worden, so daß späterhin die Rede ging, Herr Hennicke lebe von seinen beiden Weibern, der lebenden und der todten.

Die erste, die er freite, war ein schönes Kind vom Lande; sie hatte weder Eltern noch nahe Blutsfreunde; aber das Herrenhaus zwischen den alten Eichen war ihr freies Eigen; dazu der Wald und drunten das Kirchdorf mit den Strohdächern der Pachtbauern und der Hörigen. Nicht aus Lust hatte sie nach ihres Vaters Tode sich in die Stadt begeben; auch war die Base, der Herzogin Hoffräulein, die sie in ihr Haus geladen hatte, ihr viel zu muth-

willig; aber ihrem Vater, der sehr jung gestorben
war, hatte sie geloben müssen, nach seinem Abscheiden
für die Sommerstube ihr Bildniß von des Herzogs
Maler Jurian Ovens fertigen zu lassen. „Das
gehört noch an die leere Stelle," hatte er gesagt;
„dann kann der Schlüssel abgezogen werden, wir
sind dann Alle wie in einer Gruft beisammen."

Die düsteren Worte hatten sie erschreckt, und sie
hätte sich wohl lieber um eine andere Ursach malen
lassen; aber des Vaters Wille mußte doch geschehen.

Und das Bildniß wurde wie sie selber. Das
Hoffräulein mochte ihr noch so oft das Kinn empor-
heben und lachend zu ihr sagen: „Du solltst nur
wissen, was für besondere Schönheit an dir ist!" —
die blauen Augen wußten nichts von dieser Schönheit und blickten nach wie vor, als bäten sie nur
um Schutz in ihrer Einsamkeit.

Daß sie als Braut nach ihrem stillen Herrenhaus zurückkehren sollte, hatte sie wohl nicht gedacht;
auch soll die muntere Base oft nachher gesprochen
haben, sie habe den schwarzen Henne wohl gerne
nicht genommen; sie hab' nur nicht gewagt, ihm
nein zu sagen, und da sie einmal ja gesagt, so sei

sie viel zu gut und lang nicht klug genug gewesen,
ihm wieder nein zu sagen.

*   *

Als Herr Hennicke zu seiner Hochzeit über die
Ziehbrücke in den Eekenhof einritt, war droben an
der Wand des Saales, wo das Fest bereitet stand,
die leere Stelle ausgefüllt, und die Gäste sahen mit
Verwunderung bald auf die stille, in lichtes Gewand
gekleidete Braut in ihrer Mitte, bald auf ihr Bild,
das, ganz ihr gleichend, ein blühend Myrtenzweiglein
in der Hand, aus dunklem Rahmen von der Wand
herniederblickte und die Bilderreihe des zu Ende
gehenden Geschlechts beschloß.

Unter den Hochzeitsgästen ist von der Sippschaft
der Braut nur die Base aus der Stadt gesehen
worden; die Freundschaft des Bräutigams sind stolze
herrische Männer gewesen, und Herr Hennicke hat
mit ihnen getrunken und sich wenig um die Braut
gekümmert.

Als der Tag vorüber und dann Alle, mit ihnen
auch die lustige Base, den Eekenhof verlassen hatten,
ist die junge Frau in Einsamkeit zurückgeblieben;

denn ihr Eheherr, wenn er nicht zu Gelag und
Spiel bei seinen Nachbarn war, hatte draußen genug
zu thun, um, wie er sagte, ein richtig Regiment zu
schaffen; die Pachtbauern sollten ganz anders jetzt
den Säckel ziehen, der Schweiß der Hörigen ganz
anders noch den Acker düngen. Den Vogt und das
Gesinde sah er sich mit scharfen Augen an: die alten
Diener, deren Knochen ihm nicht stark genug erschienen, hieß er gehen. Seines Weibes Fürbitte,
wenn sie sich je und je hervorwagte, hat er mit
hartem Wort zurückgeschreckt, daß sie mit scheuem
Aufblick stumm geworden ist; und bald hat sie ge-
zittert, wenn draußen auf der Treppe nur sein
Schritt erscholl. Mitunter, wenn sie aus ihrer
Wirthschaft über die Brücke hinaus gegangen war,
sei es, um drüben unter den Eichen ein Weilchen
auf der kleinen Bank zu ruhen oder seitwärts durch
das Heckthor ein paar Schritte in den Wald zu
schlendern, dann ist es wie ein Traum auf sie gekommen, als sei vor Zeiten — und wenn sie nach-
gesonnen, gar noch nach ihres Vaters Tode — hier
große heitere Gesellschaft um sie her gewesen, die
diese Orte nun für alle Zeiten verlassen habe; und

doch hat sie gewußt, es sei auch damals so einsam hier wie jetzt gewesen, und grübelnd ist sie in das stille Haus zurückgegangen.

Dennoch, nachdem die Zeit verlaufen war, ist es gekommen, daß bei einem Gelage in der Nachbarschaft die Gäste auf die Ankunft des erwarteten Erben haben trinken wollen. Als aber ein alter Herr gemeint, man solle zunächst des jungen Weibes denken, daß sie die schwere Stunde glücklich überstehe, ist eine Gegenrede laut geworden: „Was Weib! ein Weib ist ein zerbrechlich Ding! Stoßt an, wir wollen auf den Buben trinken."

Und als Herr Hennicke hierauf nur träg sein Glas erhoben, hat ihm ein Anderer lachend zugerufen: „Du sinnst wohl, Hennicke, wenn du dein Weib mit einem Buben tauschen müßtest, wie lang du auf dem Hofe noch den Herrn zu spielen hättest? Ich will dir rechnen helfen; mit einundzwanzig Jahren sind die Junker mündig!"

Der halbtrunkene Gast mochte nicht weit vom Ziel getroffen haben; denn Herr Hennicke hat ihn drohend angesehen: „Schweig, Wulf! Ruf den Tod dir in dein eigen Haus!" Dann hat er im vollen

Haufen angestoßen, daß das Glas zersprungen und
der Wein verschüttet ist.

Danach aber, wenn er je zuweilen das bleicher
werdende Antlitz seines Weibes gesehen hat, sind jene
Worte ihm allzeit wieder vor den Ohren und die
weinrothen Augen deß, der sie gesprochen, vor dem
innern Blick gewesen.

— — Und die schwülen Spätsommer-Monde
sind gekommen. — Und, da ihre schwere Stunde
näher rückte, hat das junge Weib die Nachmittage
in dem Rittersaal verbracht; denn hier in dem weiten Raume, dessen Fenster dann im Schatten lagen,
war es frisch und kühl. Schon als Mädchen hatte
sie gern mit ihrer Arbeit hier gesessen; jetzt nähte
sie eifrig an der kleinen Aussteuer für die Wiege,
die voll schwellender Kissen schon daneben in der
Kammer stand; und wenn ein Käppchen oder ein
Hemdlein auch nur zur Hälfte fertig war, dann
hielt sie's vor sich hin und betrachtete es, halb im
Entzücken, halb in dunklem Grauen. Früher und
noch bis vor Kurzem war die Schaffnerin, die alte
Maike, ihr zur Gesellschaft dagewesen, aber auch
diese hatte Herr Hennicke verabschiedet, weil sie, so

sagte er, zu alt in der Herberge geworden sei; in
Wahrheit, weil sie der stummen Klage in seines
Weibes Auge unterweilen ihren fertigen und dreisten
Mund geliehen hatte. Daher ist jetzt nur die stille
Gesellschaft der Bilder ihrer Vorfahren um die junge
Frau gewesen; aber fast von allen wußte sie, sei es,
was ihr Leben einst erfüllt oder was, oft jählings,
aus demselben sie hinausgetrieben hatte. Einst hatte
die alte Maike ihr das erzählt; jetzt war ihr, wenn
sie auf die einen oder andern blickte, als erzählten
es die todten Bilder selber, daß ihres Lebens Lust
und Jammer nicht vergessen werde. Und von dem
milden Antlitz ihres Vaters gingen ihre Blicke stets
nach jener fernsten Ecke, wo in dem Schatten der
Fensterwand des jungen bleichen Obristers Bildniß
hing; von diesem weiter zu der stolzen Dame mit
der Reiherfeder, die jetzt mit ihren dunkeln Augen
in das Leere schaute. Dann schrak sie wohl zusammen
und ließ die kleine Arbeit aus den Händen fallen;
denn ihr war gewesen, als hübe auf der Dame Hand
der Stieglitz seine Flügel, als ob er plötzlich seinen
Sang beginnen wolle. Aber wenn sie mit aufgerissenen Augen horchte, so war es todtenstill im Saale.

Auch einmal, da in der steigenden Dämmerung
es immer einsamer um sie geworden war, als auch
draußen das Rauschen in den Eichen aufgehört hatte
und ihr die müden Hände in den Schoß gesunken
waren, ist es über sie gekommen, als wäre in dem
leeren Saal nun auch sie selber nicht mehr da, son=
dern statt ihrer nur noch ihr Bildniß, das mit den
anderen in den stillen Raum hinabsehe. Sie hat
versucht, die Arme oder den Fuß zu strecken, aber
sie hat es nicht vermocht; ihr ist gewesen, als sei
sie nun für immer leblos in den dunkeln Rahmen
des Bildes festgebannt. Das finstere Wort des
Vaters hat vor ihr gestanden; doch als es jählings
sie durchfuhr, daß dies den Tod bedeuten möge, da
hat die Mutterangst aus ihr geschrieen: „Mein
Kind, mein Kind! Was soll aus meinem Kinde
werden!" Und mit gelösten Gliedern ist sie aufge=
sprungen und in dem fast dunklen Saal umher=
gewandert; als sie aber an ihrem eigenen Bild
vorüber gekommen, hat sie geschaudert und ist dann
eilig in die Kammer nebenan geflohen, allwo sie
mit der theuren Bürde unter ihrem Herzen an der
Wiege hingesunken ist.

Herr Hennicke hat dies nie erfahren; aber sein
junges Weib hat es in ihrer letzten Noth ihrem
alten Seelsorger, dem Pastor drunten aus dem
Dorfe, anvertraut; von diesem ist es auf seinen
Nachfolger Albertus Petri übertragen worden, wel=
cher vor seinem Dienstantritt als Informator in
Herrn Hennicke's Hause lebte und später der erste
Erzähler dieser Geschichte wurde.

*   *   *

Und als die Zeit erfüllt war, sind nach schwerer
Angst die Kammerwände von der matten Stimme
eines Knäbleins angeschrieen worden; die Mutter
selber aber hat am dritten Tage ein Schlaf befallen,
aus welchem die Seele nicht mehr Kraft gehabt hat
sich emporzuringen. Und wieder danach am dritten
Tage, da eben durch die kleinen Scheiben das letzte
Sonnengold hereinleuchtete, ist draußen aus der
Abendstille ein süßer Vogelgesang erschollen, obwohl
die Zeit des Singens längst vorüber war und schon
der Herbst die Blätter von den Bäumen riß. Die
Kranke aber ist aus ihrem Fieber aufgefahren und
hat mit Wehelaut gerufen: „Der Stieglitz! Maike,

ach, der Stieglitz singt!" Und als im selben Augen=
blick Herr Hennicke mit hartem Schritt hereintrat,
ist er in jähem Schrecken an der Schwelle festge=
halten worden und hat mit vorgerecktem Halse
horchend dagestanden.

Da war es, als ob der Vogelsang sich nebenan
im Bildersaal verliere; dann ward es völlig still,
und auch die Wöchnerin sank stumm in ihre Kissen;
doch als Herr Hennicke herzutrat, lag nur noch sei=
nes Weibes Leiche vor ihm.

Als bald danach die Wehmutter, welche im Hause
verblieben war, das weiße Linnen über der Todten
Antlitz deckte, stand der Wittwer an der Wiege und
starrte schweigend auf das schwache Wesen, das dort
in den Kissen um die Lebensluft zu ringen schien.
Da trat das Weib auf leisen Sohlen zu ihm: „Betet
zu Gott, Herr Hennicke!" sprach sie; „aber getröstet
Euch nicht, daß Euch das Kind behalten bleibe!"

Er fuhr zusammen und wandte rasch den Kopf.
Das Weib erschrak fast, als er sie mit seinen schwar=
zen Augen ansah. „Das Kind? Was meinst du?"
rief er. „Daß auch das Kind noch sterben sollte?"

Die Alte wurde fast verwirrt; er sprach so laut;

doch weder Schreck noch Kummer war in seiner
Stimme. „Das liegt in Christi Händen," sagte sie;
„aber saht Ihr's denn nicht? Es steht ein Lächeln
um der Leiche Mund; so liegen nur, die bald ihr
Liebstes nach sich ziehen."

Sie trat zurück, um von der Todten Angesicht
das Linnen abzudecken; aber Herr Hennicke packte
raschen Griffes ihren Arm. „Geschwätz," stieß er
mit heiserem Laut hervor, „wenn du nichts Anderes
zu berichten weißt!"

„Laßt mich, Herr Hennicke!" sagte die alte Frau.
„Ihr seid ein großer Herr; aber der Todten An-
gesichter versteh ich besser doch als Ihr! Harret
eine Viertelstunde hier an Eures Kindes Wiege, so
werdet Ihr die Gichter kommen sehen."

Und Herr Hennicke blieb und sah die Gichter in
dem kleinen Antlitz zucken. Dann schritt er aus
der Kammer und durch den Saal; aber er sah
nicht auf, wo seines Weibes Bildniß hing. Eilends
stieg er in den Hof hinab und bald saß er zu Pferde,
und seine großen Hunde neben sich, ritt er über die
Brücke in die schon dunkelnde Nacht hinaus. Er
ritt auf dem engen Wege um den Wald herum,

quer über die Felder um das ganze Gutsgebiet; seine
Blicke streiften über das dämmernde Land mit einer
Sicherheit, wie sie es nie gethan. Der Erbe dieses
Grundbesitzes lag sterbend in der Wiege; er aber
war der Vater und der Erbe dieses Erben! Er
stieß seinem Pferde die Sporen in die Weichen, daß
es bäumend in die Luft stieg; aber er zwang es
nieder auf die Vorderfüße, seine Faust war kräftiger
als je. „Vorwärts! Wir traben bald auf eigenem
Grund und Boden!" Seine Brust hob sich; mit
Mühe bändigte er ein Jauchzen, das fast die stille
Nacht erschüttert hätte. Als er zu Hause von dem
schäumenden Rappen stieg, kam ihm die Bauerndirne,
die als Kindsmagd war gemiethet worden, mit Ge=
heul entgegen, das Kind lag abermals in seinen
Gichtern.

Am anderen Morgen kam der Arzt, und am fol=
genden Tage kam er wieder; und während er an
der Wiege des Kindes war, ging Herr Hennicke in
athemlosem Wandern in der Winterstube auf und
ab; aber die Wage stand immer noch zwischen Tod
und Leben. Als am dritten Tage der Docter zu
ihm ins Gemach trat, streckte er Herrn Hennicke die

Hand entgegen und sprach mit heiteren Augen: „Die edle Todte hat Euch ein theueres Pfand gelassen; Gott hat geholfen, Euer Kind wird leben!"

Seit jenem Augenblicke haßte Herr Hennicke den alten Arzt; noch mehr aber seinen eigenen Sohn.

*   *   *

Das Wesen des Mannes wurde seit dem Tode der sanften Frau noch finsterer und gewaltsamer. Wenn die Hörigen säumig waren oder die Pacht= bauern mit ihrem Zinse oder den Mast= und Schweinegeldern im Rückstand blieben, ließ er die einen in den Block legen oder peitschen, für die anderen suchte er alte, längstvergessene Strafen aus dem Staube der Archive. Freilich, der Gelder konnte er nicht entrathen; denn er liebte Weiber und Ge= lage und war auf Wochen oftmals in der Stadt, im fröhlichen Verkehre mit des Herzogs Leuten; und wenn auch noch auf zwei Jahrzehnte der Gutsertrag in seine Kasse floß, er war noch jung, und die Mün= digkeit des Kindes traf noch in seine besten Mannes= jahre. Wenn der Geburtstag seines Sohnes sich jährte, es war ihm nur ein Merkmal der ihm dro=

henden Verarmung. Ueberdies war schwere Zeit
damals in den siebziger Jahren des vorletzten
Jahrhunderts; Kriegs- und andere Lasten drückten,
und der mitregierende König achtete weder des Volkes
noch der Stände Rechte. Es half Herrn Hennicke
nicht viel, daß er jeden Anlaß nahm, um Bauern-
feld in Hoffeld umzuwandeln; es wurde noth, nach
einer zweiten Erbtochter mit freiem Eigen auszu-
schauen; vielleicht in einer Zeit, wo er weniger als
je dazu den Antrieb spürte.

Allein es wollte nicht so glücken wie das erste
Mal. Auf mehreren Herrensitzen hatte er schon angeklopft; aber die Töchter waren meistens aus der
anderen Thür gegangen, wenn er zur einen eingetreten war. Die niedrige Stirn des Mannes unter
dem schwarzen, kurz geschorenen Kraushaar wollte
ihnen nicht gefallen; sie sahen lieber auf ihre
Vettern und Freunde, welche schon die zierliche, von
Herrn Hennicke stets verschmähte französische Perrücke
auf ihren jungen Köpfen trugen; auch munkelte es
stark, daß trotz des Freierganges der schwarze Mann
von einer niederen Leidenschaft gehalten sei und,
gleich dem Bauern, nur das Gut freien gehe.

So kam es endlich, daß er zu einem lang ge=
miedenen saueren Weg sich rüstete.

Hinter dem Walde von Eckenhof, von dessen
Herrenhaus nur eine halbe Stunde fern, saß eine
Erbtochter ganz allein auf ihrem nicht gar großen,
aber schuldenfreien Hofe. Sie war ein Waisenkind
von etlichen dreißig Jahren, eine herbe wirthschaft=
liche Jungfrau, deren farbloses Antlitz mit dem
glatt gescheitelten Flachshaar stets so sauber gehalten
war wie die tannenen Fußböden ihrer Zimmer, von
denen die Bauern sagten, daß man den Braten von
den Dielen essen könne. Vor etwa zehn Jahren
war die Meinung aufgekommen, ein armer Vetter
werde bei der wohlhäbigen Base sich ein sicheres
Nest erwerben; aber es war nicht dazu gekommen,
und einem neugierigen Frager hatte mit verschmitztem
Lächeln der junge Fant erwidert: „Wenn sie nur
Brauen auf den Schädelbogen hätte! Ich fürchte
mich vor ihren nackten Augen!"

Seit jener Zeit hatte die Jungfrau an ihrer
Aussteuer nur noch emsiger gesponnen als je zuvor.
Des Tages über saß sie allein an ihrem Rade und
spähte unterweilen aus ihren kleinen Augen auf die

vorbeiführende Heerstraße, ob nicht zu Roß oder
zu Wagen ein Freier angefahren komme; am Abend,
zumal im Winter, wenn die Wirthschaftsarbeit ab=
gethan war, schnurrten auch die Räder der leib=
eigenen Mägde um sie her, und war die Herrin
zum Schlaf in ihre Kammer gegangen, so mußten
die Dirnen stundenlang noch in der kalten Stube
weiter spinnen; klagten sie am anderen Morgen, daß
sie mit den steifen Fingern den dicken Wocken, den
sie ihnen zur Nacht noch aufzustecken pflegte, nicht
völlig hätten zwingen können, so wickelte sie den
Flachs um ihre Finger und sengte ihnen den=
selben daran ab. Sie soll dabei gesagt haben:
„Nun wird's wohl heiß genug sein für die ganze
Woche!"

Da eines Morgens, als sie von ihrem Spinn=
rade in den grauen Regentag hinausäugte, kam ein
Reiter mit zwei großen Hunden dem Thore ihres
Hofes zugetrabt. Ihre dünnen Lippen verzogen sich
zum Lächeln; denn es war Hennicke, den sie seit
seiner Frauen Hingang schon jeden Tag erwartet
hatte. Sie lächelte sogar noch, wenn auch ein wenig
säuerlich, als mit Herrn Hennicke seine Hunde sich

ins Zimmer drängten und ihre schmutzigen Tatzen
auf die weißen Dielen setzten.

Herr Hennicke sah weder ihr süßes noch ihr
saueres Lächeln; bald aber ließ er sich von ihr
Trepp' auf Trepp' ab im Hause umherführen; sie
schloß ihm, einen nach dem anderen, die schweren
Eichenschränke auf und wies ihm prunkend die auf=
gespeicherten Gespinnste; und da nun Land und Sand
sich selber lobte, so lobte der Freier auch die Schätze
in den Schränken. Die Dirnen aus der Küche aber
schlichen ihnen nach, kicherten und guckten um die
Ecken und hatten es bald heraus, daß hier ein Lie=
beswerf im besten Gange sei.

Nur eine Bedingung, vielleicht um sicherer die
Zügel zu behalten, knüpfte die Jungfer Benedicte
an die Vergabung ihrer Hand: der Bräutigam sollte
zu ihr auf ihren Erbhof ziehen; sie wollte nicht auf
fremdem Boden wirthen. — Und so kam es, daß
das alte Haus des Eckenhofs verlassen wurde und
nichts zurückblieb als droben in der großen Som=
merstube ein paar verblichene Sessel und die Bilder
der Verstorbenen.

Auch der Erbe des alten Hofes, der kleine Junker

Dethlev, störte die junge Ehe nicht. Bei seines
Vaters Hochzeit war er noch im Dorfe drunten in
Kost und Pflege einer Bäuerin; dann aber hatte die
lustige Base den Knaben zu sich in die Stadt ge=
nommen; denn ein Gerücht hatte sich erhoben, daß
auf dem Eekenhof das Bild der todten Frau in
hellen Mondnächten aus dem Rahmen steige und
ihr Kind durch alle leeren Kammern ihres Hauses
suche. Seitdem es nun bei einer von den Ihren
war, sollte das unruhige Wandern sich verloren
haben.

Herr Hennicke lachte zwar, als er von einem
Nachbarn darauf angesprochen wurde; der aber meinte,
hinter seinen weißen Zähnen sei es dem Hennicke
schon recht gewesen, daß sein Lager nicht noch unter
dem alten Dache stehe und daß die Todte nun zu=
frieden schiene. Nicht unrecht mag es ihm auch ge=
wesen sein, daß die wohlhabende Base den Knaben
ohne Entgelt aufgenommen hatte; denn die Zeiten
wurden immer knapper, von den Ständen wurde
auf den Landtagen immer mehr gefordert, sogar die
Kosten der auswärtigen Gesandtschaften waren ihnen
letzthin aufgebürdet; im Hause aber ließ Frau Bene=

diete ihn zur Genüge darüber hören, daß er nicht
zwei Mal in der Woche, was ihr doch selbst in
ihrem Jungfrauenstande allzeit genug gewesen sei,
bei Weißfisch und dünnem Bier mit ihr zu Mittag
sitzen wollte.

*

Der Kindersegen dieser Ehe war schon im ersten
und im zweiten Jahre eingetroffen und damit ab=
geschlossen worden. Es sind zwei untersetzte, kurz=
beinige Buben gewesen; trotz des Vaters mit schier
rothbrandigem Haar, wie auch nach einem schwarzen
Juden mitunter wohl ein Rothkopf aufzustehen pflegt.
Herr Hennicke hat sie seine beiden Füchse geheißen
und an ihren Streichen seine Lust gehabt. Man
erzählt, da sie noch klein gewesen, hat er auf ihr
Begehr zwei handliche Schubkarren für sie fertigen
lassen; die pflegten sie in einer nahen Sandgrube
mit Kieselsteinen aufzufüllen; dann sind sie damit
auf den Hof gezogen, wo auf dem Rasen vor dem
Herrenhause sich ein Ring befand, in dem Herr
Hennicke seine jungen Rosse an der Leine laufen
ließ. In diesem Ringe haben sie mit ihren kurzen
Beinen in unsagbarer Hurtigkeit ihre Schubkarren

vor sich hergefahren und haben sich von hüben und
drüben ihr „Hott" und „Hü" einander zugerufen,
daß also ein Schall entstanden ist, als wenn von
einem Haufen Menschen ein großes Werk betrieben
würde. Wenn sie aber dessen müde geworden, so
haben sie ihre Schubkarren hingestellt und, abermals
unter mächtigem Lärmen, sich mit den Steinen nach
den Köpfen geworfen, bis diese blutig und die Karren
leer gewesen sind. — Ist über solchem Spiel Herr
Hennicke auf den Platz gekommen, so hat er, je nach
seiner Laune, entweder, die Hände unterm Wamms,
mit finsterem Angesicht dabei gestanden, oder unter
kurzem Lachen ein „Drauf, ihr Füchse, drauf!" den
Buben zugerufen. Meistens aber ist aufs Letzte
Frau Benedicte aus dem Herrenhause über die Frei=
treppe hinabgeschritten; da sind die Buben, wenn
sie selbige nur kaum aus ihren nackten Augen ange=
sehen hat, wie in Erstarrung stehen geblieben; und
während dann das Weib mit ihren mageren Hän=
den, mit jeder einen derselben an seinen rothbran=
digen Haaren in das Haus hineinzog, hat Herr
Hennicke sich abgewandt und ist zu Roß und Hund
in seinen Stall gegangen.

— — Zwischen den Buben, oder lieber noch
abseits von ihnen, ist mitunter auch ein Dirnlein
umhergesprungen, dem ältesten von diesen im Alter
etwa um ein halbes Jahr voraus; von schlankem,
kräftigem Wuchs, mit schwarzem Kraushaar, darunter
ein paar milde blaue Augen. Sie hat nicht auf
den Hof gehört, sondern mit ihrer Großmutter, der
Wittwe des früheren Försters, in dem Unterbau des
Eekenhofs gewohnt; aber Herr Hennicke hat einen
Narren an dem Mädchen gehabt; er hat auch damals, als die Mutter ihr im Kindbett weggestorben
war, sie selber aus der Taufe gehoben, was ihm
von Frau Benedicte, mit der er kurz zuvor den
Ring gewechselt hatte, nicht eben liebreich aufgenommen war; denn die Kleine war ein Jungferntind,
ja die Bauern und Hörigen wußten es an den Fingern, daß sie dem Herrn noch näher als nur durch
die Taufe angehöre; auch, daß er statt seines hageren
Ehekreuzes wohl gern die schöne Förstertochter heim-
geführt hätte, wenn diese nur adeligen Standes oder
zum Mindesten adeligen Vermögens gewesen wäre.
Vor Herrn Hennicke's Ohren freilich wurde solch
Gerede niemals laut; auch hätte es ihn weiter nicht

gekümmert, als daß er etwa die Schwatzmäuler zu
besserem Besinnen in den Block gelegt hätte. Mit-
unter, wenn ihn seine schwarzen Stunden plagten,
konnte es geschehen, daß er plötzlich zu Pferde stieg
und nach dem alten Haus hinüberjagte. „Heilwig!
Heilwig!" rief er schon von weitem, wenn er die
Kleine am Ringgraben oder auf der Schwelle des
Thores spielen sah. Sie erschrak dann wohl und
lief ins Haus; aber es half ihr nicht; mit dem
Kinde vor sich auf dem Sattel kam er nach Frau
Benedicte's Hof zurück und hieß demselben für die
Nacht die Kammer an der seinen rüsten.

Freilich die kleine Heilwig selber hatte keine Lust
davon; Frau Benedicte gab ihr weder Blick noch
Wort, und bei den Mahlzeiten, bei denen sie auf
ihres Pathen Geheiß an dessen Seite sitzen mußte,
wurde ihr der Teller wie einem Hunde oder einer
Katze zugeschoben. War Herr Hennicke kurz zuvor
in der Stadt gewesen, so hatte er wohl einen China-
Apfel oder eine andere Leckerei auf ihren Platz gelegt; aber sie rührte sie nicht an, denn die beiden
Füchse sahen mit so gierigen Augen darauf hin, daß
sie den Bissen nicht einmal zu theilen wagte. Am

meisten vielleicht fürchtete sie die ihr unverständliche,
gewaltsame Zärtlichkeit des finsteren Mannes selber.
Nicht selten, wenn Morgens sie in ihrem Bett er-
wachte, sah sie die schwarzen Augen ihres Pathen
über sich; er sagte nichts, er strich ihr stumm die
Löckchen von der Stirn oder drückte ihr verschlafenes
Köpfchen zwischen seine beiden rauhen Hände; mitunter riß er sie vom Kissen auf an seine Brust, daß
sie mit ihren nackten Aermchen gleich einem Opfer
in des Mannes Armen hing. Wenn er dann wieder plötzlich von ihr abließ und schweigend, wie er
gekommen, zur Kammerthür hinausgeschritten war,
so lag sie auf ihr Kissen hingesunken und wagte sich
nicht zu rühren, bis unten auf dem steinernen Haus-
gang sein harter Tritt verschollen war.

War sie dann aufgestanden und hatte unter Frau
Benedicte's Augen ihr Frühstücksbrot verzehrt, dann
lief sie gern ins Freie, um der Liebe des Einen
und dem Haß der Anderen zu entkommen; sei es in
den Garten hinterm Hause, wo freilich außer den
Bohnen- und den Wurzelbeeten nicht viel Liebliches
zu sehen war, oder über den weiten Hof auf die
Heerstraße, um dort von einem Walle oder einem

großen Steine aus sehnsüchtig nach der Richtung des
hinter dem Walde belegenen Eekenhofes hinzuschauen.
Aber die untersetzten Buben rannten ihr, wo sie nur
konnten, nach und plagten sie auf alle Weise; sie
hießen sie den „Kukuk", weil sie ihnen das beste
Futter nehme, und brachten sie, trotz tapferer Gegen=
wehr, oftmals in bittere Thränen. „Ich will zu
meiner Großmutter!" rief sie dann wohl in ihrer
Noth; sie hätte das auch sonst wohl gerufen; aber
wenn ihres Pathen Augen auf ihr lagen, dann waren
ihr die Lippen wie verschlossen.

Eines Nachmittages, da ein fremder Pferdezieher
auf den Hof gekommen war, hatte Herr Hennicke ein
kleines Nordlandspferdchen eingehandelt; als aber
die beiden Füchse, welche ihn schon lange um ein
solches Thier geplagt hatten, in lauten Jubel aus=
brachen, erklärte er ihnen, daß sie dessen keine Ursach
hätten; „den Pony habe er für Heilwig eingekauft;
für solche Buben, wie sie beide, seien die Milchesel
annoch die besten Rosse." Bei diesen Worten hob
er das zitternde Mädchen, das dabei gestanden, gleich
einem Vogel auf den Rücken der kleinen Stute und
führte diese behutsam auf dem Hof umher; die beiden

Füchse aber rannten heulend in das Haus, um ihrer Mutter diese neue Unbill zu berichten.

Frau Benedicte schwieg; sie wagte, wo es das Mädchen galt, nicht gern gegen ihren Eheherrn zu reden; nur ihre Wangen wurden etwas bleicher und ihre bläulichen Lippen etwas blasser, als sie ohnedies schon waren.

Die kleine Heilwig aber, als Herr Hennicke zu den Arbeitern auf das Feld gegangen war, fürchtete sich ins Haus zu gehen, obgleich die Dämmerung stieg und kalte Herbstluft wehte. Sie schlich sich frierend auf den Weg hinaus; bald schritt sie muthig fürbaß und wollte drüben durch den dunklen Wald zur Großmutter nach dem Eekenhof zurück, bald stand sie rathlos still und wickelte sich ihr Schürzchen um die kalten Arme, bis sie am Ende, da eben überm Herrenhaus der Mond heraufstieg, von kindischer Furcht ergriffen, nach dem Hof zurücklief. Kaum aber war sie durch das Thorhaus auf den hellen Platz getreten, so sah sie plötzlich aus dem Schatten einer Scheune die beiden Buben auf sich zustürzen.

„Was wollt ihr!" rief sie erschreckt. „Was hab' ich euch gethan?"

Aber die Füchse packten sie bei den Armen und zerrten sie gegen den steilen Rand einer Wassergrube, aus welcher bei kalten Nächten das heimkehrende Vieh getränkt zu werden pflegte.

„Laßt mich!" schrie das Kind. „Ich will das dumme Pferd nicht haben; ich will nichts, gar nichts von euch und eurem Vater haben!"

Doch die beiden Füchse fuhren stumm und emsig in ihrer gemeinschaftlichen Arbeit fort, und schon blinkte von unten das Wasser in die entsetzten Kinderaugen, da plötzlich ließen sie mit jammerndem Geschrei von ihrer Beute ab. Herr Hennicke, vom Felde heimkehrend, einen derben Stock in seiner Faust, stand über ihnen. Aber auch Frau Benedicte war alsbald zur Stelle und frug, was denn die Kinder abermals verbrochen hätten.

Da schrie der Aelteste, durch der Mutter Gegenwart ermuthigt: „Der Kutuk! Wir wollten nur den Kutuk aus dem Neste schmeißen!"

Frau Benedicte stieß ein Lachen aus. „Die da?" rief sie. „Nicht wahr, Herr Hennicke, das ist kein Kutuk? Ihr kraus Gefieder stammt von einem anderen Vogel; auch gäbest du gar gern wohl Weib und Kind, wenn du der Dirne Augen noch in einem andern Kopf erschauen könntest!" Sie streckte ihre hageren Finger nach dem Kinde, daß dieses sich erschrocken an ihres finsteren Pathen Seite drängte.

Dieser aber hob die Kleine auf seinen Arm und wischte mit ihrem Schürzchen ihr die Thränen aus den Augen. „Wenn du das Alles weißt, Frau Benedicte," sprach er, „dann weißt du auch, weßhalb der Vogel hier ins Nest gehört."

Die Frau wollte ein hastig Wort erwidern; aber sie biß sich nur auf ihre bleichen Lippen, denn die Zornader lag dick auf ihres Mannes Stirn. So gingen die Beiden schweigend mit einem Blick des Hasses aus einander: er mit dem schwarzen heimathlosen Vogel, sie mit den beiden rothen Buben, die sich an ihre Röcke hingen.

*　　　*　　　*

Nach diesem, als die untersetzten Junker in die Länge schossen, ist ein armer candidatus reverendi ministerii als Informator in das Haus gekommen: denn da Herr Hennicke ihm die Nachfolge in den Dienst des greisen Pastors zu Eekenhof in Aussicht

stellte, so ist er um ein Billiges zu haben gewesen.
Aber noch in späten Jahren, da er selber als eme=
ritus in der müßigen Geschwätzigkeit des Alters
hier umherwanderte, hat er deß kein Ende finden
können, was diese Schüler ihm für Noth geschaffen
haben. Hatte er sie eben zur Arbeit an ihre Lec=
tionen fortgeschickt, so fand er sie statt dessen draußen
auf dem Hofe oder in der nahen Sandgrube heftig
an einem unnützen Werke arbeitend; kam er dann
auch noch so hurtig mit der Haselgerte, so saßen sie
zu seinem unaussprechlichen Erstaunen rittlings auf
dem Scheunendach und machten, gleich Eulenspiegel,
unehrerbietige Geberden.

In einem jetzt noch in dem Kirchenarchive des
Eekenhofer Pastorats vorhandenen Exemplare von
Henrici Müllers „Liebeskuß“ sieht man auf dem
Titelbilde neben den pausbackigen Engeln eine An=
zahl kleiner ungefüger Säue mit Röthel hingezeichnet,
und dazu in kleinen steilen Zügen die vergilbte Rand=
schrift: „Von den Herrn Junkern Henno und Benno
more solito hinzugefüget.“

Aber auch seine Freuden hat der Candidat ge=
habt; denn wöchentlich an zweien Nachmittagen ist

er auf Herrn Hennicke's Anordnung nach dem Eckenhof hinübergewandert, um auch an Heilwig Lectionen zu ertheilen. Wenn er hier in seinem abgeschabten Mäntelchen aus dem Eichenschatten dem Hause zugeschritten ist, dann hat er, vergnüglich seine Hände reibend, vor sich hingerufen: „O arboretum recreationis! Lustwäldlein, drin Erquickung weht!" Von der Treppe des Hauses ist ihm dann wohl ein Mädchen mit einem Büchlein in der Hand entgegengelaufen; sie hat sich rasch die schwarzen Löckchen fortgestrichen, die ihr beim Lesen in die Stirn gefallen waren; dann aber, bevor der Unterricht begann, dem guten Informator die Klettenbüschel und etwa auch den Fuchsschwanz von wildem Sauerampfer abgenommen, was Alles seine männlichen Scholaren ihm zum Abschied auf den Weg gegeben hatten.

* * *

Der Candidat sollte noch einen vierten Schüler erhalten.

Von dem Junker Dethlev, seit ihn als Kind die Base in die Stadt genommen hatte, war in seiner Heimath weder etwas gesehen, noch gehört worden;

3*

ja in Frau Benedicte's Hause wußten die beiden
Füchse kaum, daß noch ein älterer Bruder da sei.
Jetzt aber wurde ihnen solches und dazu noch, daß
dieser nächstens auf dem Hofe eintreffen werde, mit
einem Male verkündet. Denn die freigebige Base
in der Stadt war trotz ihrer Munterkeit von einem
jähen Tode angesprochen worden, und da sich keine
zweite fand, so war es, nach einem diesmal von
Frau Benedicte und Herrn Hennicke gleichmäßig ge=
lösten Rechenexempel, das Gerathenste, den Buben
heimzurufen und gleichfalls in des doch einmal vor=
handenen Candidaten Information zu geben.

— — Und eines Nachmittages im September,
da auf Eekenhof die hohen Bäume im warmen
Sonnengolde standen, ist von der Heerstraße ein
blonder Knabe darauf zugewandert. Man hat ihn
auf zwölf Jahre schätzen können; einen Schulranzen
hat er auf dem Rücken und einen dicken Stab in
seiner Hand gehabt. Als er auf die jetzt immer
herabgelassene Zugbrücke getreten ist, hat er fester
seinen Stab gefaßt, wie um den großen Hunden zu
begegnen, welche derzeit aus den Herrensitzen mit
Gebell den Ankommenden entgegen zu stürzen pflegten.

Aber es ist dergleichen nichts geschehen; nur ein schwarzhaariges Dirnlein hat mit den Armen über das Brückengeländer gehangen und von einem Stücklein Brotes für die Fische drunten abgebröckelt.

„Wer bist du?" frug der Knabe, als sie jetzt den Kopf zu ihm herumwandte. „Wohnst du hier?"

„Das Haus steht leer," sagte das Mädchen; „ich und meine Großmutter wohnen allein darin; wir halten auch die Uhr in Ordnung. Hörst du? Da schlägt es eben Vier!"

Als die Uhr vom Hause ausgeschlagen hatte, frug der Knabe wieder: „Wer ist denn deine Großmutter?"

— „Mein Großvater war der Förster hier im Walde."

„So?" sagte der Knabe. „Ich kenne euch nicht; aber ihr dürft hier schon noch wohnen bleiben; denn ich brauche das Haus noch lange nicht!"

Die Kleine hatte sich gerade vor ihm hingestellt. „Du!" rief sie. „Da werden wir dich wenig fragen; das Haus gehört Herrn Hennicke, der drüben hinter dem Walde wohnt."

Aber der Bube ließ sich das nicht anfechten.

„Herr Hennicke ist mein Vater," sagte er; „aber das Haus ist mein; denn es ist meiner Mutter Haus gewesen."

Als er so redete, ist von dem Hause her eine ältliche Frau zu ihnen getreten, deren Antlitz von verwundenem Leide zeugte, und auch davon, daß sie fremdem Willen sich zu beugen hatte lernen müssen. Eine Weile ließ sie ihre Augen auf dem Knaben ruhen; dann sprach sie: „Siehst du es denn nicht, Heilwig? Das ist der Junker Dethlev! Ich kenne ihn nach seiner Mutter Angesicht; und alle Armen und Bedrückten werden ihn auch daran erkennen."

Sie hatte dem Knaben ihre Hand gereicht, Heilwig aber sah ihn groß aus ihren blauen Augen an. „O Junker Dethlev," rief sie, „du siehst ganz anders aus als deine Brüder!"

„Ich kenne meine Brüder nicht," sagte der Junker; „ich kenne euch hier Alle nicht! Wenn meine gute Base nur noch lebte, so wäre ich erst gekommen, wenn ich mündig war; der Herzog hat mir auch versprochen, daß ich auf seiner neuen Universität studiren soll!"

„Aber," sagte die Förstersfrau, „hat denn Herr

Hennicke Euch kein Roß zum Reiten in die Stadt geschickt?"

„Ich gehe lieber," entgegnete er kurz, „als daß ich auf Frau Benedicte's Pferden reite!"

— „Und wißt Ihr denn auch, daß Ihr an der jetzigen Wohnung Eueres Vaters vorbeigewandert seid?"

Der Knabe nickte. „Das weiß ich wohl; ich will erst meiner Mutter Bildniß sehen, bevor ich nach dem fremden Hause komme!"

„Mit Gott, Junker Dethlev!" sprach die Alte, indem sie einen Schlüssel von ihrem Gürtel löste; „Heilwig mag Euch die Sommerstube aufschließen, indessen ich Euch einen Imbiß unter Eurer Mutter Dach besorge!"

Das war der Junker wohl zufrieden; und während dann die Alte in der düsteren Küche zu hantieren anfing, stiegen die Kinder mit einander in das Oberhaus hinauf.

— — Als spät mit Dunkelwerden der Junker Dethlev auf Frau Benedicte's Hof kam, haben die beiden Füchse schon am Thor auf ihn gelauert und ihn mit Lärmen in das Haus gezogen; er sollte ihnen gegen den dummen Informator beistehen und ihnen den Kukuk aus dem Neste schmeißen helfen! Frau Benedicte, da er bei seiner Abendschüssel gesessen, hat das feine Tuch seines Wammses mit ihren mageren Fingern ausgeprüft und ihm gesagt, das passe hier nicht auf dem Lande; auch werde sie schon morgen ihm die blonden Locken stutzen. Herr Hennicke aber ist auswärts bei einem Nachbar zum Gelag gewesen.

*　　*　　*

Gleichwie indeß der Junker Dethlev sich Frau Benedicte's Scheere zu erwehren verstand, so wurden auch die Hoffnungen der beiden Füchse nicht erfüllt. Sie wußten freilich nicht, daß Dethlev mit dem „Kukuk" vor seiner Mutter Bild gestanden hatte, und konnten deshalb nicht begreifen, warum er nicht ihre Kameradschaft der des dummen Mädchens vorzog, ja gleich dieser und zu des verhaßten Informators Freude emsig bei den Büchern saß.

Herr Hennicke selber ist seinem ältesten Sohne meistens aus dem Weg gegangen und hat weder in Schimpf noch Ernst zu ihm geredet. Nur wenn der Junker sich bisweilen seines mütterlichen Erbes an-

nahm, sei es, daß er für einen armen Hörigen Für=
spruch that, oder daß er den sichtlichen Verfall des
alten Hauses aufzuhalten wünschte, dann hat Herr
Hennicke ihn drohend angeschaut und ihn mit hartem
Wort zurückgewiesen; doch noch niemals, was die
beiden Füchse sich mit Neid erzählten, hatte er eine
Hand zum Schlage gegen ihn erhoben.

Auf dem Eckenhofe ist der Junker oft gesehen
worden. An Winterabenden saßen er und Heilwig
vor dem Ofenfeuer, und die spinnende Förstersfrau
erzählte ihnen die Geschichten von den Bildern dro=
ben, soweit sie selber davon wußte. Im Sommer,
zumal wenn draußen gar zu dumpfe Schwüle lagerte,
gingen sie auch wohl nach dem kühlen Saal hinauf.
Als einst die Schritte des Knaben gar zu hallend
in dem stillen Raume tönten, legte Heilwig die
Hand auf seinen Arm: „Du! du mußt leise gehen!"

— „Leise? Warum denn leise?"

„Ja, deine Mutter ist doch todt; und auch die
Anderen, die hier abgebildet sind!"

Da that er, wie sie sagte; und flüsternd gingen
sie von einem Bild zum andern, bis vor dem Bilde
von Dethlev's Mutter ihr Gespräch verstummte.

An anderen Tagen strichen sie mit einander durch den nahen Wald, und wenn der Durst sie überfiel, liefen sie zu einem Käthner, dessen kleines Heimwesen dicht am Waldesrand gelegen war. „Forthmann," sagte dann wohl der Knabe, wenn er das Krüglein Milch aus dessen Hand an Heilwig reichte, „warte nur, du sollst zu deiner einen Kuh noch einmal zwei dazu bekommen!" Und der arme Hörige antwortete: „Ja, ja, Herr Junker, Euer Großvater ist auch ein guter Mann gewesen."

Mitunter redeten die Kinder gar ernsthaft mit einander; und einmal, da sie in einsamer Waldlichtung im Grase beisammen saßen, sagte Dethlev: „Erzähl' mir doch einmal von deinem Vater, Heilwig! Ist er denn niemals hier gewesen?"

Heilwig schüttelte den Kopf. „Ich weiß nicht," sagte sie, „Großmutter spricht nicht gern von ihm; ich glaube, Dethlev, er ist kein guter Mann gewesen; denn er hat meine Mutter verlassen, bevor ich noch geboren wurde, und sie ist dann darum gestorben."

Der Knabe wurde nachdenklich; dann aber ergriff er die kleine Hand des Mädchens und flüsterte

ihr zu: „Sag' es zu keinem Menschen, Heilwig,
auch nicht zum Informator; aber ich glaube, mein
Vater ist auch kein guter Mann!"

Heilwig rührte sich nicht; und so saßen die Kinder
in ihrer Einsamkeit noch lange schweigend Hand
in Hand.

*   *

Ein paar Jahre waren dahingegangen; aber je
höher die gegenseitige Anhänglichkeit der Kinder gestiegen war, desto tiefer hatte sich in Herrn Hennicke's
Brust der Groll gegen den Junker Dethlev eingegraben, bei welchem jetzt allein sein Liebling vor der
Anderen Unbill Hülfe suchte. Und wenn er grübelnd
den beiden Kindern nachschaute, so vermochte, trotz
der Furcht vor dem Jähzorn ihres Eheherrn, Frau
Benedicte sich kleiner Stachelreden nicht mehr völlig zu
enthalten. „Was läufst du allzeit hinter dem flüggen
Vogel!" sprach sie dann wohl, und es blitzte vergnüglich in ihren kleinen Augen; „sie hat doch den blonden Jungen lieber, so schwarz sie selber ist!" Oder
ein ander Mal: „Es wird nicht anders, Hennicke;
noch ein paar Jahre, so mußt du dir den Pastor
suchen gehen, der das süße Pärchen trauen darf!"

Und eines Nachmittags nach solcher Aufreizung
ist Herr Hennicke nach Eckenhof gekommen, wo in
einer Waldkoppel die Leute im Heuen arbeiteten. Er
ging aber nicht dahin, sondern trat in die Kammer
der Förstersfrau, die hinter ihrem Rade saß.

„Wo ist Heilwig?" frug er.

„Sie ist um Erdbeeren mit dem Junker Dethlev
in den Wald gegangen."

„Ihr solltet sie besser an Euch halten!" sprach
er barsch.

Die Frau seufzte, und Herr Hennicke ging hinaus.
Als er danach grollend und unschlüssig draußen über
dem Heckthor des Waldes lehnte, vernahm er vor
sich aus der Ferne das Lachen zweier junger Stim=
men. Da rief er: „Heilwig! Dethlev!" Aber es
antwortete Niemand; es wurde völlig still nach sei=
nem Rufen. Dann, da er mit allen Sinnen horchte,
kam auf seinen wiederholten Ruf noch einmal ein
Geräusch; aber es war nur, wie wenn von Fort=
eilenden die Büsche knickten.

Zornig ging er auf dem Waldwege fort, bis die
Holzkoppel ihm zur Seite lag, wo unter dem Vogte
die Leute in der Arbeit waren. Da hielt er an.

„Vogt!" rief er, „haſt du den Junker Dethlev und
die Heilwig hier geſehen?"

„Wohl, Herr!" Und er wies mit ſeinem Knittel
ein Stückchen aufwärts an den Waldesrand. „Sie
ſind dort nach des Forthmann Hauſe zugelaufen.
Soll ich ſie holen, Herr?"

Herr Hennicke warf einen raſchen Blick über
die Schar der Arbeiter. „Wo iſt der Forthmann?"
frug er.

„Der iſt morgen an der Reihe."

Herr Hennicke hieß den Vogt zur Stelle bleiben;
er ſelber aber ſchritt haſtig über die Felder, bis er
des Käthners Haus erreicht hatte. „Wo ſind der
Junker Dethlev und die Heilwig?" frug er dieſen,
der eben einen Eimer Waſſers aus ſeinem Brunnen
aufgezogen hatte.

Der aber, als er das zornrothe Antlitz ſeines
Herrn erblickte, fürchtete, daß den Kindern ein Leids
geſchehen werde, und antwortete ſtockend: „Ich weiß
nicht, Herr; ſie ſind nicht hier geweſen."

„Du lügſt, Forthmann!" rief Herr Hennicke.

„Nein, nein, Herr; ich weiß nichts von dem
Junker!"

Herr Hennicke hieß den Mann ins Haus gehen
und dort auf ihn warten. Er selber suchte draußen
nach den Kindern; er stieß einen Haufen Reisig aus
einander, er riß die Pforte des kleinen Immenhofes
auf; aber er fand sie nicht. Endlich an einem Dorn-
busch sah er Heilwig's rothes Tüchlein flattern.

Als er damit in die Thür des Hauses trat,
stand der Käthner an einem hellen Feuer, das im
Hintergrund der Lehmdiele unter dem Kesselhaken
lohte. Er rief ihn zu sich und zeigte ihm das Tüchlein. „Weißt du, Forthmann," frug er, „wie mein
Großvater die freveligen Bauern strafte?"

Der Mann starrte ihn nur angstvoll an.

„Geh," rief er, „und hol' den Eimer Wasser,
den du vorhin aus dem Brunnen zogst!"

Und als der Bauer mit dem vollen Eimer wieder
in die Hütte trat, nahm Herr Hennicke ihm denselben
aus der Hand und goß das Wasser in die Herd-
flamme, daß sie zischend und prasselnd in Wolken
weißen Dampfes erlosch.

Eine Weile blieb er stehen, bis die stäubende
Asche sich verflogen hatte; dann sprach er: „Dein
Feuer ist todt; und wehe denen, die vor Wochen-

schluß es wieder anzuzünden wagen; sie sollte schwere
Buße dafür treffen!"

Er wandte sich zum Gehen.

Da bekam der Hörige die Sprache wieder. „Herr,
mein Weib ist krank; die Woche hat ja erst be=
gonnen!"

Aber Herr Hennicke ging, während der Käthner
wie in Betäubung beide Arme nach dem Fortschrei=
tenden ausstreckte.

— — Am andern Morgen in der Frühe ritt
Herr Hennicke wieder nach dem Eekenhof; er ritt
durch das Heckthor in das Holz hinein. Als er an
die Koppel kam, stand am Rande derselben der Vogt
mit einer Peitsche in der Hand; denn er paßte auf
einen Säumigen, dem er den Willkomm geben wollte.

„Gieb's ihm doppelt auf den Mittag!" rief Herr
Hennicke. „Jetzt komm mit mir; wir wollen nach
dem kalten Herde sehen!" Und er erzählte, was
gestern in des Käthners Forthmann Haus ge=
schehen war.

„Herr," sagte der Vogt, „es wird sich Niemand
dort die Faust verbrennen wollen!"

Herr Hennicke nickte. „Sie sollen aber wissen,

daß sie nimmer sicher sind." Er gab seinem schwarzen Gaul die Sporen und der Vogt trabte nebenher.

Weiter oben am Rande des Gehölzes lag die Kathe in der Morgensonne; nichts Lebendes war zu sehen als eine Katze, welche auf der Schwelle schlief.

„Ist Forthmann in der Arbeit?" frug Herr Hennicke seinen Vogt.

„Ja, Herr."

„Und das Weib?"

„Sie kann nicht; sie liegt schon wieder mal an ihrem schweren Schaden."

Plötzlich riß Herr Hennicke sein Roß zurück. „Was ist das, Vogt?" rief er und wies nach dem zerfallenen Strohdach, aus dessen First es bläulich in die Luft stieg.

„Das, Herr," erwiderte der Mann und deckte sich die Augen vor den schrägen Sonnenstrahlen; „das ist Rauch; und wenn's nicht auf dem Boden brennt, so ist auch Feuer auf dem Herd."

Herr Hennicke war rasch vom Gaul herunter. Als er die Lehmdiele der Hütte betrat, sah er wie gestern ein helles Feuer unter einem Topfe lodern. Auf der einen Seite des Herdes stand die kleine

Tochter des Käthners in ihrem Lumpenkleidchen, auf der andern stand der Junker Dethlev, der leuchtenden Auges in die Flammen blickte und dem Feuer eben eine frische Hand voll Reisig zuschob.

Erst als die Dirne einen Schrei ausstieß, sah er seinen Vater vor sich stehen. Er erschrak heftig; als aber dieser mit bebender Stimme frug: „Hast du dich unterstanden, dieses Feuer anzuzünden?" sprach er: „Ja, Herr Vater; aber das Weib des Käthners liegt in schwerem Siechthum und kann der warmen Speise nicht entrathen."

Herr Hennicke wies auf einen Eimer mit Wasser, der neben dem Herde stand. „Nimm!" sagte er, „und gieß das Feuer aus!"

Aber der Junker rührte sich nicht.

„Nimm!" schrie Herr Hennicke. „Oder glaubst du, daß du schon Herr auf diesem Boden bist?"

Da sprach der Junker: „Nein, Herr Vater; wohl bin ich hier der Herr; aber ich weiß auch, daß die Gewalt annoch in Euren Händen liegt. Wenn sie einmal in meinen ist, so sollen's meiner Mutter Leute besser haben!"

Bei diesen Worten ist der Grimm des Mannes

losgebrochen. „Gieb ihm die Peitsche!" schrie er
dem Vogte zu, der eben eingetreten war. „Gieb
ihm die Peitsche!" Als aber der Vogt vor solcher
Anmuthung zurückgewichen ist, hat er den Stock aus
dessen Hand gerissen und den Junker in das Ange=
sicht geschlagen, daß das Blut hervorgeschossen ist.

Keinen Laut hat dieser ausgestoßen; er ist ruhig
stehen geblieben, bis sein Vater fortgeritten war.
Aber nach Hause ist er nicht gekommen und auch
später in dieser Gegend nicht mehr gesehen worden;
nur auf dem Eekenhof soll er desselbigen Abends
noch gewesen sein.

*

Der Sommer ist dahin gegangen, ohne daß
Heilwig nach Frau Benedicte's Hof gekommen wäre;
als aber Herr Hennicke eines Morgens nach Eeken=
hof geritten kam, ist sie schreiend vor ihm davon
gelaufen. Danach hätten die beiden Füchse am lieb=
sten selbst den Kukuk in ihr Nest geholt, denn es ist
böse Zeit für sie gekommen. Und immer seltsamer
ist Herr Hennicke in seinem Zorn geworden, daß
seine Nachbarn sprachen, der schwarze Henne gehe

nun die Straße nach dem Narrenhaus; aber es ist nur seine eigenwillige und trotzige Seele gewesen, die den Geboten Gottes sich nicht hat fügen wollen.

Im Herbst desselben Jahres ist es gewesen, daß der Stier eines Bauern stößig wurde und Herrn Hennicke's Lieblingshunde die Därme aus dem Leib gerissen hat, so daß das Thier daran verrecken mußte. Als ihm solches kund geworden, hat er zuerst dem Bauern an Leib und Leben wollen; dann aber ist er anderen Sinnes geworden; er hat den Bullen greifen lassen und ihn zum Hungertod verurtheilt.

Vom Hofe aus führte eine Thür zu einem Ge= fängniß, für welches man in dem Unterbaue eines Treppenthürmchens Platz gefunden hatte; statt der Strolche und Baganten, denen sonst darin Quartier gegeben wurde, war jetzt der Stier dort in der leeren Zelle angekettet, zu der Herr Hennicke den Schlüssel in seiner eignen Tasche trug.

Als es aber in die zweite Nacht gekommen war, ist ein solches Toben von der hungernden Creatur gewesen, daß im Hause Niemand den Schlaf hat finden können, als etwa die beiden Junker Henno und Benno, die sich nur schnarchend umgeworfen,

4*

wenn das Stampfen und Gebrüll zu dröhnend durch
die Mauern fuhr. Frau Benedicte selbst in all ihrer
Hagerkeit hat aufrecht in den Kissen wach gesessen;
mit jedem Nothruf des gefangenen Thieres hat sie
mehr Grimm und Ungeduld hinabgeschluckt; dann
aber ist sie jählings nach ihres Eheherrn Bette zu-
gesprungen, und da sie in der mondhellen Kammer
sah, daß auch Herr Hennicke mit aufgestütztem Arm
und offenen Augen dalag, so hat sie Alles nun mit
einem Male wider ihn gespieen und verlangt, daß
er den Bullen von der Kette löse. Er aber hat sich
nicht gerührt und nur gesagt, sie solle ihre Kehle
sparen, so werde sie es leichtlich noch dem Bullen
abgewinnen.

Frau Benedicte hat nun nichts weiter richten
können; als aber am Morgen der Bauer, dem der
Stier zu eigen war, sie gar um Fürwort bei dem
Herrn angegangen, da hat sie ihn voll Zornes an-
geschrieen, er möge damit nach dem Eckenhof zur
Bastarddirne laufen.

— — Am selben Nachmittage, als Herr Hennicke
in der Gewehrkammer verdrossen seine Hakenbüchse
putzte, trat zögernden Schrittes Heilwig zu ihm ein.

Als er sie erblickte, schien sein schwarzes Auge licht zu werden; er streckte ihr die freie Hand entgegen, als wolle er nach einem Glücke greifen. Da sie dennoch scheu und schweigend an der Schwelle blieb, sprach er: „Weshalb kommst du nicht näher, Heilwig, da du doch gekommen bist?"

Da trat sie näher zu ihm hin. „Herr Pathe," sprach sie, doch so leise, daß er sein Ohr zu ihrem Munde neigen mußte; „ich komme, ich wollte Euch um etwas bitten!"

Wie eine Freudenbotschaft hat das Wort dem finsteren Manne geklungen; er warf sein Jagdgewehr bei Seite und ergriff die beiden Hände des Mädchens. „Bitte nur, Heilwig!" sagte er, sie heftig schüttelnd; „du hast mich nie gebeten, nun mach's gleich so, daß ich es fühlen kann!"

Doch als sie darauf sprach: „Herr Pathe, so lasset doch den armen Stier am Leben!" da fuhr er auf und schrie: „Wer hat dich hergeschickt? Du redest mit Frau Benedicte's Zunge!" Dann wieder, da das Kind ob seiner Heftigkeit in Thränen ausbrach, hat er sie plötzlich auf den Arm gehoben und ist mit ihr die Treppe nach dem Hof hinabgestürmt.

Erst vor der Zelle, aus der das dröhnende Gebrüll
hervorbrach, ließ er sie zur Erde. Als aber die
Bohlenthür geöffnet war, und Heilwig, von den
blutrothen Augen des rasenden Thiers erschreckt, ent=
fliehen wollte, hielt er sie fest und hieß einem Hof=
jungen ein Bündel Heu herbeiholen, so groß er es
mit beiden Armen fassen könne. „Nun, Heilwig,“
rief Herr Hennicke, als jetzt der Stier den duftigen
Haufen stampfend und schnaubend mit dem rauchen=
den Maul durchwühlte; „da hast du deinen Willen;
nun aber sollst du für dich selber bitten!“

Das jetzt zwölfjährige Mädchen, das nur mit
Widerstreben festgehalten wurde, zuckte bei diesem
Wort erschreckt zusammen; dann aber hob sie sich
auf den Zehen zu dem großen Mann empor, und
ihre blauen Augen glänzten plötzlich, nicht wie eines
Kindes, sondern wie die Augen eines Weibes.

„Sprich!“ sagte er erwartungsvoll.

Da sprach sie; aber es klang fast mehr wie zornig,
als wie bittend: „Herr Pathe, so sollet Ihr den
Junker Dethlev wieder kommen lassen!“

Herr Hennicke zuckte jäher noch zusammen als
vorhin Heilwig; er antwortete nicht, er ließ nur die

Hand des Mädchens fahren. Und so standen Beide
wortlos neben einander, bis das erneuete Gebrüll
des Thieres kund gab, daß auch das vorgeworfene
Futter seinen Hunger noch nicht gestillt habe.

— — Als es Winter wurde, kam eine Rede
über den Junker Dethlev, er sei von Lübeck aus mit
einem Spanienfahrer als Schiffsjunge in die weite
Welt gegangen; zugleich erhob sich das Gerücht, im
Rittersaale auf Eekenhof steige wiederum das Bild
aus seinem Rahmen, in hellen Nächten zeige sich die
todte Frau am Fenster und schaue aus nach dem
Verstoßenen.

Als das zu Herrn Hennicke's Ohren drang, er-
grimmte er heftig und verschwor sich, er wolle dem
verfluchten Spuk ein Ende machen. Mit blankem
Jagdmesser, so heißt es, habe er vor dem Bilde gestanden, um es zu zerstören; aber die stillen Augen
hätten ihn angeschaut, daß sein zum Stoße schon
erhobener Arm herabgesunken sei.

Nach diesem ist der Saal von keinem mehr betreten worden; wie einst der Letzte des Geschlechts
es ausgesprochen hatte, die Bilder der Abgeschiedenen
sind jetzt alle wie in einer Gruft beisammen ge-

wesen. Nur wenn in Mondnächten sich die weite
Himmelsferne öffnete, zumal wenn im Aequinoctium
die Stürme tobten, soll jene nächtliche Erscheinung
sich noch oftmals wiederholt haben.

Die beiden Bewohnerinnen von Eekenhof hatten
nichts davon gesehen; nur einmal, da sie Nachts in
ihrer Schlaftammer, welche unter dem Saale lag,
vom Sturm erwachten, haben sie über sich ein Rau=
schen wie von Frauengewändern hören können, und
haben dann für den Junker Dethlev und für die
todte Frau ein still Gebet gesprochen.

*   *
*

Manches Jahr war dahin gegangen; längst war
der Informator in das statt Ehrensoldes ihm ver=
heißene Pfarramt eingetreten; in dem Hause auf
Eekenhof wohnte eine halbblinde Greisin mit einer
frisch erblühten Jungfrau, deren wehendes Kranshaar
jetzt in schwarzen Flechten gefesselt lag. Nur zum
Kirchgange an Sonn= und Feiertagen oder wenn ihr
Pathe sie zu sich kommen hieß, und auch dann nur
für kurze Stunden, verließ Heilwig die Großmutter
und den einsamen Bezirk des Hofes. Doch wenn

der Tag sich neigte, zumal im Frühjahr, wenn vom
Norden her die Vogelschwärme zogen, schritt sie
manchmal über die Landstraße nach einem jenseits
belegenen Haidehügel und spähte in die Ferne, bis
das Abendgold verglommen war. Mitunter, am
Sonntag Abend, kam der junge Pastor die Straße
herauf gewandert; dann lief sie ihm entgegen, und
sie gingen Hand in Hand über die Brücke und nach
dem Hause zu der blinden Großmutter.

Im Dorfe hieß es eine Zeit lang, der junge
Pastor freie um das schwarze Mädchen auf Eekenhof.
Allein sie irrten; er war es nicht, nach welchem das
Mädchen in die Nacht hinaussah.

— — Drüben in der Stadt, in einer Maien=
woche, war wieder einmal Landgericht gehalten wor=
den; sechs königliche Trompeter und ein herzoglicher
Heerpauker, durch die Straßen reitend, hatten es
verkündigt; und von allen Seiten war man herbei=
gekommen, sei es, um alten Streit zu schlichten oder
um neue Rechte zu begründen.

Auch Herr Hennicke war dort gewesen. Schon
zuvor hatte er durch Zeugen dargethan, daß sein jetzt
mündiger Sohn aus erster Ehe vor nunmehr fast

zehn Jahren auf einem Lübischen Kauffahrer nach
dem Mittelmeer das Land verlassen habe, und daß
von Schiff und Mannschaft später keine Kunde laut
geworden sei; nun hatte er es so gut wie unter
Brief und Siegel, daß der Junker Dethlev als ein
Verschollener durch Spruch des Landgerichts für todt
erklärt, und somit der Eetenhof des Vaters Erb und
Eigen werde.

Aber noch ein Anderes wollte Herr Hennicke in
der Stadt betreiben. Etwas war doch auf Erden,
woran seine Seele hing; nicht etwa seine anderen
Söhne, die beiden Füchse, welche jetzt schon gleich
dem Vogte zwischen den Leibeigenen die Peitsche
führten; es war noch immer das Kind mit dem
schwarzen Haar gleich seinem und mit jenen Augen,
aus denen ein längst verblichenes Antlitz wider ihn
zu klagen schien. War es auch zur schlanken Jungfer
aufgewachsen, das alte Spiel war geblieben; noch
immer floh sie ihren wilden Pathen und noch immer
dürstete ihn nach einem trauten Wort aus ihrem
Munde. Nun aber — und Herr Hennicke, der auf
der Heimreise war, ließ bei dem Gedanken seinen
Gaul in Sprüngen tanzen — nun sollte sie ihm

bald nicht mehr entrinnen können! Frau Benedicte's
Zunge war in den letzten Jahren immer schärfer
und spitziger geworden; das Schlüsselbund zu Kam=
mer und Keller hielt sie so fest in ihren mageren
Fingern, daß selbst Herr Hennicke es ihr nicht zu
entreißen wagte; aber auch ihre Backenknochen traten
spitz hervor; der Strom ihrer Rede wurde oft durch
dumpfes Hüsteln unterbrochen, und es schien unver=
meidlich, daß zum nächsten Frühjahr nur noch ein
gespenstiger Nachhall ihres wirthschaftlichen Waltens
auf Trepp' und Gängen das Gesinde schrecken werde.
Herr Hennicke aber sah daraus das Kräutlein „Hoff=
nung" grünen; er wollte dann das Kind, das ein=
zige, das ihm im Sinne lag, nach Recht und Ord=
nung zu dem seinen machen; mit ihr allein wollte
er dann auf seinem neuen Eigen hausen und später
sollte sie seine Erbin sein; die beiden Füchse mochten
sich auf ihrem mütterlichen Gute nähren. Schon
jetzt hatte er wegen des erforderlichen Gnadenbriefes
bei des Herzogs Kanzler vorgefragt und auch hier=
über, wie er meinte, für den eintretenden Fall einen
guten Zuspruch mitbekommen.

Auf halbem Wege war Herr Hennicke bei einem

Nachbar zum zweiten Morgenimbiß eingekehrt. „Was bringst du, Henne?" frug ihn dieser: „dein schwarzes Antlitz leuchtet wie die gute Zeit!" und dabei schenkte er ihm von Neuem in das weite Glas. Herr Hennicke trank; aber er war nicht der Mann, seine Gedanken beim Weine zu verrathen. Er wollte freilich plaudern; aber anderswo.

Fröhlich nickend schwang er sich in den Sattel; und immer schneller ging der Ritt, vorüber an Frau Benedicte's Haus, dann auf der Straße fort nach Eckenhof. Als er an die schmale Holzbrücke kam, scheute das Pferd und wollte nicht mehr vorwärts; aber der Reiter drückte ihm die scharfen Sporen in die Weichen, daß es mit donnerndem Hufschlag hinüber flog; oben aus den Eichenwipfeln fuhr krächzend eine Schaar von schwarzen Krähen, die seit Junker Dethlev's Fortgang dort Besitz genommen hatten.

Nur mit Mühe brachte Herr Hennicke sein Pferd zum Stehen; dann rief er: „Heilwig! Heilwig!" nach dem Hause zu. Und als sie kam und zögernd näher trat, ergriff er ihre Hand und zog das erschreckte Mädchen hart bis an die Hufen seines unruhig stampfenden Pferdes. Seine schwarzen Augen

glänzten in dem von Wein und wilden Hoffnungen
gerötheten Antlitz, und während sie wie betäubt zu
ihm emporsah, überschüttete er sie mit dunklen und
verworrenen Andeutungen seiner Zukunftsträume.
„Geduld nur, Heilwig!" rief er. „Nicht mehr im
Unterbau; da droben in den großen Stuben sollst
du wohnen; die Todten kommen nicht wieder; aber
die dummen Bilder sollen fort; ich will die begra=
benen Augen nicht mehr um mich haben!" Dann
plötzlich riß er das Pferd herum und jagte fort, so
wie er eben erst gekommen war.

Eine Weile starrte ihm das schlanke Mädchen
nach; dann floh sie ins Haus zurück und warf sich
weinend zu den Füßen der halbblinden Greisin. Nur
Eines aus den wüsten Reden ihres Pathen hatte sie
herausgehört; ihr war, als habe er ihr Junker
Dethlev's Tod verkünden wollen.

Aber die Großmutter strich ihr die schwarzen
Löckchen von der Stirn. „Sei ruhig, Heilwig,"
sprach sie; „der Stieglitz hat noch nicht gesungen!"

Und als Heilwig meinte: „Großmutter, hier
singen keine Vögel mehr; die schwarzen Krähen haben
sie alle ja zerrissen," da erhob die Greisin ihren

Finger, als wolle sie oben nach dem Saale weisen:
„den einen nicht, Heilwig; den einen nicht; der ist
kein Futter für die Krähen!"

*   *

Nicht lange danach, an einem Sonntag Nach=
mittage, als eben Frau Benedicte ein selbst gebrautes
Kräutertränklein zum Kühlen in das offene Fenster
stellte, ist auf dem Hofe dort ein Reiter von einer
Schecken abgestiegen. Er ist noch jung gewesen;
aber in einer Tracht, wie man sie einige Jahre frü=
her, da die Pariser Moden noch nicht die Herrschaft
gewonnen hatten, in Hamburg oder Lübeck an den
vornehmeren Kaufherren hatte sehen können, die aber
auswärts in den deutschen Handelsplätzen auch der=
zeit noch im Schwange sein mochte. Der volle
blonde Bart floß lang herab auf einen dunklen mit
Marderpelz verbrämten Mantel, an welchem das
Halstuch von weißem Linnen mit goldener Spange
festgeheftet war; dagegen erschien unter dem breiten
Rand des Hutes das Haupthaar so kurz geschoren,
wie es nur immer Frau Benedicte einst dem kleinen
Junker Dethlev zugedacht haben mochte. Als er sein

Pferd einem herbeigerufenen Jungen übergeben hatte
und nun die Freitreppe zum Hause hinaufschritt,
wurden in einem Leibgurt unter seinem Mantel ein
Paar Pistolen sichtbar, deren Schlösser nach der
neuesten Erfindung und außerdem von besonders
kunstvoller Arbeit zu sein schienen.

In höflichen, aber knappen Worten frug er die
auf dem Flur ihm entgegentretende Schloßfrau nach
ihrem Eheherrn, und wurde von dieser, während ihre
Augen eine behende Musterung an ihm vollzogen, in
das Oberhaus hinaufgewiesen. — — Droben, in
einem sonst nicht benutzten Zimmer, saß Herr Hennicke
schon seit dem frühen Morgen rechnend und ver=
gleichend über den alten Papieren von Eekenhof; in
der einen Hand die Feder, in der anderen den großen
seltsam geformten Doppelschlüssel, der dort alle Thü=
ren öffnete und schloß. Eben stützte er den Kopf,
um von der ungewohnten Arbeit auszuruhen, und
starrte mit heiterem Antlitz in den öden Raum, der
außer ein paar wurmstichigen Archivschränken keine
Ausstattung an den getünchten Wänden aufzuweisen
hatte. In seinen Gedanken mochte er zwei Gräber
vor sich sehen; auf dem schweren Leichenstein des

einen eine hagere Frauengestalt mit festgeschlossenen
Händen und darüber den Namen „Benedicte" ein-
gemeißelt; das andere ohne Namen, fern überm
Ocean, unsindbar von fremdem Kraut und Ranken
überwuchert. Da pochte es an die Thür, und als
er auffahrend das Willkommswort gerufen hatte, trat
der Fremde zu ihm ein.

Frau Benedicte war unten an dem Treppen-
aufgang stehen geblieben; aber sie mühte sich vergebens zu erhorchen, was droben hinter der dicht
verschlossenen Thür verhandelt wurde. Einmal freilich war ein Geräusch, als würde ein schwerer Stuhl
erschüttert, wie wenn etwa die Lehne von unsicherer
Hand umklammert würde. Danach aber vernahm sie
nur den ruhigen Laut einer jungen Stimme, welcher
die düstere ihres Eheherrn zu antworten schien.
Schon war sie des vergeblichen Horchens müde, da
wurde droben die Thür geöffnet, und sie hörte den
jungen Kaufherrn, während er hinaustrat, sagen:
„Prüfet nur, Ihr werdet alle Schriften und Sigille
richtig finden; vor Allem aber denket, wenn ich
morgen wiederkehre, daß Ihr mit keinem Fremden
unterhandeln sollt!"

Ein Hustenanfall, den sie vergebens zu ersticken suchte, trieb Frau Benedicte von ihrem Posten; der Reiter aber, der schon gegen die Treppe zugeschritten war, zu welcher der Hausherr ihn nicht geleitet hatte, ging jetzt rasch hinab und unten über den Hausflur nach dem Hof hinaus. Als ein Windhauch seinen Mantel blähte, waren darunter in dem Leibgurt die kostbaren Pistolen nicht mehr sichtbar; irgend etwas, sei es ein bestehendes Verhältniß oder ein einst Geschehenes, mochte ihn veranlaßt haben, dieselben bei seiner Verhandlung mit dem Gutsherrn abzulegen und auch später nebst gewissen Schriften dort zu lassen. Seine Gedanken wie sein Pferd führten ihn nach einem alten einsamen Hause; vielleicht auch, daß er nach den eben verlaufenen Kriegszeiten die dort wohnenden Frauen zu erschrecken fürchtete, wenn er in Waffen zu ihnen einträte.

Herr Hennicke aber in seinem Archivzimmer saß noch mit stumpfen Blicken auf die zurückgelassenen Papiere, als sich von draußen die Stiege herauf Frau Benedicte's Hüsteln hören ließ. Sie hatte vom Fenster aus dem Fremden nachgespäht, sie hatte ihn im Hofe sein scheckiges Roß besteigen und dann durch das Thorhaus auf die Heerstraße hinausreiten sehen; aber des Mannes Antlitz und Gewandung war ihr unbekannt geblieben. Nun trat sie athemlos zu ihrem Eheherrn in die Stube. „Rechnest du noch immer um dein neues Erbgut?" frug sie scharf.

Er stieß ein Lachen aus. „Was willst du?" entgegnete er kurz.

„Du hattest Besuch," sprach sie; „sag' doch, wer war's denn?"

Herr Hennicke sah sie mit düsteren Augen an. „Geh," sagte er; „ich brauch' hier keine Weiberzungen."

Aber sie forschte weiter: „War's etwa einer von den Lübischen Stadtjunkern, bei denen du in der Kreide stehst? Mach' dir auf meine Gülten keine Rechnung!"

Herr Hennicke war aufgesprungen und that einen dröhnenden Faustschlag auf den Tisch. „Ein Stadtjunker, Frau Benedicte? — Beim Teufel, ich gäbe dich mitsammt deinem Hof darum, so es Einer von dem Krämervolk gewesen wäre! Da lies!" rief er und schob ihr eines der Papiere zu. „Du sollst auch deine Freude haben!"

Und Frau Benedicte nahm es und durchwanderte Zeil' um Zeile mit ihren nackten Augen; dann, als sie ausgelesen hatte, legte sie es auf den Tisch und sagte: „Du wirst ein Lump, Herr Hennicke, aber nicht der erste, der aus seines Weibes Hand gefüttert wurde."

Einige Augenblicke war es todtenstill im Zimmer. Als aber Frau Benedicte den Blick auf ihres Ehe= herrn Antlitz wandte, that sie einen gellen Schrei und streckte jählings die Hände über ihren Kopf, als gälte es sich vor Mord zu schützen. Und doch hatte Herr Hennicke kein Glied gerührt; ja seine Arme hingen wie gelähmt an seinem Leibe; es waren nur die Augen, vor denen sich das Weib erschrocken hatte, worin es wie aus einem Abgrund aufge= stiegen war.

„Was schreist du?" sagte er; aber es war, als wollten die Worte aus dem trockenen Halse nicht heraus. „Lies noch einmal, so wirst du sehen, daß die Schrift gefälscht ist! Ich habe den Betrüger fortgejagt; er wird sich hüten, zum zweiten Mal zu kommen."

Frau Benedicte aber las nicht wieder; sie sah

Herrn Hennicke mit ihren kleinen Augen an, als ob
sie ihm bis auf den Grund der Seele bohren wolle;
dann, ihr schweres Schlüsselbund vom Gürtel nestelnd,
ging sie schweigend aus dem Zimmer.

*   *   *

Draußen lag noch derselbe Sommertag auf Wald
und Wiesen; doch neigte sich die Sonne schon all=
mälig, und auf Eekenhof streckten sich die Schatten
der beiden Treppengiebel schon bis auf die andere
Uferseite des Ringgrabens; die mächtigen Eichen
aber leuchteten noch bis zur Wurzel im warmen
Sonnengold.

An einem Mauerringe des Hauses stand mit ge=
senktem Kopf die Schecke des blonden Reiters an=
gebunden, und eben trat er selber aus der Thür
und mit ihm die jungfräuliche Gestalt Heilwig's.
Der Reiter löste sein Pferd von dem Ringe; dann,
je zu einer Seite es am Zügel fassend, schritten
Beide mit dem ruhig folgenden Thiere über die
Zugbrücke, um es in einer der jenseits stehenden
Scheuern unterzubringen. Schweigend gingen die
schönen jungen Menschen neben einander; aber das

Antlitz des Mädchens war von Freude geröthet und
in ihren Augen war ein stiller Glanz; wie eine
Braut nach dem erharrten Bräutigam blickte sie
mitunter über den Bug des Pferdes nach dem
Reiter hin.

Als sie dieses in dem verfallenen Gebäude unter=
gebracht hatten und wieder in das Freie traten, lag
ein schweres Sinnen auf der Stirn des jungen Rei=
ters. „Nein, Heilwig," sprach er zu dem Mädchen,
das sorgend zu ihm aufblickte; „es ist nicht um mei=
nes Erbes willen; ich trag' ernste Kunde für uns
Beide."

Und da sie leicht zusammenbebte, setzte er hinzu:
„Wir wollen nach unseren Kinderplätzen, Heilwig;
erschrick nur nicht; meine Hand soll dich um so fester
halten!"

Sie gingen um den Ringgraben, dem Heckthore
des Waldes zu und waren in dessen Schatten bald
verschwunden.

— — Ueber eine Stunde ist dann wohl ver=
gangen, und der Eekenhof hat wie verzaubert einsam
dagelegen. Leise breiteten sich die Schatten aus und
verbleichte das Licht des Himmels.

Und als im letzten Abendschein die beiden jugend=
lichen Gestalten aus dem Dunkel des Waldes wieder
aufgetaucht, da ist das Mädchen mit den schwarzen
Flechten blaß wie eine Lilie gewesen, und die blauen
Augen haben weit offen und von Thränen voll ge=
standen. Mit gesenktem Haupte ging sie neben ihrem
ernst blickenden Genossen. „Und ist es denn ganz,
ganz gewißlich wahr?" frug sie leise.

Der junge Reiter hatte ihre Hand gefaßt, als
ob er sie daran halten müsse. „Dem reichen Kauf=
herrn," sprach er, „der unerkannt seines Vaters und
Geschlechts Geschicken nachforschte, ist nichts ver=
schwiegen worden."

Stumm schritten sie über die Zugbrücke dem
Hause zu; da sprach er wieder: „Es ist spät, und
wir müssen den kargen Schlaf des Alters schonen;
morgen, deß bin ich sicher, wird da drinnen die alte
Frau es uns bestätigen."

Sie neigte ihr Haupt noch tiefer, und wie in
Demuth zog sie seine Hand an ihren Mund. „Mein
Bruder!" sprach sie; es kam nur wie ein Hauch
von ihren Lippen.

✳   ✳   ✳

In der Kammer oben neben dem Rittersaal, an
deren Wänden einst sein erster Schrei und seiner
Mutter letzter Hauch erloschen war, hatte man zur
Nacht dem Gast die Lagerstatt bereitet. Aber sie
blieb unberührt; im offenen Fenster lehnte er und
blickte über die Waldblöße hinaus, die sich unten
jenseits des Ringgrabens ausdehnte. Es war eine
jener lichtgrauen, schwülen Sommernächte; nichts
rührte sich draußen, weder das Schleichen eines
Nachtthieres, noch das Flattern eines Vogels; dann
aber rauschte es plötzlich wie aufathmend durch die
Wipfel, und hinter ihm im Hause war es, als ob
unsichtbare Hände an allen Klinken rührten. Die
Nachtkerze, welche man ihm mitgegeben hatte, flackerte
und erlosch; zugleich sprang die Thür auf, welche
durch eine Reihe anderer Kammern nach dem oberen
Flur hinausführte. Er trat zurück und spähte in
die leeren Räume nebenan; dann zog er die offene
Thür ins Schloß und drehte wie unwillkürlich von
innen den rostigen Schlüssel um.

Wieder sank die schwüle Stille auf Haus und
Wald, und wieder lehnte er halb wach, halb träu=
mend in dem offenen Fenster. Schon seit lange hatte

es von der Glocke aus dem Giebel Zwölf geschlagen:
nun war nichts hörbar als oben von dem Uhrboden
her das einförmige Klirren der Eisenräder und das
Rucken der Ketten, an denen die Gewichte hingen.
Da endlich scholl wieder ein dröhnender Glockenschlag
in das Haus hinunter; der Junker wandte sich vom
Fenster ab und lauschte. Es folgte kein weiterer
Schlag, es hatte Eins geschlagen. Aber nebenan
im Rittersaale rauschte es wie von Frauenkleidern,
und jetzt deutlich hörte er: „Dethlev, Dethlev!" wie
mit angsterstickter Stimme seinen Namen rufen.

Als er die Thür zum Saale aufriß, erblickte er
bei dem Nachtschimmer, der durch die Fenster drang,
eine weiße Frauengestalt, welche beide Arme ihm
entgegenstreckte.

Einen Augenblick nur stutzte er; dann trat er
rasch auf die Erscheinung zu. „Du, Heilwig!" rief
er, als eine warme Hand die seine faßte. „Was
ist dir? Was hat dich Nachts hier nach dem öden
Saal hinaufgetrieben?"

Sie blickte ängstlich um sich her. „Die Uhr
schlug so fürchterlich; ich wollte zu dir; mir war,
als droh' dir Unheil hier im Hause!"

Er stützte sie sanft in seinen Armen. „Du träumst,
Heilwig!" sagte er; „was sollte mir in meiner Mutter
Haus geschehen?"

— „Ich weiß nicht, Dethlev; aber laß mich bei
dir bleiben; die Sommernacht geht ja bald herum."

„Nicht nur die Sommernacht; bleib' immer bei
mir, Heilwig!"

— „Ja, immer, wenn du es willst."

Sie führte ihn zu einem der alten Sessel, der
noch wie einstens, da sie als Kinder ihn gemein=
schaftlich dorthin getragen hatten, vor dem Bild=
niß seiner Mutter stand; er sollte nach seiner Reise
jetzt der Ruhe pflegen. Als er ihr den Willen
gethan hatte, zog sie eine Fußbank darunter vor
und setzte sich zu seinen Knieen, den Kopf in seine
beiden Hände legend. Und als er dann im Schlum=
mer sanft zu athmen schien, sprach sie wie aus
Träumen vor sich hin: „Mein Bruder! Mein lieber
Bruder!"

Aber er hatte nicht geschlafen; er neigte sich zu
ihr herab und flüsterte: „Mein traut Geschwister!"

Dann wieder hob sie den Kopf ein wenig aus
des Bruders Hand. „Wie seltsam, Dethlev," sprach

sie leise; es ist doch dunkel; aber ich sehe deutlich deiner Mutter Bildniß: sie blickt uns freundlich an!"

"Ja, Heilwig; sehr freundlich."

Und dann schwiegen sie. Sie wären fast entschlummert; da horchte Heilwig auf: "Was war das, Dethlev?"

— "Ich hörte nichts."

"Doch! Da ist es wieder; hörst du nicht? Da drinnen riß es an der Kammerthür!"

Der Junker hatte sich aufgerichtet. "Die Thür ist verschlossen," sagte er.

Es war wieder Alles still geworden; sie hörten nichts mehr; es mochte nur der Wind gewesen sein. Heilwig legte wieder das Haupt in ihres Bruders Hände; dann schwiegen Beide, ein plötzlicher Schlummer hatte sie befangen.

Aber die Nacht war noch nicht herum, und es schlief nicht Alles in diesem Hause. Wäre sonst ein Ohr noch wach gewesen, es hätte draußen im Flur das leise Oeffnen der Thür zur Winterstube vernehmen müssen; dann ebenso leise unsichere Schritte durch dieselbe bis zur Thür des Saales selbst.

Unhörbar that sich diese auf, und wie vorsichtig

gegen die Kammerthür hinschreitend, näherte es sich
den Schlafenden. Doch erreichte es dieselben nicht;
ein dumpfer Schrei, wie aus der Brust eines ent=
setzten Thieres, durchbrach die Stille der Nacht.

Heilwig war jäh emporgefahren, als müsse sie
mit ihrem Leibe den des Bruders decken; aber es
war nicht mehr vonnöthen; sie sah nur noch eine
taumelnde Gestalt mit beiden Armen um sich greifen
und dann in schwerem Fall zu Boden stürzen. Zu=
gleich erscholl ein Klirren, als würde eine Waffe über
den Fußboden bis zu ihren Füßen fortgeschleudert.

Heilwig hielt mit beiden Armen des Junkers Hals
umklammert. „Dethlev! Dethlev!" raunte sie ihm
zu. Er aber antwortete nicht; er hatte sich gebückt,
und seine Hand griff suchend auf dem Fußboden
umher. Als er die Waffe erfaßt hatte, die unter
ihrem Sessel lag, und seine Finger an dem Schlosse
rührten, zuckte er zusammen und es schüttelte ihn wie
Fieberfrost. Zugleich aber sprang er auf, und den
Arm fest um sie legend, riß er Heilwig mit sich in
die Kammer und weiter, nachdem er hastig aufge=
schlossen, durch die Reihe der übrigen Kammern auf
den Flur hinaus und hinab die Wendelstiege.

„Wer war das?“ rief sie, als Beide athemlos im Unterhause angekommen waren. „Der wollte dich tödten, Dethlev!“

„Ich weiß nicht; frag mich nicht, Heilwig; ich will jetzt nur Eines wissen! — Aber meiner Mutter Erbe werde ich nimmermehr verlangen.“

Er zog das Mädchen wieder mit sich fort, bis in die Schlafkammer der Großmutter, bis an das Bett der schlummernden Greisin.

Sie hörten es nicht, wie draußen über der Zug= brücke eilige Schritte laut wurden, und sahen nicht die fliehende Gestalt, die jenseits derselben unter dem Schatten der Eichen in die Nacht verschwand.

*   *   *

Herr Hennicke hatte Recht behalten; der blonde Reiter ist nicht wieder auf den Hof gekommen, so emsig auch Frau Benedicte nach ihm ausgesehen. Mit Ersterem selber aber mußte Seltsames geschehen sein; denn als, wie hergebracht, die Hausmagd mit der Morgensuppe an sein Bett kam, lag dort ein eisgrauer Mann mit eingesunkenem Antlitz; als sie aber mit Geschrei von dannen stürzen wollte, war

es die Stimme ihres Herrn, welche die Närrin erst
zurückrief und sie dann sammt ihrer Suppe zu allen
Teufeln schickte.

Er hat aber wochenlang in der dumpfen Kammer
fortgesessen, bis eines Morgens drüben aus dem Dorf
zu Eckenhof das Thurmgeläute hell herüberwehte, das
man des dazwischen liegenden Waldes wegen nur
selten hat vernehmen können. Da hat er aufgehorcht
und den eben eintretenden Vogt gefragt, wer denn
begraben würde. Als dieser ihm berichtet, es sei die
alte Förstersfrau vom Eckenhof, hat er sich arg erbost,
daß man ihm nichts davon vermeldet, dann aber
plötzlich nur den Namen „Heilwig“ ausgestoßen und
befohlen, ihm sein Pferd zu satteln. Er ist jedoch
nicht fortgeritten; der Hofjunge hat stundenlang das
aufgezäumte Thier im Hofe umhergeführt, bis es
endlich wieder abgesattelt werden mußte. Und ebenso
erging es am anderen und am dritten Morgen.

Danach aber eines Tages sah der Käthner Forthmann, welcher eine blanke Kuh am Seile führte,
eine greise Reitergestalt über die Zugbrücke nach dem
Eckenhof hinaufjagen und dort am Hause von dem
Pferde steigen.

Der Käthner schüttelte den Kopf; er konnte sich
nicht denken, was der Mann dort suche, denn es
wohnte Niemand mehr darin; seine Grethe war zu
dreien Malen mit der Morgenmilch aus Haus ge=
kommen; aber immer hatte sie vergebens an die
ringsum verschlossenen Thüren gepocht.

Auch jetzt ist nichts Lebendiges zu spüren gewesen;
selbst die schwarzen Krähen mußten auf Atzung fort=
geflogen sein.

Der Reiter aber hatte mit einem schweren Doppel=
schlüssel die Hauptthür aufgeschlossen. Vom Flur
aus hatte er die Räume des Unterhaus durchwandert;
aber es ist nichts darin gewesen als nur das stumme
Geräth, das einst den beiden Frauen zu ihrem ein=
samen Leben diente. Als er auf den Flur zurück=
gekehrt war, ist er vor der Treppe still gestanden,
als müsse er auch hier die Stiegen noch hinauf; er
hat aber nur den Fuß auf die unterste Stufe gesetzt
und mit heiserer Stimme einen Namen in das Ober=
haus hineingerufen. Als ihm von dorther nur ein
dumpfer Hall zurückgekommen, hat er, wie von jäher
Furcht befallen, das Haus verlassen und ist vom
Hofe fortgeritten; aber immer langsamer ist das

Pferd gegangen, und immer zusammengesunkener ist
die darauf sitzende Gestalt erschienen.

Das alte Haus innerhalb des Ringgrabens lag
wieder in seiner stillen Abgeschiedenheit; nur die
Krähen, als es Abend wurde, kehrten zurück und
lärmten eine Zeit lang, bevor sie sich zum Schlafe
in die Eichenwipfel setzten.

＊　　　＊　　　＊

Herrn Hennicke's Wünsche hatten sich erfüllt; der
Junker Dethlev war durch landgerichtlichen Spruch
für todt erklärt worden; Frau Benedicte lag unter
ihrem schweren Leichenstein. Aber Herr Hennicke ist
ein gebrochener Mann gewesen. Die beiden Füchse,
welche sich allmälig zu ein paar breitschulterigen
geizigen Hagestolzen ausgewachsen, wirthschafteten
emsig auf dem einen wie auf dem anderen Hofe; sie
ackerten und ernteten und säckelten die Korngelder
ein, ohne daß Herr Hennicke darein geredet hätte.
Niemals hat er mehr ein Pferd bestiegen; aber in
bestimmten Zwischenräumen ist er am Stabe nach
Eckenhof gewandert. Das Haus hat er nie betreten;
aber auf der kleinen Bank unter den Eichen hat er

oft geseſſen, wie erwartungsvoll das Antlitz dem
Hauſe zugewandt, als ob dort in jedem Augenblick
die Thür ſich öffnen müſſe. Nur wenn vom Giebel
plötzlich der Schlag der Uhrglocke herabgeſchollen,
hat er wie erſchreckt emporgeblickt; denn die Uhr
ſchlug nach wie vor; er ſelber hat dem Küſter aus
dem Dorfe einen hohen Lohn gezahlt, daß er auf
dem verfallenen Boden das Werk in ſtetem Gange
halte. Wenn die Dorfkinder, vom Felde herkom=
mend, hier vorübergingen, haben ſie ſich ſchon von
ferne die regungsloſe Greiſengeſtalt gezeigt und heim=
lich unter einander flüſternd ihren Weg verfolgt;
denn ein unſicheres, aber furchtbares Gerücht iſt in
den Bauernſtuben umgelaufen: es ſeien die Schatten=
hände der todten Frau geweſen, die Herrn Hennicke's
Kraft gebrochen hätten.

Und ſo in ſeiner Einſamkeit iſt er bis an die
äußerſte Grenze des Menſchenlebens gelangt. Von
Heilwig aber und dem blonden Reiter hat ſich jede
Spur verloren.

Zur
„Wald- und Wasserfreude".

(1878.)

—————

Im dritten Hause von der Marktecke, wo in dem Schaufenster der Tempel aus weißem Dragant mit Rosenguirlanden und fliegenden Amoretten zwischen einer Garnitur von Franz- und Sauerbrötchen prangte, wohnte derzeit Herr Hermann Tobias Zippel. Er hatte vordem in einer anderen Stadt des Landes allerlei Handelsgeschäfte getrieben, war aber, nachdem er sich solcherweise ein kleines Vermögen erworben hatte, seiner unruhigen Natur gemäß von dort verzogen, um einmal anderswo was Anderes zu beginnen. In seinem jetzigen Hause hatte er eine Conditorei und eine Bäckerei errichtet, deren nothwendige Verbindung dem beschränkten Geiste dieser Stadt bisher noch unentdeckt geblieben war; nach Erbauung des weißen Draganttempels wurde dann auch noch eine Tapetenhandlung angelegt; d. h. was man wirklich so Tapeten nennen konnte; denn vor

6*

ihm, wie er händereibend zu versichern pflegte, hatten
die Leute sich ihre Stuben nur mit einer Art von
buntem Löschpapier verkleistert.

Herr Zippel war ein blasses Männchen mit vollem
dunklem Haupthaar, das er, um seinem arbeitenden
Gehirne Luft zu schaffen, alle Augenblicke mit seinen
fünf gespreizten Fingern in die Höhe zog. Wohl
zehn Mal in einer Stunde, gleich einem Marionetten=
männchen, erschien und verschwand er in dem Rah=
men seiner allzeit offenen Hausthür; und den an
dem gegenüberliegenden Straßenfenster strickenden
Damen begann etwas zu fehlen, sobald das ge=
wohnte Spiel einmal versagte.

Das einzige Kind des Hauses war eine Tochter,
ein braunes, grätiges Ding mit zwei langen schwar=
zen Zöpfen und damals kaum dreizehn Jahre alt.
In der Taufe hatte sie den Namen „Rosalie" er=
halten, und wenn Herr Zippel, sei es pathetisch oder
auch nur zornig war, dann wurde sie auch so von
ihm gerufen, für gewöhnlich aber nannte man sie,
aus Gott weiß welchem Grunde, „Kätti". Herr
Zippel schickte seine Tochter in die beste Mädchen=
schule, aber sie war eine berufen schlechte Schülerin.

Nur in der Geographiestunde pflegte sie mitunter
aufzumerken; der Lehrer war einst in vielen Län-
dern herumgekommen, und seine Vorträge gewannen
zuweilen den Ton der Sehnsucht in die weit', weite
Welt; dann starrten ihn die schwarzen Augensterne
an, und die mageren Arme des Kindes reckten sich
über den Schultisch immer weiter ihm entgegen.
Auch in den Clavierstunden, die ihr der Vater geben
ließ, blieb sie nicht dahinter; ja sie zeigte bisweilen
eine Auffassung, die über ihre Jahre hinauszugehen
schien, und es konnte dann wohl geschehen, daß sie
mitten im Stücke aufsprang und davonlief, als ob
was Fremdes über sie hereingebrochen sei.

Aber der schwere Clavierkasten, der so fest gegen
die Wand geschoben stand, war nicht das Instrument,
das ihre eigenste Natur verlangte. Ein solches, das
sie bis jetzt nur in den Händen durchziehender Künst-
lerinnen gesehen hatte, sollte ihr erst jetzt zu Theil
werden.

Auf dem Boden des langgestreckten Hauses befand
sich nach dem Hofe zu eine Giebelstube, in welche
unlängst bei Beginn des Sommersemesters ein schon
älterer Primaner eingezogen war. Aus irgend einem

Winkel hatte Kätti von rothbemützten jungen Herren neben vielen Büchern auch eine Guitarre hinein= tragen und mit verlangenden Augen hinter der sich schließenden Stubenthür verschwinden sehen. Aber eines Nachmittags, da sie ihren Hausgenossen sicher in seiner Gelehrtenschule wußte, und während sie selber freilich in ihrer Mädchenschule sitzen sollte, huschte sie leise über den Boden und blickte durch die geöffnete Thür in die leere Stube. Als sie die Gui= tarre gegenüber an der Wand hängen sah, schlüpfte sie hinein und zog hinter sich die Thür ins Schloß.

Ebenso ging es am folgenden Nachmittage und noch ein paar Tage weiter; endlich kam Klage aus der Mädchenschule; Kätti hatte die letzte Woche jeden Nachmittag gefehlt. Es war kein Zweifel, sie mußte sich bis dahin zierlich durchgelogen haben; nun aber brach das Wetter über sie herein. Herr Zippel er= innerte sich plötzlich ihres Taufnamens; mit gesträub= tem Haupthaar lief er im Hause umher; den Brief der Lehrerin hielt er in der einen Hand und schlug ihn mit der anderen. „Rosalie!" rief er, „Rosalie! Wo hat das Unglückskind sich wieder hinverflogen!"

Endlich, irgendwoher, erschien sie vor ihm; halb

lauernd, halb ängstlich sah sie ihren Vater an. „Weißt du, daß du mein einziges Kind bist," sprach Herr Zippel nachdrücklich, „und daß deine Mutter in der Erde ruht?"

Kätti ließ das Köpfchen hängen, daß ihr die langen Flechten über die Brust herabfielen.

„Kannst du lesen?" fragte Herr Zippel wieder. Sie antwortete nicht.

„Da!" sagte er und gab ihr den Brief der Lehrerin. „Versuch' es; aber es ist geschriebene Schrift! Wie kann man geschriebene Schrift lesen, wenn man nicht zur Schule geht!"

„Ich kann wohl lesen!" sagte sie trotzig und erschrak doch, als sie einen Blick hineingethan hatte. Aber sie kannte ihren Vater, sie mußte ihn ruhig austoben lassen.

Er hatte den Brief ihr aus der Hand gerissen und vollzog an diesem aufs Neue seine symbolische Züchtigung; dabei sagte er seiner Tochter, sie würde seinen sauer erworbenen Ruf zu Grunde richten, sein schwarzes Haar würde vor Weihnachten noch weißer als der Schnee sein und sie selber würde am Ende ihres Lebens an einem sehr hohen Galgen hängen.

Das war denn doch zu viel; Kätti brach in bittere Thränen aus.

„Aber, Unglückskind, was hast du denn getrieben?" Herr Zippel hatte ihre Hände ergriffen und blickte zweifelnd und rathlos auf sie hin.

„Ich habe nicht gefaullenzt," sagte Kätti.

„Nicht gefaullenzt! Aber was denn sonst?"

„Ich habe nur was Anderes gethan, als was sie in der Schule thun!" Und dabei zeigte sie ihrem Vater die Fingerspitzen ihrer beiden Händchen.

Herr Zippel besichtigte eine nach der anderen mit wachsendem Erstaunen. „Aber, zum Erbarmen! die sind ja alle wund, die einen noch schlimmer als die anderen!"

„Ja," sagte Kätti, „das ist auch nicht so leicht!"

„Aber, um des Himmels willen, wo hast du denn gesteckt?"

Sie schwieg einen Augenblick, dann sagte sie: „Ist der Primaner zu Hause?"

„Der Primaner? Nein, der ist eben fortgegangen. Aber was soll denn der Primaner?"

„Komm!" sagte sie. Und schon hatte sie ihres Vaters Hand ergriffen und zog ihn mit sich fort:

die Treppe hinauf, über den Boden, dann in das Giebelstübchen.

Rasch langte sie die Guitarre von der Wand, setzte ihr eines Füßchen auf ein dickes Lexikon, das auf dem Fußboden lag, und ein paar voll gegriffene Accorde erklangen unter ihren Fingern.

Herr Zippel stand mit untergeschlagenen Armen und weit aufgerissenen Augen gegen die Wand ge= lehnt. Er hatte eine Lieblingscanzonetta. „Kätti," sagte er mit vor Erwartung bebender Stimme: „Es ritten drei Reiter zum Thore hinaus!"

Kätti hatte es tausendfach von ihrem Vater singen, pfeifen und brummen gehört; es war auch das Erste gewesen, wozu sie sich die Begleitung auf dem Instrument zusammengelesen hatte. Und nun, während die kleinen Finger aufs Neue das Griff= brett faßten, hub sie an und sang mit ihrer etwas schrillen Kinderstimme: „Es ritten drei Reiter zum Thore hinaus, ade!"

„Ade!" sang Herr Zippel schüchtern und wie fragend mit.

„Und wenn es denn soll geschieden sein —"

Herr Zippel hatte sich hoch aufgerichtet; seine

Augen begannen zu leuchten, bald schlug er die Hände
über dem Rücken in einander, bald fuhr er damit
durch seine aufgeregten Haare; dann aber, als der
Refrain wiederkehrte, setzte er muthig mit seiner
scharfen Tenorstimme ein, und bald sangen Vater
und Tochter mit einander, daß es durch Haus und
Boden schallte:

> „Ade, ade, ade!
> Ja Scheiden und Meiden thut weh!"

„Rosalie! Mein Kind, mein Genie!" Herr Zippel
schloß das winzige Geschöpfchen in seine Arme und
bethaute es mit seinen Thränen. „Ja, ja, die alte
Schulmamsell mit ihrem Strickstrumpf, mit ihrer
trockenen gelben Jungfernnase, was weiß auch die —"

Als er in Folge eines Geräusches umblickte, stand
die dicke Magd mit ihrem Kochlöffel in der offenen
Stubenthür. „Herr Zippel, vorm Laden ist ein
Junge, der will für'n Schilling Butterkringel!"

„Der Junge soll zum Teufel gehen!"

„Aber, Herr Zippel!"

„So ruf den Burschen!"

„Herr Zippel, ich weiß nicht, wo der Bursche ist."

„Nun, so gieb ihm selbst die Kringel!"

„Aber ich bin nicht für den Laden, Herr Zippel!"

Er stieß die dicke Magd zur Seite und rannte scheltend über den Boden in das Unterhaus hinab. Die Magd sah ihm ruhig nach und watschelte dann langsam hinterdrein.

Kätti war allein. Sie setzte sich ans Fenster, hauchte auf ihre Fingerchen, stützte dann ihr Köpfchen an den Hals der Guitarre und blickte nachdenklich in das Gezweige des großen im Hofe stehenden Wallnuß= baumes, wo ihr grauer Kater „Rickebold" sich mit der Sperlingsjagd beschäftigte. Was half das Alles! Das häusliche Ungewitter war zwar vorübergezogen; aber in die dumme Schule mußte sie ja nun doch wieder jeden Nachmittag; und außer den Schulstunden — wann war sie dann vor dem Ueberfalle des Primaners sicher? — Plötzlich trat ein entschlossener Zug um ihren hübschen Mund; aber da sie eben wie zur Er= muthigung einen nach dem anderen ihrer eingelernten Accorde griff, schallten junge Männerstimmen von unten und jetzt schon aus dem Treppenhaus hinauf.

Im Nu hing die Guitarre an der Wand, und Kätti war wie fortgeblasen.

* * *

Ein paar Stunden später saß der hübsche Primaner — Wulf Fedders hieß er — in voller Ar-
beitsthätigkeit an seinem Tische. Vor sich hatte er
die Thür nach dem weiten Boden offen stehen; ver-
muthlich nur weil der geschlossene Stubenraum ihm
seinen Geist beengte; denn er blickte nicht hinaus,
sondern war emsig bemüht, für seinen deutschen Auf-
satz eine Kette von Satzfolgen zu Papier zu bringen,
welche er eben auf einem Spaziergange in Gedanken
sich zurecht gelegt hatte. Anmuthig schwebte ihm
bei seiner Arbeit das sonst so griesgrämige Gesicht
des alten Rectors vor; er hatte ihm heute bei seiner Verdeutschung des Thukydides so wohlgefällig
zugenickt; Wulf Fedders sah schon deutlich dasselbe Nicken bei Rückgabe dieses Aufsatzes. Und die
Feder des jungen Primaners arbeitete behaglich
weiter.

Als er aufblickte, stand Kätti ihm gegenüber; es
war ihr eigen, plötzlich da zu sein, ohne daß man
sie hatte kommen hören.

„Du!" rief er. „Bist du schon lange da?"
Sie nickte.

„Was willst du, Kind?" sagte er und betrachtete

das braune Köpfchen, das er bisher nur ein paar
Mal flüchtig hatte vorüberhuschen sehen.

Kätti zeigte auf das vor ihm liegende Papier und
sagte: „Haben Sie noch mehr darauf zu schreiben?"

Er schüttelte sein blondes Haar aus der Stirn
und lachte. „Noch ein paar Sätze; dann ist's vor=
läufig genug."

„Darf ich so lang hier bleiben?"

„Weshalb nicht? Setz' dich!" sagte er, indem
er schon wieder weiter schrieb.

Sie setzte sich auf den Stuhl am Fenster; aber
ihre Augen ruhten unablässig auf dem Antlitze des
Schreibenden, als wolle sie erwägen, was hinter den
gesenkten Lidern sich verbergen möge. Als er dann
die Feder wegwarf, schrak sie fast zusammen. „Fertig!"
rief er. „Nun, Kätti? — Du heißt doch Kätti?"

„Ja, Kätti."

„Nun, so komm her und sprich, was du auf dem
Herzen hast!"

Sie war zögernd wieder vor den Tisch getreten.
„Wollen Sie auch nicht böse werden?"

„Das werd' ich nicht so leicht; aber ich kann's
dir doch im Voraus nicht versprechen."

Sie besann sich eine Weile. „Dann mögen Sie auch böse werden," sagte sie und zeigte nach der Wand; „ich habe alle Nachmittag auf Ihrer Guitarre da gespielt."

„Und weshalb erzählst du mir das jetzt? Nur, weil es die Wahrheit ist?"

Sie schüttelte heftig mit dem Kopfe.

„Nein? Aber weshalb denn?"

„Ich möcht' es lernen," sagte sie leise; „aber es ist hier Keiner, der darin Stunden giebt."

„Ja so! — Nun, Fräulein Kätti, was ich davon verstehe, ist zu Diensten!"

Freudenroth und zitternd folgte das Kind mit seinen dunklen Augen, wie er jetzt die Bücher fortschob und die Guitarre von der Wand herunterlangte.

* * *

Und somit wurde das erste Ringlein fertig als Glied zu einer feinen unsichtbaren Kette.

Wie von selbst waren die Stunden herausgefunden, in denen der kleine musikalische Verkehr sich ungestört entfalten konnte; Kätti säumte nicht zu kommen, und auch Wulf Fedders blickte mitunter über seine Bücher

nach der halb offenen Stubenthür, ob denn das
braune Köpfchen noch nicht durch die Spalten gucke.
Wenn sie dann eintrat, hatte er oftmals Mühe, seine
bewundernden Augen abzuwenden, damit — so warnte
er sich selber — das Kind nicht eitel werde. Er
hatte freilich nicht gesehen, wie sie kurz zuvor an
ihrem aufgezogenen Schubfache kniete, um ein bestes
Krägelchen oder ein anderes Putzstück daraus hervor-
zukramen; hatte er doch nicht einmal bemerkt, daß
erst seit ein paar Tagen eine rothe Seidenschleife
gleich einem angeflogenen Schmetterling auf ihrem
schwarzen Haare saß.

Uebrigens waren Kätti's musikalische Fortschritte
unverkennbar; was der junge Lehrer an Griffen und
Fingersatz ihr beizubringen wußte, war Alles rasch
erlernt worden. Dagegen kam eines Tages wieder
Klage aus der Mädchenschule; als Wulf Fedders
nach der Classe in das Haus trat, zog Herr Zippel
ihn in die Stube und rief ihn gegen das ungelehrige
Kind zu Hülfe. Und der blonde Primaner, unter
dessen Scheitel sich neben Anderem auch ein Quint-
chen Altklugheit versteckte, redete zu Herrn Zippel's
Entzücken in das arme Ding hinein, daß sie schier

verblasen dastand und in den nächsten Tagen brennend fleißig war.

Ganz anders freilich geschah es, wenn sie oben in der Giebelstube saßen, wo die grünen Zweige des Nußbaums in das offene Fenster nickten und wo von solchen heiklen Dingen nie die Rede war. Zwar hatte bei Wulf Fedders die Guitarre keine weitere Bedeutung als das Vögelsingen, wenn es Frühling ist; dennoch hörte es sich anmuthig, wenn er mit seinem weichen Bariton aus seinem Liederschatz zum Besten gab.

> „Ein Vöglein singt so süße
> Vor mir von Ort zu Ort!"

Wenn er das anhub, saß Kätti gewiß auf ein paar über einander gepackten Büchern zu seinen Füßen, und wenn er geendet hatte, sprach sie ebenso gewiß: „Noch einmal, bitte!" Und dann sang er es noch einmal. Der Worte dieses Liedes wurde sie sich kaum bewußt, es war ihr nur die Melodie zu der sich dunkel regenden Empfindung, mit der sie in das hübsche Jünglingsantlitz blickte.

Eine unschuldige Heimlichkeit begleitete dies Beisammensein. Kätti schwieg gegen Jedermann, aus

unbestimmter Furcht, es könne ihr geraubt werden;
den jungen Primaner aber hielt eine sehr bewußte
Scheu zurück, seinen Verkehr mit dem eigenartigen
Backfischchen der Kritik seiner Commilitonen auszu-
setzen. Und da Kätti für jeden Ton das feinste Ohr
hatte, so entging es ihr nie, wenn unten durch die
Hausthür ein Gymnasiastenschritt hereinstürmte. Bevor
er noch die unterste Treppenstufe erreicht hatte, war
sie jedes Mal verschwunden und huschte später aus
irgend einem Bodenwinkel in das Unterhaus hinab.

Und dennoch ein Mal! Wulf Fedders hatte eben
ihr Lieblingslied gesungen, und Kätti saß vor ihm
auf ihren dicken Büchern, die dunkeln Augen wie im
Traum auf ihn gerichtet, die eine ihrer schwarzen
Flechten um die Hand geschlungen.

> „Die Blumen in dem Walde,
> Die Blumen auf der Halde,
> Die blühn im Dunkeln fort."

Er hatte kaum geendet, da trat, ohne daß Einer
von Beiden es bemerkte, der „forscheste" aller künftigen Studenten in das Zimmer und warf mit einem
derben „'n Morgen!" — es war nicht einmal Morgen — seine rothe Mütze neben ihnen auf den Tisch.

Im Nu war Kätti aufgesprungen und flog an ihm vorüber.

„Was war denn das für eine schwarze Katze?" rief der Forsche.

„Es ist die Wirthstochter," entgegnete Wulf nicht ohne sichtbare Verlegenheit.

Der Andere klopfte ihm vertraulich auf die Schulter. „Ja so! — Du scheinst mit ihr zu schwärmen, alter Freund!"

„Sie ist ein Kind; sie hatte mir den Thee gebracht."

Kätti stand noch hinter der halboffenen Stubenthür und machte mit ihren kleinen Händen ein paar Krallen gegen den groben Eindringling, bevor sie ganz verschwand. Mit ihrem Freunde war sie wohl zufrieden. „Wirthstochter!" Nur „die Wirthstochter!" das Wort war ihr eben recht; auch er hatte nichts verrathen wollen.

— — Aber das letzte Semester des Schülerlebens ging zu Ende. Als Wulf Fedders, um von seinem Wirthe Abschied zu nehmen, in dessen Wohnzimmer trat, kam ihm dieser mit einer Rolle in der Hand entgegen. „Leben Sie wohl, Herr Fedders," rief

er; „es ist ganz recht, daß Sie dem Nest den Rücken
kehren! Sehen Sie da!" und er entrollte eine wirklich prächtige Tapete. „Zehn Mark Courant per
Stück, ich hab' sie selbst für feste Rechnung; aber
glauben Sie, daß diese knickerige Gesellschaft auch
nur zu einem Ofenschirm davon gekauft hat? Wenn
Sie wieder diese werthe Stadt besuchen sollten, nach
Hermann Tobias Zippel brauchen Sie nicht mehr zu
fragen."

Kätti wurde vergebens gerufen; erst als das
Fortrollen des Wagens durch das Haus dröhnte,
schlüpfte sie oben aus einem dunkeln Seitenraume
des Bodens.

In der Giebelstube war Alles ausgeräumt; nur
die Guitarre hing noch an der Wand. „Für Kätti"
stand auf dem Zettel, der durch die Saiten geschlungen war. Jetzt wurde leis die Thür geöffnet, und
auf den Zehen, als fürchte es auch jetzt noch über-
rascht zu werden, schlich das Kind herein. Als sie
die Worte auf dem Papierstreifen gelesen hatte,
drückte sie ihre Lippen darauf und brach in lautes
Schluchzen aus.

*　　*　　*

Zum Amtsbezirke der Stadt gehörig, aber reich=
lich eine Meile südwärts, lag ein großes Dorf; im
Rücken Buchen= und Tannenwälder, vor sich das
breite silberne Band eines Flusses, der ein weites
Wiesenthal durchströmte. Auf einem Vorsprunge
oberhalb des Wassers stand der Kirchspielskrug mit
seinem alten wetterbraunen Strohdach, den seit
Menschengedenken stets der Sohn von dem noch
immer rüstigen Vater überkommen hatte. Land= und
Gastwirthschaft gingen Hand in Hand: die Gäste
fanden neben bäuerlicher Behaglichkeit billige Preise,
frische Butter zum selbgebackenen Brote und gold=
gelben Rahm zum wohlgekochten und geklärten Kaffee.

Unterhalb des Gartens, der sich schräg abfallend
bis fast an das Flußufer hinabzog, war das Ab=
nahmehaus, wo noch vor Kurzem der Vater des
letzten bäuerlichen Wirthes wohnte. Zwar hatte auch
er, gleich seinen Vorvätern, den Staven mit allen
Gerechtigkeiten seinem Sohne abgetreten; aber an
Sonn= und Festtagen, wenn die Gäste zu Wasser
und zu Lande aus den benachbarten Städten heran=
zogen, stieg er in seinem besten Staate nach seiner
alten Wirthschaft hinauf, um vorne in der kleinen

Gaststube den Ausschank zu verwalten und dabei
seine Geschichten von anno damals an den Mann
zu bringen. Und selbst die Stammgäste hörten es
gern noch einmal, wie er im Walde drüben den
großen Wildeber von seines Vaters gelben Sauen
abgejagt, oder wie er drunten am Flusse den Ottern
aufgelauert hatte, die in mondhellen Nächten an dem
Dorf vorbeigeschwommen waren.

Aber die bäuerlichen Besitzer hatten Haus und
Garten verkauft und sich weit vom Dorfe auf ihr
Land hinausgebaut; und mit ihnen verschwanden
neben den alten Geschichten auch die billigen Preise,
der goldgelbe Rahm und die frisch gekarnte Butter.

— — Der neue Wirth war Herr Zippel. Es
schien unglaublich, was er Alles leistete, noch mehr,
was er Alles leisten wollte. Sein jetzt schon ziemlich
angegrautes Haar befand sich stets im Zustande
höchster Aufgeregtheit; er wollte zeigen, was aus
diesem Erdenfleck zu machen sei, den seine dummen
Vorgänger so lange als todtes Capital von Hand
zu Hand gegeben hatten; nicht einmal einen Namen
hatten sie für ihr „Etablissement" ersinnen können.
Es sollte gründlich anders werden!

Und schon war der hinter der Gaststube liegende
Tanzsaal durchbrochen worden und daran nach der
Flußseite eine große Veranda in den Garten hinaus=
gebaut. Eben wurde von den Zimmerleuten eine
schwere Bekrönung darauf befestigt, welche auf blauem
Grunde in goldenen Buchstaben eine fußhohe In=
schrift in die Welt hinausstrahlte.

Herr Zippel selber stand betrachtend der Veranda
gegenüber neben einem alten Bauer aus der Nach=
barschaft. Der Alte rauchte behaglich seine kurze
Pfeife; Herr Zippel hatte die vor fünf Minuten
angezündete Cigarre schon bis zur Unkenntlichkeit
zerbissen, seine Augen leuchteten, seine Finger spiel=
ten unruhig in der Luft; als nun aber endlich da
droben der letzte Hammerschlag verhallt war, las
er halblaut, mit vor Erregung bebender Stimme:
„Hermann Tobias Zippel's Wald= und Wasserfreude!"
Dann nickte er bestätigend mit dem Kopfe, ergriff
den Arm seines Nachbarn und zeigte nach dem Fluß
hinab, wo an zwei neuen, weiß und grün ge=
strichenen Böten dieselbe Inschrift auf dem Wasser
schaukelte.

„Ja, ja, Nawer," sagte der Bauer in seinem

Platt, „dat kost't wat!" dann nickte er auch und
rauchte ruhig weiter.

Herr Zippel sah ihn fast entsetzt an. „Kost't
was, meint Ihr? — Bringt was ein, lieber Freund!
Bringt was ein!" Und liebreich, aber mit begeisterter
Ueberlegenheit klopfte er dem Alten auf die Schulter.

„Ihr versteht das nicht," fuhr er fort, da jener
statt der Antwort nur ein paar Mal hustete; „wird
auch kein Mensch von Euch verlangen!"

Damit führte er den ruhig Fortrauchenden durch
die offene Veranda in den Tanzsaal und blieb derselben gegenüber vor einem Pianino stehen, dessen
Deckel er mit gewandter Hand zurückklappte.

„Hm!" sagte der Alte, nachdem er sich die Sache
eine Zeit lang angesehen hatte.

„Nun?" frug Herr Zippel.

Und endlich kam die ersehnte Gegenfrage, ob
denn die Tochter, „dat lütt Deern," auf diesem
Ding da spiele.

Jetzt aber war Herr Zippel in seinem Fahrwasser:
das Kind, das Genie, das sie in ihren rothen, fünf
Zoll langen Schühchen schon gewesen! Sein un-
erschöpfliches Thema war angebrochen.

Der alte Nachbar betrachtete unterdessen eine seitwärts angebrachte Einrichtung; es war eine Estrade
mit einem kleinen Sitz und einem beweglichen Notenpult davor, Alles hübsch in Holzmanier gestrichen
und lackirt. Diese Einrichtung war für ein zweites
Genie, das der neue Wirth schon innerhalb der ersten
acht Tage hier im Dorfe selbst entdeckt hatte. Es
steckte in einem kleinen hinkenden Schneider, welcher
die Violine spielte und von dem einmal ein Musik-
freund gesagt hatte, es sei schade, daß er nichts gelernt habe. In der That aber hatte er sich zu einer
Art natürlicher Fertigkeit hinaufgearbeitet, ja mitunter brach durch seine ungeschulten Töne etwas,
das aus der Tiefe der Menschenbrust zu kommen
schien und selbst den kundigen Hörer stutzen machte.
Er hieß Peter Jensen; die Bauern aber, vielleicht
in unbewußter Anerkennung, nannten ihn „Sträkelstrakel". — Das dürre Männchen saß jetzt fast alle
Feierabend auf dem Bänkchen der Estrade und blickte
auf ein dunkelfarbiges Mädchen, das schräg ihm gegenüber am Claviere saß. Und nicht nur Tänze und
Liedermelodien, selbst eine Mozart'sche Sonate hatte
die junge Virtuosin mit ihm einstudirt. Herr Zippel

unterſtützte das nach Kräften; denn es gehörte mit
zu ſeiner „Wald= und Waſſerfreude"; während draußen
in der Veranda die Gäſte ſeinen Wein tranken und
ſeine „Soupers" und „Dejeuners" verzehrten, ſollte
vom Saale aus die Kunſt ihre höhere Natur ergötzen.

„Seht Ihr, Nachbar," ſchloß er ſeine beredte
Auseinanderſetzung; „das iſt es, was in der Bauern=
wirthſchaft hier geſehlt hat!"

Der Alte nickte ein paar Mal, während er wie
prüfend mit ſeiner rauhen Hand das Notenpult be=
taſtete. „Süß, ſüß!" ſagte er endlich, ohne aufzu=
blicken, „ward unſ' Sträkelſtrakel noch up ſin olen
Dagen en Staatsmuſ'kant!"

Aber Herr Zippel wurde von einem Arbeiter in
den Garten gerufen, und der Alte wanderte langſam
hinterher, um zu ſehen, was es denn dorten wieder
Neues gäbe.

Statt ihrer traten aus der Thür der Gaſtſtube
zwei andere Geſtalten in den dämmerigen Raum des
Saales. Kätti, ſie war die eine, obgleich jetzt volle
ſiebzehn Jahre alt, glich faſt noch einem halb=
erwachſenen Kinde, nur ihre Wangen waren jetzt
ſanft gerundet, und das bleiche Braun derſelben

war von einem rothen Hauch durchbrochen. Ihr schwarzes Haar aber trug sie noch immer in zwei langen Zöpfen; sie war eigensinnig, sie wollte es nicht anders, und auch die rothe Schleife an der linken Seite durfte niemals fehlen.

Mit ihr, Geige und Bogen in der Hand, war der kleine Musikant hereingetreten. Er pflegte sonst nicht so früh am Nachmittage, sondern erst zu dem stets für ihn bereiten Abendbrot sich einzustellen; aber heute galt es, die Mozartsonate zu dem Ein= weihungsfeste der Veranda einzuüben. Denn hatte er auf den Ruf seiner jungen Meisterin mitten im Tagewerke Nadel und Bügeleisen fortgeworfen.

Es war etwas Stilles in der Erscheinung des Mädchens, wie sie jetzt ans Clavier schritt und die Noten auflegte, während der kleine Mann schweigend seinen Platz erkletterte und, den Bogen im Austrich, erwartend nach ihr hinblickte.

Plötzlich, „Allegro, Strätelstratel!" rief eine junge Stimme, und dahin brausten die Töne der ungeschulten aber tapferen Musikanten. Mitunter freilich, wenn es gar zu sorglos überhin ging, gebot dieselbe auch wohl „Halt", und wieder „Halt"; und der Geigenbogen stockte endlich, nachdem er noch eine Weile feurig in die Figuren der nächsten Tacte hinausgeschossen war.

Der kleine Geiger hörte sich nicht gern bei seinem Uebernamen nennen; wenn aber bei solcher Gelegenheit Kätti ihren Finger hob und mit einer eigenthümlich lieblichen Betonung sagte: „Sträkel — Strakel?" dann krümmte er sich vor Wohlbehagen auf seinem lackirten Holzbänkchen, und unermüdlich wurden hierauf die hapernden Tacte wiederholt, bis das dunkle Köpfchen nickte und es wiederum mit losen Zügeln weiter ging.

Als sie mit der Sonate fertig waren, hob Kätti sich auf den Fußspitzen und langte über dem Claviere ihre Guitarre von der Wand. „Nun zur Belohnung!" sagte sie, lächelnd auf ihren Spielgenossen blickend, und dieser, als ob er nun das Höchste leisten müsse, drehte emsig an den Stimmwirbeln, klimperte und strich und drückte fast das Ohr an seine Geige.

„Sträkel — Strakel!" rief wiederum die junge Stimme; da kletterte er eilig von seinem Thron herab, und bald wanderten die beiden neben einander im Saale auf und ab; sie leicht dahin schreitend und

mit ihrer lichten Sopranstimme singend, daß es von
den leeren Wänden schallte; er mit seinem lahmen
Fuße stets nach einer Seite wippend und zu ihrer
Guitarre begeistert seine Geige streichend. Was hatten
sie nicht Alles schon gesungen, den „Jäger aus Kur=
pfalz" nicht weniger als „So viel Stern' am Him=
mel stehen." Plötzlich mitten in einem Schelmen=
liedchen brach sie ab; „Sträkelstrakel!" rief sie, indem
sie stehen blieb.

Er war in seinem Perpendikelgange schon um
ein paar Schritte weiter; als er Posto gefaßt hatte,
wandte er sich um, und das schlichte staubfarbene
Haar von seiner mageren Nase streichend, erwar=
tete er ehrerbietig das Orakel aus ihrem jungen
Munde.

„Peter Jensen!" sagte Kätti feierlich und nannte
ihn bei seinem vollen Taufnamen; „was kann Er
geigen!"

„O, aber Mamsellchen!"

„Und ist Er auch noch niemals draußen in der
Welt gewesen?"

„Draußen in der Welt? — Was sollt' ich da,
Mamsellchen?"

„Ja," sagte sie träumerisch und heftete die Augen auf das arme Körperchen des Musikanten, als wolle sie selbst das Wunder nun vollbringen; „wenn Er doch jung und hübsch wär', Sträfelstrafel!"

Er nickte nachdenklich, als ob ihm das schon wohl gefallen mochte. „Was dann, Mamsellchen?" frug er schüchtern.

„Dann — aber das versteht Er nicht, dann woll=ten wir Beide mit einander in die Welt hinaus!"

Er sagte nichts; er kniff die dünnen Lippen zusammen und sah sie halb anbetend und halb traurig an.

„Nun?" frug sie endlich.

Der arme, kleine Musikant hatte sie wirklich nicht verstanden, er fand es hier im Dorfe jetzt so schön wie niemals noch zuvor bei seinen jetzt bald vierzig Jahren. „Warum denn in die weite Welt, Mam=sellchen?"

„Warum?" — Aber sie blieb selbst die Antwort schuldig; der Anfang eines Liedes tauchte plötzlich in ihr auf, dessen Worte sie kaum jemals recht gefaßt hatte. Wie tastend griff sie einen Accord und hob mit halber Stimme an:

„Ein Vöglein singt so süße
Vor mir von Ort zu Ort;
O meine müden Füße!
Das Vöglein singt so süße;
Ich wandre immer fort."

Sträkelstrakel hatte sich selig lauschend gegen die Wand gelehnt, Geige und Bogen müßig in der herabhängenden Hand. „Geht es nicht weiter?" frug er leise, als Kätti nach dieser ersten Strophe schwieg.

„O doch! Aber ich weiß nur noch das Ende!" Dann griff sie wieder in die Saiten und sang aufs Neue:

„Wo ist nun hin das Singen?
Schon sank das Abendroth —
Die Nacht hat es versteckt,
Hat Alles zugedeckt;
Wem klag' ich meine Noth?

Kein Sternlein blinkt im Walde,
Weiß weder Weg noch Ort;
Die Blumen an der Halde,
Die Blumen in dem Walde,
Die blühn im Dunkeln fort."

Von der offenen Veranda her erscholl ein lautes Händeklatschen: „Bravo, bravissimo!" — Herr Zippel war während der letzten Strophe ein ungesehener Zuhörer gewesen und jetzt im besten Ansatz, seiner

Begeisterung Luft zu machen. Aber Kätti hatte wohl
dies Mal keine Neigung gehabt, den Reden ihres
Vaters Stand zu halten; als er in den Saal trat, fand
er nur noch den kleinen Musikanten, der sich mit
seinem blaucarrirten Taschentuch die Augen wischte.

*   *

Das Einweihungsfest und noch verschiedene an=
dere Feste, Wald= und Wasserfahrten, waren unter
lebhafter Betheiligung vorüber gegangen; als dann
der Winter seine dunkle Eisdecke über den Fluß
breitete, standen Herrn Zippel's fröhlich bewimpelte
Zelte auf derselben, und aus der an der Flußmün=
dung belegenen Nachbarstadt flogen Schlitten und
Schlittschuhläufer ab und zu. Der hagere, milz=
süchtige Pastor, der die neue Wirthschaft nie anders
als „Zipperlein's Wald= und Wasserleiden" nannte,
hatte in seiner Sonntagspredigt schon die deutlichsten
Anspielungen auf Sodom und Gomorrha fallen lassen.

Dann aber kam die trübe Zeit, wo Alles in
Thau= und Schlackerwetter untergeht, und dann der
Frühling und der neue Sommer. Die goldene In=
schrift über der Veranda hatte nun schon fast eines

vollen Jahres Gluth und Winterungemach bestehen
müssen, sie leuchtete nicht mehr so lustig wie im
vorigen Sommer, und vielleicht mochte es damit zu=
sammenhängen, daß jetzt selbst an Sonntagen die
Zahl der Gäste nur eine dürftige war, ja daß man
allerlei unbillige und bedenkliche Vergleiche zwischen
dem neuen und dem alten bäuerlichen Wirthe an=
zustellen begann. So viel war gewiß, Kätti hatte
eine Menge Zeit und wußte nicht recht, wohin damit.
Sie musicirte wohl noch an einzelnen Abenden mit
Sträkelstrakel in dem leeren Saale, sie sang und
spielte auch wohl einmal, wenn Gäste unter der
Veranda saßen; aber sie that das Eine mehr, um
die schüchtern fragenden Augen des kleinen Musikanten
zu befriedigen, das Andere nach dem Willen ihres
Vaters, dem sie nicht entgehen konnte. Mit den
Töchtern der Bauern wußte sie nichts zu reden und
diese nichts mit ihr; nur der junge Unterlehrer, ein
gutmüthiger Mensch mit Plattfüßen und gelbblonden
Haaren, saß oft stundenlang neben ihr am Clavier
und blickte, gleich Sträkelstrakel, in stummer Anbetung
zu ihr auf. Aber was kümmerten sie eigentlich diese
beiden Menschen!

Manchmal nahm sie das kleinste der beiden weiß
und grün gestrichenen Böte und ruderte den Fluß
hinauf, bis wo am Ufer entlang sich große Binsen=
felder streckten. Durch einige führte eine Wasser=
straße wieder auf die Flußbreite hinaus; in anderen
gelangte sie nach einer schmalen Oeffnung, durch
welche das Boot nur mit eingezogenen Rudern hin=
durchglitt, auf einen stillen, rings umschlossenen
Wasserspiegel. Hier, an schwülen Sommernachmit=
tagen, legte sie gern ihr Fahrzeug in den Schatten
einer hohen Binsenwand; auf dem Boden des Boo=
tes hingestreckt, die schmalen Hände über dem schwar=
zen Haar gefaltet, konnte sie ganze Stunden hier
verbringen. Die Abgeschiedenheit des Ortes, das
leise Rauschen der Binsen, über denen das lautlose
Gaukeln der Libellen spielte, versenkte sie in einen
Zustand der Geborgenheit vor jener doch so nahen
Welt ihres Vaterhauses, in der sie immer weniger
sich zurecht zu finden wußte.

Da sie nach einer solchen Ausflucht eines Nach=
mittags durch den Garten ging, sah sie in einer der
Lauben den Unterlehrer vor einem leeren Bierglas
sitzen. Bei ihrer Annäherung stand er schüchtern

auf. „O bitte, Fräulein," sagte er, „ich habe Ihrer lange hier gewartet." Da sie aber frug, was er denn von ihr begehre, stammelte er etwas und bat sie endlich, ihm ein Seidel Bier zu bringen.

Kätti ging mit dem Glase in das Haus; als sie in die leere Gaststube trat, sah sie ihren Vater vor einem Papiere sitzen, auf dem er lebhaft mit einem Bleistift hin und wieder arbeitete. „Unauslaßlich!" murmelte er. „Unauslaßlich! Das reine Wald- und Wiesenwasser! Daß Einem das nicht schon im vorigen Sommer eingefallen ist!"

„Was denn, Vater?" frug Kätti.

Aber er beachtete sie gar nicht; sein schon recht grau gewordenes Haar mit allen Fingern in die Höhe ziehend, fuhr er fort zu murmeln und zu stricheln.

Kätti zapfte das Bier ein und ging mit ihrem vollen Seidel fort. Als sie im Garten zu der Laube kam, stand dort der Unterlehrer und hatte gleichfalls einen beschriebenen Bogen in der Hand, den er eben aus einander faltete, in der offenbaren Absicht, seinen Inhalt vorzutragen. „Fräulein," sagte er demüthig, „Sie werden mich nicht verkennen!"

„Gewiß nicht, Herr Petersen," erwiderte Kätti,

indem sie das Bier neben ihm auf den Tisch stellte; der Unterlehrer erschien ihr noch wunderlicher als ihr Vater.

Herr Petersen räusperte sich und begann hierauf zu lesen; aber schon nach den ersten Versen — denn Verse waren es — die von der Seligkeit des Himmels handelten, gerieth er ins Stocken und wurde von irgend einer ihn bestürmenden Erregung so kirsch-braun im Gesicht, daß Kätti sich im Ernst um ihn zu ängstigen begann.

„Lesen Sie doch weiter, Herr Petersen," bat sie; „es klingt ganz hübsch; haben Sie das selbst ge-macht?"

Aber er wagte keinen weiteren Versuch; noch ein-mal, wie in gewaltsamer Ermuthigung, sah er sie mit aufgerissenen Augen an; dann drückte er haftig das Papier in ihre Hand, und Bier und Mütze auf dem Tisch im Stiche lassend, stolperte er auf seinen Plattfüßen eiligst die Steige nach dem Fluß hinab.

Kätti sah ihm ziemlich gleichgültig nach; als sie jedoch in dem anvertrauten Schriftwerk weiter las, schlug eine flammende Röthe ihr ins Angesicht: auf dem großen Papierbogen in schulgemäßer Schrift

8*

und zwischen ausgelöschten Bleistiftlinien stand hinter
der Seligkeit des Himmels eine unverkennbar irdische
Liebeserklärung, der ein gut bürgerlicher Heiraths=
antrag folgte.

Ihre Hand ließ das Papier zur Erde fallen,
und fast zuckte eins der flinken Füßchen danach hin;
aber es kam nicht weiter: Kätti schüttelte sich nur
ein wenig; dann hob sie das verachtete Schriftstück
auf und trug es sorgsam in die Küche, wo eben ein
einsames Feuer unter dem großen Kessel lohte.

Noch einen Augenblick, und die Flammen hatten
die ungelegene Liebeserklärung ergriffen; und Kätti
schaute sorgsam zu, bis auch das letzte Wort davon
vernichtet war.

— — Am Abend dieses Tages hatte ein Bruch=
theil von einer versprengten Sängerbande sich ins
Dorf verschlagen, und Herr Zippel versäumte nicht,
mit derselben für den folgenden Tag eine jener
Festivitäten zu veranstalten, die so wenig den Beifall
seines Seelenhirten fanden. Die Gesellschaft bestand
zunächst aus einem Geschwisterpaar, einem Geiger
und einer Harfenspielerin; letztere wenig hübsch und
mürrisch um sich schauend, aber, gleich dem ansehn=

licheren Bruder, von geschmeidigem Wuchse. Neben ihnen war noch eine Guitarrespielerin, ein blondes bewegliches Ding, mit zwei blauen verliebten Augen; sie lief sogleich durch Hof und Haus und machte sich überall zu schaffen. Als draußen der Mond am Himmel stand, schob sie ihren Arm in Kätti's Arm und zog diese mit sich in den Garten. „Komm," sagte sie, „ich muß meinen Mund einmal wieder laufen lassen; da drinnen die Gundel und ihr Bruder könnten Einen schier zu Tode schweigen!"

„Was schauen Sie mich denn so an?" fuhr sie fort, als Kätti ihre dunkeln Augen auf dem hübschen lachenden Antlitz ruhen ließ. „Meine Schwester hätten Sie sehen sollen; ach, war die schön! Nur gut, daß ich nicht mehr neben der zu singen brauche; sie hat einen reichen Mann geheirathet; o, es heirathen Viele von uns sehr reiche Männer!"

„So?" sagte Kätti. „Wo wohnt denn Ihre Schwester?"

„In Wien, in einem sehr schönen Hause; ihr Mann ist ein berühmter Uhrenhändler."

„In Wien?" Kätti's Aufmerksamkeit wurde jetzt doch rege. „Kommen Sie so weit herum?"

— „So weit? Wir kommen allenthalben. Aber Sie singen und spielen ja auch; Sie sollten mit uns kommen; was wollen Sie hier länger auf dem Dorfe sitzen! Ich freilich muß noch morgen von den Anderen fort; ich muß zu meinem schwedischen Grafen· der erwartet mich!"

„Ein Graf!" wiederholte Kätti voll Verwunderung. „Werden Sie sich mit dem verheirathen?"

„Weshalb denn nicht? Erst reisen wir zusammen auf ein paar Monate nach Baden=Baden."

Kätti kannte den Ort aus ihren Geographiestunden. „Nicht wahr," sagte sie, „da wo die vornehmen Leute hinreisen und ihr Geld verspielen?"

Die Andere nickte. „Ich bin schon einmal dort gewesen; das sollten Sie sehen, die schönen Menschen, die großen Feuerwerke, als ob auf einmal alle Sterne vom Himmel herunterfallen; wie in einem Märchen, sagt mein Graf!"

Noch lange gingen Kätti und die Guitarrespielerin Arm in Arm auf den mondhellen Gartensteigen: der hübsche Plaudermund des fahrenden Mädchens wußte immer Neues zu erzählen; vor Kätti's Augen stiegen die Zauber der Ferne auf.

„Ein Vöglein singt so süße
Vor mir von Ort zu Ort;"

sie wußte nicht, warum die Melodie ihr immer vor
den Ohren summte.

*   *   *

Etwa vier Wochen später und etwa zwanzig
Meilen weiter südlich ins deutsche Land hinein ge=
schah es, daß eines Vormittages Wulf Fedders, der
einstige Primaner, jetzt doctor juris utriusque, in
einer mittelgroßen Stadt aus einem Wochenwagen
stieg. Eine Weile sah er die Straße hinauf, wo
eben Jahrmarkt war, warf noch einen Blick auf das
Schild zum blauen Löwen, unter dem der Wagen
hielt, und trat dann ins Haus, um sich zur Weiter=
reise auf der von hier nach Norden hin beginnenden
Eisenbahn zu stärken.

In der Thür zur Gaststube ging ein etwas bleicher,
aber stattlich aussehender Herr an ihm vorüber, der
sich sein weißes Schnupftuch gegen die eine Wange
drückte. Der junge Doctor sah das; aber er achtete
nicht weiter darauf, sondern setzte sich an einen Tisch
und ließ sich auftragen.

Außer einigen Gästen, welche aus- und eingingen,
bemerkte er nur ein Musikantenpaar, einen Geiger
und eine Harfenspielerin, welche neben dem Eingang
saßen und der Stunde zu harren schienen, wo der
leere Raum sich wieder füllen würde. Wulf Fedders
hatte freilich wenig Theilnahme für seine Umgebung,
er schmeckte vielleicht nicht einmal die Speisen, die
dessenungeachtet rasch genug von seinem Teller verschwanden; denn in seinem Kopfe kreuzten sich allerlei
Gedanken. Er hatte eben seinen „Doctor" cum laude
absolvirt, und da der Tod beider Eltern ihn in die
Lage gebracht hatte, ein paar Jahre vom eigenen
Capital zu zehren, so stand die akademische Lehrkanzel
als längst geplantes Ziel vor seinen Augen. Zunächst
freilich nach all der angestrengten Arbeit mußte er
sich ein paar Monden Ruhe gönnen; das heißt, was
solche junge Büchermenschen Ruhe nennen; denn die
Doctorabhandlung, die nur eine Quintessenz enthielt, sollte zu einem epochemachenden Werke aus-
gearbeitet, allerlei emsig gesammelte Drucke und Ex-
cerpte nun erst gründlich benutzt werden. — Als den
Ort seiner Sommerfrische hatte er sich das große
wald- und wasserreiche Dorf ersehen, in dessen

patriarchalischer Krugwirthschaft es ihm an manchem
Sommersonntag seiner Primanerzeit so wohl gewesen
war. Er dachte es sich lebhaft, wie in solch länd-
licher Ruhe das neue Werk gedeihen und wie er
außerdem zu gesundheitstärkenden Wanderungen die
Mußezeit benutzen werde. Und dann! Ja, auch das
noch kam hinzu: die Stadt seines Schülerlebens war
von dort in ein paar Stunden zu erreichen, und in
jener Stadt — er wußte das aus bester Quelle —
war für die nächsten Monate eine junge Dame auf
Besuch, eine blonde blauäugige Majorstochter, die
er im letzten Winter bei einem Professorenthee gesehen hatte und die seitdem mit dem epochemachenden
Buche sich geschwisterlich in sein Herz theilte. — —

Der Doctor Wulf Fedders hatte es nicht bemerkt,
daß während seiner nachdenklichen Mahlzeit zwar
nicht zwei blaue, aber doch zwei glänzend schwarze
Augen unablässig auf ihn gerichtet waren. Als er
jetzt aufblickte, sah er eine junge Guitarrespielerin,
welche abgesondert mit ihrem Instrumente in der
Ofenecke saß. Er erschrak fast, als ihre Blicke sich
begegneten; wie um erst sich zu besinnen, wandte er
seine Augen ab; dann blickte er wieder hin, um

schärfer zu betrachten. Plötzlich stand er auf und ging gerade auf das Mädchen zu, während sie, ohne sich zu regen, ihn näher kommen ließ.

„Kätti!" rief er, als er vor ihr stand.

Sie ließ den Kopf auf ihre Brust sinken. „Ja, Kätti," sagte sie leise.

Als sie dann die Augen langsam zu ihm aufhob, machte die eigenthümliche Schönheit des Mädchens ihn fast verstummen. Erst als aus der Musikanten= ecke ein herrischer Ruf an sie erging, brach es her= vor. „Also zu denen da gehörst du?" rief er — und es war fast derselbe Ton, womit er einst das faule Schulkind abgekanzelt hatte — „eine fahrende Markt= sängerin ist aus dir geworden, und ich selber hab' wohl gar noch dazu helfen müssen! Ich kann's mir denken, du hast dich in den jungen Vagabonden da verliebt und bist mit ihm davon gelaufen!"

Kätti sah ihn ganz erschrocken an und schüttelte heftig ihr dunkles Köpfchen.

„Nicht? Aber weshalb bist du denn fortgegangen?"

„Ich weiß nicht," sagte sie schüchtern; „ich glaube, ich mochte nicht mehr mit Sträkelstrakel spielen."

Er lachte doch. „Was ist das: Sträkelstrakel?"

„Ein kleiner Schneider, der bei uns die Violine spielt."

„Mamsell!" rief es wieder aus der Musikanten= ecke. „Kommen Sie an Ihren Platz!"

„Und weshalb," frug der Doctor, ohne auf diesen Ruf zu achten, „sitzest du hier so abseits? Hast du Streit mit jenen Leuten?"

Kätti schwieg erst einen Augenblick; dann sagte sie: „Er ist frech gegen mich gewesen; ich will nicht spielen."

Wulf Fedders trat an den Musikantentisch.

„Wie kommt Ihr zu dem Mädchen?" frug er drohend; „sie ist guter Leute Tochter."

Der Bursche sah ihn an und nahm einen Schluck aus dem Glase, das er vor sich hatte. „Weiß schon," sagte er, „wo sie zu Haus ist!"

„Sie ist ein halbes Kind," fuhr der Doctor fort, „Ihr könnt dafür bestraft werden, Ihr durftet sie nicht mit Euch nehmen!"

„Sind Sie dabei gewesen, Herr?" rief der Bursche und stieß mit seiner Geige tönend auf die Tischplatte. „Mitten in der Nacht, da wir mit unserem Fuhrwerk eine Viertelstunde hinterm Dorfe waren, ist sie mit ihrer Guitarre aus dem Busch hervorgesprungen; sie hat sich meinem Bräunchen an den Zügel gehängt, daß ich nicht hab' fahren können, und hat gebettelt und geweint, daß wir sie mit uns nehmen möchten."

Der Geigenspieler hielt einen Augenblick inne; denn der Herr, der zuvor hinausgegangen war, setzte sich draußen vor dem Fenster auf die Bank.

„Nun?" rief Wulf Fedders ungeduldig.

„Nun, Herr? — Es fand sich just ein leerer Platz im Karren, weil unsere vorige Mamsell uns durchgegangen war. Da ließ ich sie drauf hinsitzen, um dem Lamento nur ein End' zu machen."

„Der Tausch mag Euch schon angestanden haben," sagte der Doctor; „Ihr habt Euch wohl nicht gar zu lang bedacht!"

„Meinen Sie, Herr? — Nun, allzu viel hat sie uns just nicht zugebracht; sie trägt schon meiner Schwester Hemd am Leibe, und die Schuhe werden auch wohl bald zerrissen sein!"

Der junge Doctor warf unwillkürlich einen Blick in die andere Ecke, wo Kätti, den Kopf an ihre Guitarre lehnend, unbeweglich mit geschlossenen Augen

faß. Die Schuhe an ihren über Kreuz gelegten Füß=
chen waren freilich in erbarmungswerthem Zustand.

„Aber," sagte er und wandte sich wieder zu dem
Geiger, „Ihr seid unehrerbietig gegen das Kind ge=
wesen; was habt Ihr mit ihr vorgehabt?"

Der Bursche stieß lachend seine Schwester an,
eine Dirne mit harten Zügen, welche, ihre Harfe im
Arm, die Pause zur Verspeisung eines Butterbrots
benutzte. „Da hör', Gundel!" rief er. „Hörst du,
was ich gewesen bin?"

Dann wandte er sich wieder zu seinem jungen
Gegner und sagte nachdrücklich: „Ich weiß eben nicht,
warum ich Euch hier Antwort steh; aber der Herr
da draußen ist einer von unseren Freunden; er hatte
sein Späßchen mit der neuen Mamsell, wie er's mit
der anderen auch gehabt hat; aber der schwarze Fratz
that wild wie eine Katze und hat ihm seine Wange
aufgerissen!"

„Und dann?" frug Wulf und faßte krampfhaft
seinen Ziegenhainer, den er vorhin fast unwillkürlich
in die Hand genommen hatte.

„Dann? — Nun, Herr, Ihr seht's ja, daß ich
sie nicht gefressen habe!" Der Mensch zeigte seine

weißen Zähne und stieß sein Trinkglas auf den Tisch, daß die Scherben dem Doctor ums Gesicht flogen.

Wulf Fedders verlor für einen Augenblick seine sonstige Besonnenheit; ein zorniges Wort, ein Schlag mit dem geschwungenen Ziegenhainer war die augenblickliche Erwiderung. Aber der Schlag ging fehl; Kätti, die bei den heftigen Worten auf ihn zugeflogen war, taumelte mit blutender Stirn an seine Brust.

Der junge Vagabond, eine breite musculöse Gestalt, war hinter seinem Tische aufgesprungen. Er hatte die Faust, aus der er die Geige fallen ließ, schon dräuend über seinen Kopf erhoben; aber es kam nicht so weit, er schien sich zu besinnen, der Handel mochte ihm doch bedenklich scheinen. „Mag der Herr die Mamsell behalten, wenn sie sonst noch zu curiren ist," rief er höhnend; „es laufen der Dirnen noch genug herum!"

*   *   *

Das leicht rieselnde jungfräuliche Blut hatte indessen die Sache schlimmer erscheinen lassen, als sie war. Die kleine Streifwunde hatte keine Bedeutung, und auch der Schrecken war bald überwunden; für

den Doctor aber erschien nun die Pflicht, sich der
Verlassenen anzunehmen, nur um so deutlicher; und
schon am anderen Nachmittage langten Beide wohl-
behalten vor der Wald= und Wasserfreude an.

Die dicke Magd, welche als perfecte Köchin aus
dem früheren Wohnorte mit herübergenommen war,
schlug die Hände über den Kopf zusammen, da sie
ihren alten Primaner so plötzlich mit ihrer ver=
schwundenen Mamsell aus einem Wagen steigen sah.
Uebrigens enthielt sie sich aller unnützen Reden, und
als der Doctor nach dem Hausherrn frug, streckte
sie die Hand nach der Flußseite und sagte: „Ich
bin bloß für die Küche; aber gehen Sie nur dreist
hinunter!"

Und wirklich, hier stand Herr Zippel barfuß bis
an die Knie im Wasser, und um ihn her eine Schar
von Arbeitern, welche Pfähle in den Flußgrund
rammten. Sein Haar flog im Winde, und Kätti,
die hinter ihrem Beschützer herschlich, spähte voll
Angst, ob es — wie ihr Vater einstens prophezeit
hatte — vor Kummer über sie nicht schon schneeweiß
geworden sei. Aber er sah nicht anders aus, als da
sie fortgegangen war. Dagegen schien der Augen=

blick nicht eben angethan, um eine besondere Erregung des Wiedersehens in Herrn Zippel's Herzen
zu erwecken. Erst als der Doctor ihn wiederholt
mit lautem Ruf begrüßt hatte, kam er an das Ufer
gewatet, nachdem er noch zwei Mal seinen Arbeitern
einen Befehl zurückgerufen und ihn dann zum dritten
Male widerrufen hatte.

Er erkannte sogleich seinen alten Miethsmann und
machte ihm einige rasch hervorgestoßene Complimente
über seine stattlichere Gestalt und seinen Backenbart;
dann aber, zur Hauptsache kommend, beschrieb er mit
ausgespreizten Fingern einen Halbkreis nach dem
Lande zu. „Das hier," sagte er, „wenn Sie es
früher gesehen haben, Sie werden es nicht wieder-
erkennen! Nun wollen wir dem Fluß noch seine Ehre
thun! Dort sehen Sie die Böte; hier entsteht das
neue Bad; in all den tausend Jahren ist das Keinem eingefallen! Das reine Wald- und Wiesenwasser, das Entzücken aller Aerzte auf zehn Meilen
in die Runde!"

In diesem Augenblicke erst bemerkte er seine
Tochter, welche ein paar Schritte seitwärts stand.
„Kätti! Rosalie! Beim Himmel, die Rosalie!" rief

er und schleuderte beide Arme in die Luft. „Herr
Fedders," wandte er sich an diesen, „haben Sie meine
Aufrufe in den Blättern gelesen? Die Dummheit
hat mir einen Haufen Geld gekostet!" — Aber damit
schien auch die Sache abgethan; das von dem Mäd=
chen so sehr gefürchtete Wiedersehen ging nach einigen
weiteren Ausrufungen wie ein beiläufiges Zwischen=
spiel in dem großen Werke des Wald= und Wiesen=
wasserbades beinahe unbemerkt vorüber.

Erst nach Stunden, da er zufällig ins Haus
hinaufgelaufen kam, frug Herr Zippel seine Tochter,
ob sie denn mit dem Primaner Fedders — „Doctor"
sagte Kätti — also dem Doctor Fedders heimgereist
sei, und ob sie unterwegs wohl ein so wundersam
belegenes Bad gesehen habe, als dieses bisher un=
bekannte Dorf ihm jetzt verdanken werde. „Wenn
wir nur auch den Sträkelstrakel wieder hätten!" setzte
er hinzu. „Ich hab' es ausprobirt; die Badenden
werden es im Wasser hören können, wenn Ihr hier
oben musicirt!"

„Sträkelstrakel!" rief Kätti; „was ist mit dem?"

Herr Zippel lachte. „Als die Guitarre fort war,
ist die Violine hinterdrein gelaufen; er war ohne

dich doch auch nur eine magere Verzierung für die
Wald= und Wasserfreude!"

Kätti sprang voll Schrecken von ihrem Stuhle
auf. „Er ist fort? und noch nicht wieder da?"

„Nein, noch nicht. Aber, der Tausend, ich muß
nach meinen Leuten sehen!"

*

Dem Doctor, welcher sich entschlossen hatte, hier
seine Sommerfrische zu genießen, waren in dem unten
am Flußufer belegenen Abnahmehause ein paar Zim=
mer eingeräumt, in denen für die künftigen Bade=
gäste die erste Einrichtung schon getroffen war.
Seine Aufwartung hatte Kätti übernommen, und sie
that Alles mit einer so stillen nie nachlassenden Auf=
merksamkeit, daß er dem sonst so flüchtigen Mädchen
oft verwundert zusah; auch als nach einigen Tagen
seine Kiste mit Büchern und Papieren anlangte, ging
sie so anstellig ihm zur Hand, als wüßte sie von
selbst, wohin er jegliches geordnet haben wollte.

„Wie dir das ansteht, Kätti!" sagte er scherzend.
„Nicht wahr, du läufst nicht wieder in die Welt
hinaus?"

Bei ihrer schmächtigen Gestalt und den herab=
hängenden Zöpfen, die sie in seiner Primanerzeit schon
ebenso getragen, konnte er sich nicht entwöhnen, sie
auch jetzt noch gleich einem halben Kinde zu behan=
deln; aber sie stand bei diesen Worten plötzlich todt=
bleich vor ihm. „O, bitte!" sagte sie und hob flehend
die Augen zu ihm auf.

Er warf einen fast erstaunten Blick auf sie.
„Verzeih, Kätti," sagte er dann; „wir reden nie=
mals mehr davon."

Zum Singen, wie einstens in der Giebelstube,
wurde sie nicht mehr von ihm aufgefordert, er selber
hatte sein Musiciren wie eine Jugendthorheit hinter
sich gelassen; zum Ausgleich schädlichen Studiren=
sitzens fand er es weit ersprießlicher, statt der Gui=
tarre sich eine Botanisirtrommel umzuhängen und
so, zugleich lernend und marschirend, seine Muße=
stunden zu verwerthen.

Zu solchen Wanderungen war hier die weiteste
Gelegenheit; aber es waren nicht die einzigen, welche
von ihm unternommen wurden; schon mehrere Male
war er in der Stadt gewesen und dann immer erst
am nächsten Tage heimgekehrt.

9*

Bei solcher Rückkunft fand er stets einen frischen Blumenstrauß auf seinem Tische; aber obgleich er wissen mußte, daß nur Kätti ihn dahin gestellt haben konnte, so erhielt diese doch nie ein freundliches Wort darüber. Anfänglich verwunderte sie sich nur; dann aber begann es sie lebhaft zu beschäftigen, und endlich beschloß sie, ihm an solchen Tagen lieber gar nicht mehr vor Augen zu kommen; und so fand er denn künftig neben dem Blumenstrauß auch sein Abendbrot als wie von unsichtbaren Händen aufgetragen. Sie dachte nicht, daß er auch hierin nichts Besonderes fand.

Einmal aber, da er von solcher Wanderung in sein Zimmer trat, fand er das Mädchen weinend an der Hausthür stehen. Nun sah er sie denn doch.

„Kätti! Kind! Was fehlt dir?" frug er.

Ihr fehlte nichts; aber Sträkelstrakel war vor einer Stunde per Schub von der Polizei ins Dorf zurücktransportirt worden. „Um meinetwegen!" rief Kätti, und ihre Thränen brachen reichlicher hervor. „Und seine Geige — er hat sie versetzen müssen, weil er gehungert hat; er hat nicht einmal spielen dürfen; denn er hat keine Concession gehabt!"

Der Doctor hörte schon nicht mehr, was sie noch weiter sprach, was kümmerte ihn der kleine Fiedelmusikante, den er nie gesehen hatte!

„Aber er muß seine Geige wieder haben!" sagte Kätti; und da der Doctor hierauf nur wie in Gedanken mit dem Kopfe nickte, rief sie, ihre schmalen Hände ringend: „Ich habe kein Geld; ich habe nichts, gar nichts!"

Sie wollte dem jungen Mann zu Füßen fallen; da schüttelte er die Träume, die er von der Stadt mit hergebracht hatte, aus seinen blonden Haaren und fing sie mit beiden Armen auf. „Kätti, Kätti! Besinne dich! Wie heißt der Mann? Ich will ihm seine Geige wiederschaffen!"

Bis sie plötzlich fort war, blieb er wie gefangen in der Gluth der stummen Dankbarkeit, die aus den dunklen Augen ihm entgegenströmte. Bald aber, da er allein an seinem Arbeitstische saß, schalt er sich selbst darüber und suchte seine Gedanken auf den Weg zur Stadt zurückzubringen.

* * *

Schon am anderen Tage ging er selbst dahin, ja
er blieb dort auch den folgenden; als er am dritten
Tage endlich wiederkam, schien er absichtlich Kätti's
Gegenwart zu meiden. Gekränkt und grübelnd ging
das Kind umher: was hatte sie ihm denn gethan?
Sie verlangte ja nichts weiter als freundlichen „Guten
Tag" und „guten Weg"!

Da geschah es eines Nachmittags, daß Herr Zippel
seinen Wachtelhund vermißte. Da das Thier schon
seit gestern nicht mehr gesehen war, so lief Kätti
von Haus zu Haus, um es zu suchen, denn es war
fast mit ihr aufgewachsen. Aber sie erfuhr nichts
Bestimmtes; nur ein Kind behauptete, es habe die
lange Trina, die dort hinterm Holze wohne, mit
einem schwarz und weiß gefleckten Hündchen auf dem
Weg gesehen.

„O weh!" sagte die dicke Magd, als Kätti mit
diesem Bericht nach Hause kam.

„Warum o weh, Anngrethje?"

„Darum," sagte die Magd, „weil das Fidélchen
immer Buttersemmeln aß und sehr gut bei Schicke
war."

„Deshalb?" — Kätti mußte lachen.

„Ja, ja, Kättichen; die lange Trina schlachtet die kleinen fetten Hunde; das Fett verkauft sie an den Apotheker in der Stadt und macht auch Sympathie damit."

Nun erschrak das Mädchen ernstlich; aber Herr Zippel, der eben hinzutrat, langte in die Tasche und drückte ihr ein Geldstück in die Hand. „Geh selbst und kauf's der alten Hexe ab," sagte er; „Fidélchen wird schon noch am Leben sein!"

— — Es führte durch den Wald ein Weg und von diesem ein Fußsteig zu der Wohnung der langen Trina; Kätti aber fürchtete sich zu verirren und ging lieber im weiten Bogen um den Wald herum. Als sie nach stundenlanger Wanderung die Kathe erreicht hatte, welche im Schatten eines Tannenschlages lag, fiel ihr Blick zuerst auf ein gegen die Mauer gelehntes Brett, an dem die Felle von allerlei kleinem Gethier, dem Anscheine nach zum Trocknen, festgeheftet waren; Kätti besah eines nach dem anderen, doch schien Fidélchen's Fell noch nicht dabei zu sein.

Bei ihrem Eintritt in die Wohnung saß die hagere Alte vor einer dampfenden Kaffeetasse. Sie hatte früher einmal bei einer verwittweten Kammerherrin

in der Stadt gedient und nach deren Tode nebst
anderem Plunder auch die schwarzen Krepphauben
der Dame zum Geschenk erhalten, welche sie seitdem,
mit bunten Bänderfetzen verziert, auf ihrem eigenen
Kopfe trug. Kätti, obwohl vom Dorfe her die lange
Trina ihr nicht unbekannt war, erschrak hier in der
Einsamkeit doch vor dem knochigen Bauernantlitz,
das so grotesk unter dem Flitterputz hervorschaute.

Aber die Alte rückte ihr einen Stuhl zum Tische
und nöthigte sie wiederholt, wenn auch vergebens,
ein Schlückchen aus ihrer Tasse zu probiren; von
dem Hunde aber wollte sie nichts gesehen haben. „Es
ist meine Katze gewesen," sagte sie; „die läuft mir
oftmals nach; sieh nur, dort liegt sie unterm Ofen!"

Und wirklich lag dort eine schwarz und weiß gefleckte Katze, die sich, wie ihr behagliches Schnurren
zu erkennen gab, um all die abgezogenen Fellchen
draußen wenig zu bekümmern schien.

Aber Kätti traute doch nicht; sie drückte dem Weibe
das Geldstück in die Hand und sagte: „Da habt Ihr
ein Trinkgeld; mein kleiner Hund heißt Fidél, und
wenn Ihr ihn uns wiederbringt, so giebt mein Vater
Euch gern das Doppelte!"

„Ich weiß nichts von deinem Hund," rief die Alte unwirrsch. „Aber," fuhr sie wie in plötzlichem Besinnen fort, „du sollst den Weg doch nicht umsonst gemacht haben! Kennst du, was man den Speitenfel heißt?"

Kätti schüttelte den Kopf.

„Es ist ein Pilz, und es giebt deren blaue, rothe und auch grüne; aber von dem rothen muß es sein; er wächst hier im Holze, just um diese Zeit."

Das Mädchen sah gespannt die Alte an.

„Wenn du dir wieder ein Hündchen ziehen willst, so tupfe mit dem Finger in den rothen Schaum, der auf dem Hute liegt, und netze das mit deinen Lippen! Es brennt ein wenig; aber das schadet nicht. Warte nur, es ist auch ein Spruch dabei!" Sie zog ihre Tischschublade auf, kramte darin umher und holte endlich einen schmutzigen Zettel daraus hervor, den sie Kätti vor die Augen hielt. „Das muß dabei gesprochen werden," sagte sie, „wenn dann das Hündchen davon frißt, so wird es nimmer von dir weichen."

Die lange Trina rückte näher und fuhr mit ihrer harten Hand über die Wange des Mädchens. „Es

hilft nicht bloß für Hündchen," sagte sie heimlich,
„die gelbe Marthe weiß wohl, warum sie jetzund
auf der großen Hufe sitzt; der Niklas hatte Zwei
und wußte nicht, an welche er sich hängen sollte."

Kätti saß plötzlich wie mit abwesenden Augen;
ihr dunkles Gesicht war merklich bleich geworden.

Die Alte sah sie schmunzelnd an; dann ergriff
sie eine ihrer schwarzen Flechten und zog den Kopf
des Mädchens an den ihren, während ein lüsterner
Zug den groben Mund umspielte. „Du," flüsterte
sie, „du bist wohl gar um dessenwillen hergekom-
men; du hast wohl auch so einen Hin-und-wieder-
Burschen! Streich's ihm auf ein Brötchen, auf ein
Stückchen Zucker; es giebt Rath für Alles in der
Welt! Nur merk's dir, fürsichtig mußt du sein;
ein wenig macht lebendig, zu viel — da könnt' der
Teufel leicht sein Spiel gewinnen!"

Wie aus einem bösen Traume sprang das Kind
empor. „Nein, nein! Laßt mich los; ich will nichts
von Euren Teufelskünsten wissen!"

Sie war schon draußen vor der Hausthür; aber
das Weib kam hinterher. „Narre, Narre, wohin
läufst du?" rief sie, als sie das Mädchen auf dem

Wege sah, der um das Holz herumführte. Sie war
zu ihr getreten und zeigte auf einen Eingang in
den Tannenschlag: „Dort," sagte sie, „und immer
gerade aus, so kommst du auf den Fahrweg!" Sie
führte Kätti an der Hand, bis wo der Fußsteig deut=
lich zu erkennen war. „Nun lauf; und wenn du
dich besonnen hast, in einem halben Stündchen kannst
du bei mir sein!"

Fast willenlos hatte Kätti sich in den finsteren
Tannensteig hineinführen lassen. In ihrem Köpfchen
war kein Raum jetzt für die Furcht; das Hündchen
freilich war vergessen; aber statt seiner hatte ein
Menschenbild sich unerbittlicher als je der jungen
Phantasie bemächtigt. Schon vordem, mit der qual=
vollen Spürkraft der Eifersucht, hatte sie heraus=
empfunden, wohin die Stadtbesuche ihres Gastes
zielten; bei den aufregenden Worten des argen
Weibes hatten plötzlich alle Zweifel sie verlassen;
aber zugleich auch war eine wilde Hoffnung in ihr
aufgestiegen, die sie vergebens zu verjagen strebte.
Wie betäubt ging sie jetzt dahin auf dem einsamen
Waldsteige; immer wieder schwebte der schmutzige
Zettel ihr vor Augen, und mechanisch murmelten ihre

Lippen die unverständlichen Worte, die sie darauf
gelesen hatte.

Dann wieder sah sie jäh empor, als suche sie
Zuflucht in dem reinen Aetherblau, das hoch über
ihr am Himmel stand; sie schüttelte wie zornig ihr
dunkles Köpfchen, als könne sie so die unheimlichen
Gedanken von sich werfen; aber immer wieder und
immer unabwehrbarer drang es auf sie ein. Unwill=
kürlich suchten ihre Blicke hin und wieder, und bald
folgten auch die Füße seitwärts vom Wege ab; ihre
Augen streiften Alles, was hier durch einander aus
dem Dunst des Bodens aufgeschossen war; auch
Pilze von allerlei Form und Farben sah sie, nur
waren es die rechten nicht. Und weiter ging sie,
ohne auf den Weg zu achten, ohne aufzusehen; da,
am Rande einer feuchten Lichtung stockten ihre
Schritte. Sie glaubte erst, es sei eine Blume, was
so zinnoberroth unter dem grünen Farrenkraut her=
vorleuchtete; aber bald sah sie es deutlich, es war
der Hut eines großen Pilzes, der hier jetzt dicht vor
ihren Füßen stand.

Ein Laut gleich einem Stöhnen kam über ihre
Lippen; sie schloß die Augen wie vor einem bösen

Trugbild; aber als sie sie wieder öffnete, stand es noch immer da und bot, wie in einem Näpfchen, ihr den rothen Schaum entgegen. Ohne daß sie es wollte, hatte sie sich hinabgebückt; in ihren Gedanken rief es: „Gift! Gift! Es ist Gefahr dabei!" aber ihre stürmenden Pulse antworteten: „Es ist um desto besser!"

Ihre Lippen begannen wieder die unsinnigen Worte herzusagen, und schon hatte sie den Arm, den Finger ausgestreckt, da bewegte sich der Hut des Pilzes; ein Schauer zog durch den Wald und die Bäume rauschten wie vom Odem eines Unsichtbaren angehaucht.

Es war nur der Abendwind, der sich erhoben hatte; aber das Mädchen war aufgesprungen; vom Schrecken der Einsamkeit erfaßt, rannte sie ohne Aufhör in den Wald hinein; ohne umzusehen, ohne zu achten, daß die Fetzen ihrer Kleider an den Büschen blieben, bis sie endlich in gutem Glücke auf den ihr bekannten Fahrweg hinauskam.

Ihr wurde plötzlich leicht ums Herz; sie athmete auf, als ob sie jetzt dem Zauberbann der argen Frau entronnen wäre. Ihr fiel nicht bei, daß noch

ein anderer sie gefangen halte, aus dem sie nicht
so leicht entrinnen sollte.

* * *

Am nächsten Sonntage, es war schon gegen
Abend, fuhr in drei Wagen eine Gesellschaft feiner
Leute an der „Wald= und Wasserfreude“ vor. Herr
Zippel, dem vorher nichts angemeldet worden, ge=
rieth in große Aufregung, als man ihm ankündigte,
hier sei die letzte Station der heutigen Lustfahrt;
man wolle nun mit Abendbrot und Tanz den Kehr=
aus machen. Der Doctor dagegen schien von Allem
unterrichtet; er war sogleich zur Stelle, half den
alten und jungen Damen vom Wagen und schalt
die jungen Herren, daß sie sich unterwegs so lange
aufgehalten.

Kätti stand, nach der Flußseite, halbverdeckt hinter
der Ecke des Hauses. Unthätig, mit düsteren Augen
und herabhängenden Armen, hörte und beobachtete
sie Alles, was hier vorging; dann, als die Gäste
von ihrem Vater in das Haus hineincomplimentirt
waren, schlich sie sich zögernd durch den Garten in
die Küche.

Nicht lange nachher erschien sie mit Tischzeug
und Geschirr in der Veranda und begann unter
Herrn Zippel's kreuz- und querfliegenden Befehlen
die Abendtafel herzurichten. Während sie leicht und
sicher Eines nach dem Anderen an seinen Platz setzte,
wandelte die Gesellschaft plaudernd und lachend auf
den Gängen des sich unterhalb ausbreitenden Gartens, und Kätti konnte es nicht lassen, mitunter
halbbeklommen einen Blick hinaus zu werfen. Die
jungen Damen waren ihr fast alle bekannt, mit mehreren hatte sie einst auf derselben Schulbank gesessen,
und — sie zog grübelnd eine ihrer schwarzen Flechten
über die Brust hinab — von keiner war sie noch
begrüßt worden. Aber freilich, sie war bei ihrer
Ankunft ja auch hinten um das Haus herumgelaufen!
— Nur eine, die hübscheste, ein schlankes blondes
Mädchen war ihr fremd; sie hatte was Vornehmes
in dem lässigen Neigen ihres Kopfes, und Kätti
selber mußte immer die Augen nach ihr wenden.
Aber es war noch ein Anderes, wodurch die blonde
Dame wie magnetisch die Blicke des braunen Mädchens auf sich zog. Es war nicht zu verkennen, daß
sie sich immer wieder wie von selber mit dem Doctor

Fedders zusammenfand, und eben jetzt gingen Beide
ohne Begleitung den Seitensteig zum Flusse hinab
und konnten der überhängenden Büsche wegen von
der Veranda aus nicht mehr gesehen werden. Kätti
blickte auf die Stelle, wo die jugendlichen Gestalten
verschwunden waren, bis sie vor der scharfen Stimme
ihres Vaters aufschreckte und nun emsig in ihrer
Arbeit fortfuhr.

Als sie die letzte Schüssel aufgesetzt hatte, sah
sie das Paar aus der Tiefe des schon dämmerigen
Gartens auf dem an der Veranda vorbeiführenden
Steige heraufkommen. Das blonde Mädchen hatte
eine feine weiße Hand erhoben und redete lebhaft zu
dem jungen Doctor. Gewiß, sie war die Hübscheste;
aber   Kätti wußte nicht recht weshalb — auch
wohl die Stolzeste!

Und jetzt näherten die Beiden sich der Veranda,
und da sie auf dem Steige langsam vorübergingen,
ließ die junge Dame ihre blauen Augen eine Weile
betrachtend auf Kätti's Antlitz ruhen und fragte
dann wie gleichgültig, sich wieder zu ihrem Begleiter
wendend: „Wer ist das Mädchen?" Sie hatte laut
genug gesprochen, und in dem Ton der Frage lag

tein Bemühen, sie vor ihrem Gegenstande zu ver=
bergen.

„Es ist die Wirthstochter," sagte der Doctor leise
und schien rascher vorübergehen zu wollen.

Aber Kätti's feine Ohren hatten auch das gehört.

Die junge Dame hob den blonden Kopf und
sprach lächelnd ein paar Worte auf Französisch, und
Wulf Fedders erwiderte ihr in derselben Sprache.
Dann gingen sie vorüber, und Kätti hörte sie von
hinten in den Saal treten.

Der Garten drunten hatte sich geleert; die übrige
Gesellschaft war am Flußufer auf= und abgegangen
und kam jetzt die große Felstreppe wieder herauf,
welche zu der Anfahrt des Hauses führte.

Die braune schmächtige Wirthstochter stand noch
immer in der Veranda, unbeweglich an derselben
Stelle; sie wußte selbst nicht, was sie überkommen
war; aber sie fühlte, wie ihr das Herz fast schmerz=
haft schlug und wie ihr ganzer Körper bebte. Plötz=
lich warf sie, was an Geräth noch in ihren Händen
war, fort und lief in den Garten hinab. — Noch
eine Weile saß sie unten vor der Abnahmewohnung
auf dem großen Feldstein, der unter den Fenstern

ihres Gastes lag. Es war ganz einsam hier; nur
der Fluß rollte in dem Abendwind, der sich erhoben
hatte, eintönig seine Wellen an dem Uferrand hinauf.
Kätti starrte auf das immer wiederkehrende Spiel
des Wassers; sie hatte keinen Gedanken, sie fühlte
sich nur ganz verachtet und vernichtet. Aber jetzt
hörte sie oben vom Hause her die Stimme ihres
Vaters: „Kätti! Kätti!" rufen und dann schärfer und
lauter: „Rosalie!" und noch einmal: „Rosalie!"

Sie wußte wohl, jetzt, während die Gäste in der
Veranda tafelten, sollte sie mit Sträkelstrakel spielen
und zur Guitarre ihre Lieder singen. Aber — vor
jenem blonden Mädchen? Sie hätte sich eher die
Zunge abgebissen. Und selbst vor ihren früheren
Schulkameradinnen — auch vor denen nicht; nein,
nun und nimmer wieder!

Vorsichtig stand sie auf; aber sie ging nicht,
wohin sie gerufen wurde. Seitwärts unter alten
Nußbüschen war ein niedriges Rohrdach auf dem
Boden hingebaut, ein Aufbewahrungsort für allerlei
Gerümpel, noch von dem vorigen Wirthe her. In
dem hintersten Winkel, hinter leeren Tonnen und
Bienenkörben hatte Kätti sich zusammengekauert. Sie

hörte noch einmal ihren Vater rufen, aber sie achtete
nicht darauf; sie hielt sich mit beiden Händen die
Ohren zu und stützte die Arme auf ihre Kniee. Doch
saß sie jetzt nicht mehr in dumpfem Hinbrüten; „die
Wirthstochter!" sprach sie halblaut vor sich hin, „nur
die Wirthstochter!" — Er hatte vor Jahren auf
dieselbe Frage ja ganz dieselbe Antwort gegeben, und
sie hatte sich damals kindisch darüber gefreut; warum
denn brannte heut das Wort wie eine Kränkung in
ihrer jungen Brust? — Aber es war ja auch nicht
jenes Wort allein; wie anders als gegen sie war
sein Benehmen jenem blonden Mädchen gegenüber?
Sie hatte früher nie daran gedacht; aber jetzt wallte
es siedend in ihr auf: er hatte keinen Anstand genommen, sie noch immerfort zu duzen, so wie sie selber
es bisweilen mit dem armen Sträfelstrafel machte!

Sie richtete sich jäh empor, daß sie den Kopf an
einen Sparren stieß. — War das eine Mahnung,
daß sie sich nicht zu hoch erheben sollte? — Freilich,
sie hatte nichts gelernt, sie konnte nicht französisch
mit ihm sprechen, in der Schule war sie immer faul
gewesen. Aber sie besaß noch ihre Bücher; es war
noch Zeit, um das Versäumte nachzuholen; nur das

Lexikon fehlte ihr — aber unter des Doctors Büchern hatte sie eins gesehen; gleich morgen wollte sie ihn darum bitten! Nein, keine Teufelskünste, wozu die lange Trina sie verführen wollte; aber lernen, lernen! Er sollte sehen, daß sie Keiner etwas nachgab.

Sie legte wieder den Kopf in ihre Hände. Da hörte sie es von oben aus dem Garten herabkommen, und bald darauf unterschied sie ein Saitenklimpern und daneben den ungleichen Tritt des kleinen Musi=kanten. Gewiß, mit seiner Geige unter dem Arme wanderte er umher, um sie zu suchen. Aber sie regte sich nicht, und die Schritte entfernten sich wieder. Einmal flog es durch sie hin, und ihr war, als stocke jählings ihr Herz, ob denn nicht er, er selber sie ver=missen würde? — Aber es kam Niemand mehr. Statt dessen hörte sie bald vom Saal herab das Getöse des Tanzes, Geigenstriche und fröhliches Lachen.

Qualvolle Stunden vergingen; endlich wurde es still und die Wagen fuhren ab. Kätti schlüpfte aus ihrem Versteck, ließ einen Augenblick noch den feuchten Nachtwind über ihre Wangen gehen und schlich sich dann im Dunkeln fort auf ihre Kammer.

*   *   *

Am anderen Tage, da es noch morgenfrisch vom
Fluß heranswehte, kam Kätti wie gewöhnlich mit
dem aus Brot und Milch bestehenden Frühstücke des
Doctors nach dem Abnahmehaus herab; vor der
Hausthür aber zögerte sie und holte ein paar Mal
tiefen Athem. Sie sah etwas bleich und anders aus
als sonst; die dunkelrothe Schleife saß zwar noch in
dem glänzend schwarzen Haar; aber die langen Zöpfe
waren am Hinterkopf zu einem Knoten aufgesteckt.
Sie wollte nicht mehr wie ein Kind vor ihm erscheinen.

Als sie eintrat, stand der Doctor vor einer aufgezogenen Schublade und kramte in seiner Wäsche,
wandte aber auf das Geräusch des Thüröffnens den
Kopf und sah die Eintretende voll Erstaunen an.
„Kätti! Fräulein Rosalie!" rief er scherzend. „Du
bist ja ganz verwandelt. In welchem Zauberwinkel
warst du gestern uns verschwunden?"

Sie hob den Kopf, und aus dem Spalt der halb-
geschlossenen Lider flog es wie ein Blick des Hasses
auf ihn hin. „Ich bin krank gewesen," sagte sie
düster. Als sie aber den plötzlichen Ausdruck der
Theilnahme auf seinem Antlitz sah, öffnete sie die

Augen weit und blickte mit kindlicher Hülflosigkeit
zu ihm auf.

„Du hättest noch ruhen sollen," sagte er; „ich
hätte mein Frühstück mir schon selbst geholt!"

Sie schüttelte den Kopf und zeigte auf ein kleines
Dictionnaire, das zwischen anderen Büchern auf einem
Seitentische lag. „Wollen Sie mir das leihen?"
frug sie. „Darf ich es mit nach Hans nehmen?"

„Das? Was willst du damit?"

„Ich will Französisch lernen."

Das Antlitz des jungen Mannes verrieth eine
flüchtige Verlegenheit, die Kätti's scharfen Augen
nicht entging. Sie dachte: „Was mag er gestern
über dich gesprochen haben?"

Aber der Doctor lachte schon wieder. „Wäre es
nicht besser," sagte er, „du bliebest beim Nähen und
Stricken? Mich dünkt, du warst früher gerade kein
Held darin."

Sie antwortete ihm nicht darauf; sie wiederholte
nur ihre Frage, ob er das Dictionnaire ihr leihen
wolle.

„Gewiß, Kätti," sagte er harmlos, „und behalte
es, so lange es dir gefällt."

Sie nahm das Buch und wollte eben gehen, als sie von ihm zurückgerufen wurde. „Sieh da," sagte er und zeigte ihr einige auf dem Tische liegende Leinwandstücke, die augenscheinlich Theile eines zugeschnittenen Hemdes waren; „ich habe bei meiner plötzlichen Abreise das letzte vom Dutzend so mit fortnehmen müssen; habt ihr eine leidliche Näherin im Dorf?"

Sie schüttelte erst den Kopf; dann aber sagte sie hastig: „O ja doch, es wird schon gehen; ich weiß doch eine."

— „Dann sei so gut, es zu besorgen!"

Sie packte rasch die Leinwand zusammen und ging mit dieser und dem Buche fort. Als sie draußen am Fenster vorüberschritt, sah er ihr durch die Scheiben nach, ja er öffnete das Fenster, um ihr noch weiter nachzusehen, und er that es, bis das feine Köpfchen mit dem glänzend schwarzen Haarknoten droben im Gebüsch verschwunden war. „Vraiment, une petite princesse dans son genre!" Halblaut wiederholte er sich diese Worte, durch welche gestern die blonde Majorstochter sich mit der eigenthümlichen Anmuth des Mädchens abgefunden hatte.

Er stieß auch noch die anderen Fensterflügel auf, um die frische Morgenluft hereinzulassen. „Dans son genre?" murmelte er vor sich hin. — „Nur dans son genre?" Und nachdenklich setzte er sich an den Tisch, um das ihm von der petite princesse gebrachte Frühstück zu verzehren.

— — Inzwischen schritt Kätti, nachdem sie oben am Hause das Dictionnaire in ein offenes Fenster gelegt hatte, die Dorfstraße hinab, bis sie an das niedrige Strohdach des Musikanten kam. Als sie zu ihm in die Stube trat, rutschte er mit möglichster Behendigkeit von seinem Schneidertisch herab und stand in seinen wollenen Strümpfen vor ihr auf dem Lehmboden.

„Sträkelstrakel!" sagte Kätti, während der kleine Mann sie halb verwundert, halb besorgt betrachtete. „Er kann doch Weißzeug nähen, Sträkelstrakel?"

Seine schmalen Lippen zogen sich zu einer harm= losen Selbstverspottung zusammen. „Ei freilich, Mamsellchen; ein Schneider im Dorf kann Alles nähen: Hemden und Pudelmützen, und was Sie sonst noch lustig sind, Mamsellchen!"

Sie nickte und kramte ihre Leinwandstücke auf

dem Arbeitstische aus. „So hilf mir! Nähen kann
ich's schon; ich weiß nur nicht, wie es zusammengeht."

Bald lehnten Beide gegen den Tisch und suchten
die zusammengehörigen Stücke an einander zu passen.
Der Schneider gerieth wirklich ein paar Mal in
Verlegenheit, denn so ein Stadtherrending war doch
was Anderes als ein gewöhnliches Bauernhemd.
Endlich aber kam's zurecht. „So!" rief er und betrachtete jetzt etwas verwundert die Länge und Breite
des Gewandes. „Ich hätte noch kaum den Herrn
Zippel für eine so ansehnliche Person gehalten!"

Kätti wurde glühend roth. Aber der Schneider
bemerkte das nicht, und sie selber sah sich nicht veranlaßt, ihn über ihren Arbeitsgeber aufzuklären.
Zärtlich, als verhülle sie ein Geheimniß, rollte sie
die Leinwand wieder auf; dann fragte sie noch statt
des Dankes: „Was meint Er, wollen wir einmal
heut Abend unsere Sonate spielen?"

Sträkelstrakel warf einen Blick auf seine Geige,
die glücklich wieder an der Wand hing. „Ach ja,
Mamsellchen," sagte er freudig, „die von dem großen
Mozart; und wir haben sie so lange nicht gespielt!
— Freilich," setzte er hinzu, „Sie haben jetzt auch

viel zu schaffen; die Aufwartung da drunten bei dem
guten jungen Herrn." — —

Er sah ihr seufzend nach, da sie mit einem freund=
lichen Nicken ihn jetzt verließ. Noch immer vermochte
er ein neidisches Gefühl nicht ganz zu unterdrücken,
daß der junge vornehme Herr das Mädchen so ohne
alle Mühe vom Wege aufgelesen hatte. Aber die
angeborene Dankbarkeit seines Herzens trug den Sieg
davon. „Pfui! Pfui!" sagte er zu sich selber. Dann
hinkte er an die Wand, langte Geige und Bogen
von ihrem Haken, und bald erklangen aus dem
niedrigen Stübchen in reinen Tönen die lieblichsten
Passagen der Mozart=Sonate.

*   *   *
*

Als es an diesem Abend Elf vom Glockenthurm
geschlagen hatte, stand der Doctor von seiner Arbeit
auf und setzte sich auf den großen Stein vor seiner
Hausthür, um der Nachtkühle zu genießen und vor
dem Schlaf noch eine Weile lieblichen Gedanken
nachzuhängen, wie sie die zukunftsreiche Jugend zu
besuchen pflegen. Nur eine Weile ruhten seine Blicke
auf der Landschaft, die in verschwimmendem Umriß

sich vor ihm ausbreitete; was sonst getrennt war, die Welt seines Innern und die da draußen, im schützenden Dämmer der Nacht traten sie traulich zu einander und verwebten sich in Eins. Wie traum= redend durch die weite Stille rauschte der Fluß in seinen Ufern, und in dem silbernen Lichte des Sternenhimmels tauchte die Gestalt des blonden blauäugigen Mädchens wie Anadyomene aus der Fluth. Er sah sie deutlich vor sich; nur der Saum ihres weißen Gewandes verlor sich in den Wellen; mit jenem lässigen Neigen des Hauptes lächelte sie ihn an, und in dem Rauschen des Schilfes unter= schied er deutlich ihre Stimme: „Vraiment, une petite princesse dans son genre!" Aber sie war jetzt nicht mehr drunten über dem Wasser; sie wan= delte an seiner Seite, sie beide vor den Säulen der Veranda; sie flüsterte noch etwas, aber er verstand es nicht.

Als er unwillkürlich den Kopf nach dem Lande zurückwandte, wo droben über dem Gebüsch der Giebel des Haupthauses sich gegen den Nachthimmel abhob, sah er zu seiner Verwunderung noch ein Licht durch die Zweige schimmern, und bald auch, daß es aus dem Fenster strahlte, hinter welchem, wie er wußte, Kätti's Kammer war.

Er hatte so spät dort niemals Licht erblickt. Was mochte das wunderliche Mädchen jetzt noch treiben? Französisch? Aber weshalb denn, da sie es als Kind so gründlich doch verabscheut hatte? — Gleichviel; was kümmerte es ihn!

Aber dennoch sah er sie vor sich; das müde Köpf= chen auf die Hand gestützt und gleichwohl eifrig in seinem Dictionnaire blätternd.

Er wandte sich wieder ab. Der Fluß rauschte noch wie zuvor in seinen Ufern; aber die blonde Majorstochter wollte nicht wieder aus seiner Fluth emporsteigen, so ernstlich der junge Doctor auch sei= nen Willen darauf zu richten suchte. Unwillkürlich wandte er immer wieder seine Augen nach dem Lichte, das landwärts durch die Bäume schien; es schlug schon Mitternacht vom Thurme; und erst, als es längere Zeit nachher erlosch, stand er von seinem Steine auf und ging in seine Kammer.

— — Die nächste und die darauf folgende Nacht war es ebenso. Am Morgen des dritten Tages, da

Kätti ihm das Frühstück brachte, legte sie die fertige
Näharbeit auf den Tisch.

Er nahm sie und betrachtete sie genau, während
das Mädchen gespannt zu ihm hinüberblickte. „Das
ist gut!" sagte er. „Lache nur nicht; ich verstehe
mich darauf." Er war, wie manche Männer, fast
pedantisch in Bezug auf seine Leibwäsche. „Und
was kostet es?"

„Es kostet nichts," erwiderte sie.

„Nichts? Lassen die Näherinnen hier sich nicht
bezahlen?"

„Es giebt hier keine; ich selber habe es genäht. —
Aber, wollen Sie mir jetzt auch diese Arbeit durch=
sehen?" Und damit legte sie ein mit französischen
Themen beschriebenes Heftchen vor ihm hin.

Er nahm es schweigend und begann zu lesen,
während sie mit beklommenem Athem vor ihm stand.
Einmal zuckte sie erschreckt zusammen, da er einen
Bleistift nahm und damit zwischen ihre Schrift
hineinschrieb; endlich gab er ihr das Heft zurück.
„Das ist auch gut!" sagte er und sah sie voll mit
seinen blauen Augen an, während ein helles Freuden=
roth über des Mädchens Antlitz flog.

„Aber bist du denn nicht mehr die alte Kätti; wer hätte dich früher an den Nähtisch oder an die Bücher bringen können? Und nun? — Wie geht das zu? Oder ist es am Ende gar ein Wunder?"

Ihre Augen öffneten sich weit und sahen ihn an, bis sie sich mit Thränen füllten. „Ich weiß nicht," stammelte sie verworren, „aber darf ich mit meinen Themen wiederkommen?"

Und als er ihr das zugesagt hatte, nahm sie ihr Heft und verließ eilig das Zimmer.

*   *

An Sträkelstrakel's Geige war Tags vorher die G=Saite gesprungen; nun kam er gegen Mittag aus der Stadt, wo er sich eine neue eingehandelt hatte. Müde, wie er war, bog er dennoch von der Dorf= straße in den Weg zur „Wald= und Wasserfreude" ein und wollte eben die steile Felstreppe nach dem Fluß hinunter, als Kätti aus dem Hause ihm ent= gegenkam.

„Wenn's nicht zu viel gebeten ist, Mamsellchen," sagte er, seine große tellerrunde Mütze lüftend, „Sie kommen doch nach unten zum Herrn Doctor; Sie könnten mir eine Bestellung abnehmen, die sie in der Stadt mir aufgetragen haben!"

Kätti nickte und begleitete ihn nach der Straßenecke, während er ihr seinen Auftrag mittheilte. Sie nickte dann noch einmal; aber sie fühlte selbst, wie ihr die Hände plötzlich eiskalt geworden waren.

Als sie eben zurückgehen wollte, sah sie die lange Trina aus einem Hause treten; die Alte hatte ihre Krepphaube auf dem Kopf und einen schmutzigen gefüllten Sack auf ihrem Rücken; so stapfte sie an einem langen Knotenstock die Dorfstraße hinab.

Kätti machte eine Bewegung des Abscheus, aber Peter Jensen lachte: „Sie hat sich Schnaps gekauft," sagte er; „mit ihrem Kräuterbeutel geht sie in die Stadt, mit einem Haarbeutel kommt sie heute Abend wieder!"

„Erst Abends?" fragte Kätti; es schien ihr plötzlich was durch den Kopf zu gehen.

„O, auch wohl Nachts oder Morgens! Die schläft am Weg so gut als wie zu Hause! Also, Mamsellchen," setzte er hinzu, „Nachmittags fünf Uhr, wenn Sie es nicht vergessen wollen!"

„Nein, nein," erwiderte sie hastig, „geht nur und

ruht Euch aus; ich werde Euch was Gut's zu Mittag
schicken." Ein heißes Roth hatte ihr Antlitz über=
zogen, während sie langsam ihrem Hause zuging;
der empfangene Auftrag schien sie sehr erregt zu
haben.

Aber erst am Nachmittage kurz vor der genannten
Stunde stieg sie die Felsentreppe hinab; sie hätte
näher durch den Garten gehen können; aber sie schien
absichtlich, als wolle sie sich selbst noch einen Auf=
schub gönnen, diesen weiteren Weg zu wählen. Als
sie vor der Schwelle des Abnahmehauses stand, er=
schrak sie fast, da sie die Hausthür offen sah; auch
mußte sie sich erst den einen kleinen Finger mit
ihrem Tuche wischen; denn sie hatte ihn blutig ge=
bissen, während sie von der letzten Treppenstufe bis
hierher gegangen war.

Als aber Wulf Fedders mit seinem blonden Kopfe
etwas verwirrt aus der vor ihm liegenden Arbeit
auftauchte, sah er sie plötzlich vor sich stehen, und
wie damals in ihrer Kinderzeit rief er: „Du, Kätti?
Bist du schon lange hier?"

Sie schüttelte den Kopf; aber als sie sprechen
wollte, fehlte ihr der Athem.

„Nun," sagte er; „ich hab' schon so viel Zeit, dich anzuhören!"

Kätti blickte gegen die Wand und erwiderte stockend: „Ich glaube doch, daß die lange Trina unseren Fidél geschlachtet hat."

„Meinst du? Aber was ist dabei zu machen?"

„Ich möchte bitten, daß Sie mit mir hingehen, ich habe Furcht allein."

„Aber, Kätti, wenn er todt ist, bekommst du ihn ja doch nicht wieder!"

„Ich möchte es nur wissen," sagte sie leise. „Wollen Sie nicht mit mir gehen?"

Der Doctor zögerte; es war, wie er sich ausdrückte, „ein Knacken" in seiner Arbeit, den er heut noch überwinden möchte; als aber Kätti vor ihm stehen blieb, nur die dunkeln Augen in angstvoller Erwartung auf ihn richtend, stand er auf und packte seine Bücher fort. „Wenn es denn sein muß, Kätti!" sagte er. „Aber was ist dir heute? Deine Wangen wetteifern ja mit deiner rothen Schleife!"

Er erhielt keine Antwort; Kätti war schon draußen vor der Hausthür.

Kopfschüttelnd nahm der Doctor seine Botanisirtrommel von der Wand, und bald gingen sie neben einander über die Felder nach dem Walde zu; sie hörten es eben hinter sich im Dorfe Fünf vom Kirch= thurm schlagen, als sie ihn erreichten.

„Wollen wir nicht etwas rascher gehen?" sagte der Doctor, da Kätti jetzt absichtlich ihren Schritt zu hemmen schien.

„Ja, ja; ein wenig rascher!" — Sie that es auch, bald aber wurden ihre Schritte zögernd wie vorher.

Er schien es nicht beachtet zu haben, daß sie um den äußeren Rand des Waldes herumgingen; denn es wuchs und blühte hier Manches, das seine Auf= merksamkeit erregte, und Kätti hatte immer Neues ihm zu zeigen und zu fragen. Plötzlich aber, da er um sich blickte, rief er: „Weshalb gehen wir denn hier? Der Fahrweg durch den Wald muß ja viel näher sein."

„Der Fahrweg?" — Kätti hatte den Kopf ge= wandt und sprach es in die Luft hinaus: „Es kann wohl sein; ich dachte nicht daran!"

„Aber du warst vorhin doch selbst so eilig!"

„O nein; ich habe Zeit genug."

„Du bist ein wunderliches Mädchen, Kätti."

Es dauerte lange, bis sie an die Kathe der langen
Trina kamen. Das baufällige Häuschen lag schon
im tiefen Tannenschatten; aber die Thür war ver=
schlossen, und Wulf Fedders trommelte daran mit
beiden Fäusten, ohne daß geöffnet wurde. Als er
durch die blinden Fenster hineinzublicken suchte, sprang
von drinnen die schwarz und weiß gefleckte Katze
gegen die Scheiben und sah ihn mit ihren grünen
Augen an. „Brr!" sagte er; „nur der Haushund
ist da drinnen." In demselben Augenblicke aber, da
er einen Schritt zurücktrat, gewahrte er das gegen
die südliche Hausmauer angelehnte Brett, woran
auch heute noch eine Anzahl von Thierfellen, mit
der Rauchseite nach innen, angeheftet hing. „Kätti!"
rief er; „wo bist du, Kätti?"

Sie stand seitwärts unter einer einzelnen Tanne
und schien auf das Moor hinauszublicken, das sich
hier vor der Hütte der Alten in unerkennbare Ferne
hinausstreckte; mit der einen Hand hatte sie über
sich einen Ast ergriffen, so daß sie ihr Köpfchen an
dem eigenen Arme ruhte.

Als Wulf Fedders die schlanke Mädchengestalt

11*

so fast wie schwebend gegen den schon goldig an=
gehauchten Himmel sah, zögerte er einen Augenblick;
dann rief er noch einmal, aber leise, ihren Namen;
da wandte sie sich und kam langsam zu ihm.

„Ist das Fidél?" sagte er und hob mit einem
abgerissenen Zweige die Rauchseite eines noch blutigen
Felles in die Höhe.

Sie hielt ein Weilchen wie gezwungen die Augen
darauf gerichtet und schüttelte dann den Kopf.

Er hob noch andere Felle auf. „Ein Iltis und
zwei Katzen! Gott weiß, was die Alte mit dem
Unzeug anfängt! — Wir können nun nur wieder
heimgehen," setzte er hinzu. „Und hier führt auch
der Fußsteig in die Tannen!"

Sie stutzte erst und blickte unsicher vor sich hin;
dann ging sie rasch voran.

Als sie eine Weile zwischen den dunkeln Bäu=
men fortgeschritten waren, ließen sich ganz deutlich
seitwärts aus der Tiefe des Waldes Geigentöne
hören.

Kätti fuhr sichtlich zusammen.

„Was hast du?" sagte er. „Bist du so schreck=
haft heute? Die neuen Buchen werden nicht weit

sein; es ist eine Tanzgesellschaft, und dein Sträkelstrakel spielt die Geige!"

Sie antwortete nicht; aber ein Seitensteig führte
hier in die entgegengesetzte Richtung, und sie ging
eilig darauf vorwärts, als ob sie vor jenen Tönen
fliehen müsse. Und bald auch wieder war um sie
her nichts Anderes vernehmbar als das eintönige
Kochen und Weben in den Tannenwipfeln, die der
Abendwind bewegte. Er folgte ihr in einiger Ent-
fernung, doch nicht weiter, als daß er um so besser
die anmuthige Gestalt betrachten konnte; und seine
Augen sahen bald nichts Anderes als sie. Im
Gehen streifte ein überhängender Zweig die rothe
Schleife aus ihrem Haar; sie hatte es nicht bemerkt;
aber er hob sie auf und zeigte sie ihr. „Warte!"
sagte er; „ich weiß wohl, wie sie sitzen soll!"

Sie neigte demüthig das Haupt und duldete es,
daß seine ungeschickten Finger sich mit dem Bande
mühten.

„Habe ich es recht gemacht?" frug er leise; noch
einen Augenblick ruhte seine Hand auf ihrem Haar.

Sie nickte nur; es kam kein Hauch von ihrem
Munde. Dann gingen sie aufs Neue weiter; das

Rauschen in den Wipfeln hatte aufgehört, es wurde immer stiller um sie her.

Jetzt öffnete sich eine Lichtung, in der das Gold des Abendhimmels auf Hülsen= und Farrenkräutern lag, die hier in unberührter Einsamkeit beisammen standen. „Weißt du denn wirklich, wo wir sind?" sagte Wulf, als Kätti vor ihm in das Gewirre hin=einschritt. „Mir ist, als kämen wir niemals mehr aus diesem Wald!"

Ein gellender Schrei antwortete ihm.

„Kätti, liebe Kätti!" Er war im Nu an ihrer Seite.

Vor den Füßen des Mädchens lag eine Schlange, auf deren Rücken das Kainszeichen in dem schwarzen Zickzack deutlich zu erkennen war. Der tellerförmig aufgerollte Leib schien wie am Boden festgeheftet; nur die Muskeln spielten in unablässiger Bewegung, und der flache Kopf mit den glühenden Augen war drohend in die Luft emporgerichtet.

„Da, da!" stammelte Kätti und erhob mühsam wie im Traume ihre Hand.

Ein wüthender Biß der Schlange zuckte nach ihr hin; aber Wulf Fedders hatte sie schon auf seinen

Arm gehoben und trug sie fort, immer weiter, er
wußte selber nicht, wohin; aus dem Tannen= in den
Buchenschlag und aus den Buchen endlich an den
Rand des Waldes; sie hatte die Arme um seinen
Hals geschlungen und ruhte wie ein Kind mit ihrer
Wange an der seinen.

Nun ließ er sie sanft zur Erde nieder; allein sie
blieb noch mit geschlossenen Augen an ihm ruhen.

„Kätti," sagte er sanft; „besinne dich; die Gefahr
ist jetzt vorüber."

Sie hob den Kopf und sah ihn an, als seien
ihre Gedanken ganz wo anders.

„Die Schlange!" sagte er. „Weißt du nicht?
Sie hätte dich doch fast gebissen!"

„Ja, ja, die Schlange!" wiederholte sie und trat
von ihm zurück; aber das Wort schien keine Bedeu=
tung mehr für sie zu haben.

„Nicht wahr," fuhr er fort; „sie ist weit, ganz weit
von uns entfernt; du fürchtest sie nun nicht mehr?"

Sie schüttelte den Kopf und sah ihn dennoch
angstvoll an.

„Kätti," rief er bittend, „mach' nicht so heimath=
lose Augen!"

Und da sie noch immer stumm blieb, streckte er in heftiger Bewegung beide Arme ihr entgegen.

Einen Augenblick neigte auch sie sich gegen ihn; dann aber richtete sie sich jäh empor. „Nein, nein," schrie sie, und ihre kleinen Hände stießen ihn zurück; „ich kann nicht, ich bin falsch gewesen!"

„Falsch? Du, Kätti? Du kannst ja gar nicht falsch sein!"

„Doch," sagte sie und nickte ein paar Mal wie zur Betheuerung ihrer Schuld; „das Weib hat unseren Fidel gar nicht getödtet; ich wußte das, denn sie fanden ihn heute in der Trinkgrube neben unserem Garten."

Wulf Fedders schüttelte den Kopf. „Aber weshalb sind wir dann hier hinausgewandert?"

„Es war eine Gesellschaft aus der Stadt," entgegnete sie stockend; „sie wollten in unserer Wirthschaft verfahren; ich sollte es an Sie bestellen."

„Und das wolltest du nicht?"

„Nein, ich wollte es nicht."

„Und weshalb?" frug er gespannt.

Sie schwieg eine Weile; dann sah sie ihn fest mit ihren schwarzen Augensternen an und sagte:

„Weil auch die blonde Dame mit in der Gesell=
schaft ist."

„Darum also; — die Tochter der Majorin meinst
du?" Es klang ein plötzlich kühler Ton aus diesen
Worten; die blonde Dame war auf einmal wieder
in der Welt.

Da Kätti keine Antwort gab, so schwiegen Beide
und gingen langsam neben einander auf dem Wege
hin. Als sie sich dem Thore des Geheges näherten,
hörten sie wiederum die Geige aus dem Walde tönen.
Kätti's weiße Zähnchen gruben sich in ihre Lippe;
aber Wulf Fedders schritt, als habe er nichts gehört,
vorüber.

„Wollen Sie nicht hineingehen?" sagte sie leise.
„Sie treffen die Gesellschaft noch beisammen."

Er schüttelte den Kopf. „Ein ander Mal, Kätti."
— Und stumm wie vorhin gingen sie auf dem fast
dunklen Wege fort. Als sie das Dorf erreicht hatten,
bogen sie von der Straße ab und schritten unten am
Flußufer entlang. An der Felstreppe, die zur „Wald=
und Wasserfreude" hinaufführte, blieb der Doctor
stehen. „Gute Nacht, Kätti!"

„Gute Nacht," hauchte sie; sie gaben sich nicht

die Hände; wie ein gescheuchter Vogel flog sie die
Stufen hinauf, bis er sie oben in der Dämmerung
verschwinden sah.

— — An diesem Abend saß der Doctor noch
lange auf dem großen Stein vor seiner Hausthür und
blickte auf den Fluß hinaus, der ruhig im Sternen=
licht dahin zog; aber aus seinen Wellen wollte heute
kein anmuthiges Mädchenbild emporsteigen. Vor der
nahen Wirklichkeit konnte das Spiel der Phantasie
sich nicht entzünden; die nüchternen Gedanken hatten
allein jetzt die Gewalt. — —

Wulf Fedders war der Sohn eines höheren Be=
amten, den bei schon reiferer Jungfräulichkeit eine
Dame alten Geschlechts geehelicht hatte; und es ge=
schah wie meist in solchen Ehen: da die Frau nicht
umhin konnte, ihres Mannes bürgerlichen Stand zu
theilen, so suchte sie wenigstens von der früheren
„Exclusivität" noch so viel festzuhalten, als ihre
kleinen Hände es vermochten. Die damit durchsetzte
Luft des Hauses war auf den Sohn, der seine
Mutter nach Verdienst verehrte, nicht ohne Einfluß
geblieben; trotz guten Willens wurde es ihm meistens
schwer, ja fast unmöglich, den Menschen ohne Rück=

sicht auf seinen Ursprung oder die ihm angeborene
Vergangenheit zu schätzen. So wollte er wohl gern
ein bedeutender Rechtslehrer, ein großer Staatsmann
werden; aber hätte er dafür der Sohn eines Stall=
knechts sein und die Jugend eines solchen Kindes
als Vorleben mit in den Kauf nehmen müssen, er
hätte sich doch sehr bedacht.

Nun saß er in der Einsamkeit der Nacht, in sich
erschrocken über die Vorgänge dieses Nachmittages,
die mit zudringlicher Deutlichkeit vor seinen Augen
standen. Nur Kätti selber hatte ihn zurückgehalten,
sich ihr für immer zu geloben; und Wulf Fedders
war nicht der Mann, eine deutlich eingegangene Ver=
pflichtung nicht auch mit allen Opfern zu erfüllen.
Aber der gefährliche Augenblick war vorüber und
konnte niemals wiederkehren. „Hermann Tobias Zip=
pel's Schwiegersohn!“ Er schüttelte sich ein wenig,
wie einstens Kätti vor dem armen Unterlehrer; dann
stand er langsam auf und ging in seine Kammer.

*   *   *

An einem der nächsten Tage wurde Kätti von
einem Glücksfalle betroffen, den sie freilich für den

Augenblick wohl kaum zu schätzen wußte. Zufolge
Testamentes einer verstorbenen Pathin wurde ihr
nicht nur ein straffes Beutelchen mit silbernen und
goldenen Schaumünzen eingehändigt, es war ihr
außerdem eine nicht unansehnliche Summe ausgesetzt,
welche zu Herrn Zippel's Entrüstung nicht durch ihn
als väterlichen Vormund, sondern durch eine dritte
Person bis zu ihrer Mündigkeit verwaltet werden sollte.

Und als wäre es noch nicht Glückes genug, so
begann auch der Unterlehrer, der seit seiner erfolg-
losen Liebeswerbung fortgeblieben war, aufs Neue
in der Wald- und Wasserfreude einzukehren. Da er
die sichere Aussicht auf einen guten Schuldienst in
der Stadt hatte, so suchte er sich der Tochter des
Hauses wiederum mit allerlei Gespräch zu nähern,
wobei er allmälig ein ganz munteres und zuversicht-
liches Wesen angenommen hatte. Als Wulf Fedders
einmal darüber zukam, war ihm im ersten Augenblicke, als ob ein Dorftölpel in seinen Blumengarten
steigen wolle, und schon saß ein überlegenes Wort
gegen den jungen Menschen auf seinen Lippen. Aber
er besann sich; was kümmerte es ihn? Er wollte ja
kein Recht an dieser Blume haben. Er ging fort,

und Kätti sah ihm mit großen Augen nach, während die Reden des Schulmeisters wie leeres Wellengeräusch an ihrem Ohr vorübergingen.

Im Uebrigen wollte der Sonnenschein, der draußen fortdauernd vom Himmel auf die Erde glänzte, in der Wald= und Wasserfreude nicht zur Geltung kommen. Der Doctor zeigte sich nur selten oben in der Wirthschaft; wenn er nicht an seiner Arbeit saß, so lief er allein durch Wald und Feld, oder er war drüben in der Stadt, oft mehrere Tage nach einander. Herr Zippel fuhr sich mehr als jemals unwirrsch durch die Haare; denn von seinen Badarbeitern war ihm die Hälfte fortgelaufen, sei es, daß Herrn Zippel's Anweisungen ihnen unausführbar geschienen, sei es, daß, wie hie und da gemunkelt wurde, der Lohn nicht prompt genug gefallen war. Noch unwirrscher wurde er, wenn er die Tochter ansah: „Seit du vor lauter Eigensinn nicht mehr hast singen wollen, kommen immer weniger Gäste aus der Stadt; was soll denn daraus werden?" — Es zuckte schmerzlich durch das junge Gesicht; aber sie wußte nichts darauf zu sagen.

Dennoch waren wieder eines Tages Gäste an=

gesagt. Kätti hatte, wie bestellt, den Kaffeetisch in
der Veranda hergerichtet; vom Glockenthurme schlug
es Drei, die junge Gesellschaft, welche für diesen
Sommer sich zusammengefunden hatte, mußte bald
erscheinen. Noch einmal übersah Kätti mit Sorg=
samkeit ihr Werk; denn die Bedienung selbst hatte
sie der dicken Köchin überwiesen, die eben dabei war,
sich in ihren Sonntagsstaat zu werfen. Trotz ihres
Vaters Mahnung, sie vermochte es nicht, auch nur
zur Aufwartung zwischen diesen Gästen einherzugehen.

Auf ein Geräusch horchte sie hinaus, ob nicht das
Rollen der ankommenden Wagen schon vernehmbar
sei; aber es war nur der wohlbekannte ungleiche
Schritt des kleinen Musikanten, was jetzt von der
Auffahrt den Gartensteig entlang kam. Und bald er=
schien auch Sträkelstrakel's dürftige Gestalt auf den
Stufen der Veranda; obwohl eine auffallend milde
Sonne heut am Himmel stand, trocknete er sich doch
mit seinem karrirten Schnupftuch die hellen Perlen
von der Stirn.

Schon längst, mit dem Instinct der Liebe, hatte
er herausgefunden, weshalb seit nun schon vielen
Tagen sein Liebling so seltsam stumm und blaß

einherschlich; als er ihr jetzt in das erregte junge
Antlitz blickte, dessen Züge heut eine eigenthümliche
Schärfe zeigten, ergriff er lebhaft ihre beiden Hände:
„O Mamsellchen," sagte er und hob seine grauen
Augen in anbetender Entsagung zu ihr auf; „Sie
sollten sich das nicht gar zu sehr zu Herzen nehmen;
es giebt noch Andere, die es ehrlich meinen!"

Sie blickte ihn traurig, aber freundlich an: „Ich
weiß das, guter Sträkelstrakel; aber ich versteh dich
nicht."

„Wenn ich nur reden dürfte, Mamsellchen!"

„Weshalb denn solltest du nicht reden dürfen?" —
Sie horchte noch einmal hinaus; aber es war nichts
zu hören.

Sträkelstrakel hatte sich abermals die Stirn ge=
trocknet. „Der Unterlehrer," sagte er, „er ist kein
feiner Herr; aber ich kenne ihn, er ist ein guter
Mensch; Sie wissen, Mamsellchen, er versteht auch
seine Orgel recht mit Schick zu spielen, und er hat
doch nun das schöne Brot dort in der Stadt be=
kommen — wenn Sie gütigst ihm erlauben wollten,
wieder einmal anzufragen!"

Ruhig hatte Kätti ihm zugehört. „Am Ende bist

du schon als Freiwerber an mich abgesandt!" sagte
sie und lehnte müde das dunkle Köpfchen an eine
der Verandasäulen.

Strätelstratel wurde sehr verlegen. „O Mamsellchen," sagte er zögernd; „aber wenn es denn so wäre!"

Sie antwortete nicht; sie hatte sich jählings aufgerichtet. Von der Dorfstraße her kam deutlich das
rasche Rollen mehrerer Wagen.

Rasch trat sie auf den kleinen Musikanten zu
und legte fest die Hand auf seinen Arm: „Schweig,
Strätelstratel! Sprich nicht mehr; ich will nichts
weiter von dem Narren hören!"

Als er sich umblickte, war sie verschwunden; draußen
bei der Anfahrt aber erhob sich das Getöse der ankommenden Gäste; und von der Felstreppe herauf
erschien der Doctor, um sie zu begrüßen.

— — Der Nachmittag verging, während Kätti
hinter verschlossener Thür in ihrer Kammer saß; als
es drunten stiller geworden war, ging sie vorsichtig
in das Haus hinab. Der Saal war leer, in der
Veranda sah sie zwei ältere Damen beim Piquet-
spiel sitzen; aber hinter dem Garten, vom Fluß
herauf scholl ein fröhliches Stimmengewirr. Ein paar

Augenblicke stand Kätti, den Kopf vorgeneigt und
mit verhaltenem Athem, als ob sie aus dem fernen
Schall sich einzelne Worte aufzuhaschen mühe; dann,
fast wider ihren Willen, schlich sie in den Garten.

Die jugendliche Gesellschaft hatte das größte der
beiden Böte losgekettet und war jetzt im Begriff sich
einzuschiffen; der Doctor und die blonde Dame waren
die Letzten, und eben ergriff sie seine Hand, um ein-
zusteigen. Kätti sah es genau aus ihrem Versteck, und
ihre Augen verschlangen Alles, was sie sahen. Als
das Boot stromaufwärts abgefahren war, blieb sie
zuerst in dumpfem Sinnen stehen. Aber nicht lange,
so war sie auch zum Fluß hinabgegangen; und bald
folgte jenem größeren Boote das zweite kleinere mit
gleichmäßigem leisem Ruderschlag; die Schifferin, die
es lenkte, verstand es, stets denselben gemessenen Raum
zwischen beiden Böten inne zu halten. — Was wollte
sie? — Sie wußte es selber nicht; aber ihre Augen
hafteten wie gebannt an dem vollen Nachen, der im
Glanz der Abendsonne mit Lachen und Gesang vor
ihr den Strom hinauffuhr.

Weiter oben, an derselben Seite, wo auch das
Dorf belegen war, erhob sich ein mäßig großer

Hügel, den, wie eben jetzt, die Gäste der Wald= und
Wasserfreude der schönen Aussicht halber aufzusuchen
pflegten, um dann durch Wald und Wiesen wieder
heimzukehren. Auch heute hatte man einen Burschen
vorausgeschickt, der später mit dem leeren Boot zu=
rückzurudern hatte; denn auf dem Hinwege freilich
ließen die jungen Männer es sich nicht nehmen, ihre
Damen selbst zu fahren.

Kätti wußte das; es war gewöhnlich so. Und
endlich sah sie, wie das Boot vor ihr an jener An=
höhe landete und wie die Damen unter Handreichung
der Herren an das Ufer sprangen. — Leise hielt sie
ihr Ruder an. Aber was hatte die Gesellschaft dort?
Es mußte ein Unfall geschehen sein; man drängte sich
zusammen und schien lebhaft zu verhandeln. Dann
wurde eine von den Damen — Kätti konnte nicht
erkennen, welche — mit Hülfe eines Herrn in das
Boot zurückgeführt; es war augenscheinlich, daß sie
hinkte, sie mochte sich den Fuß vertreten haben. Jetzt
gingen wieder Alle an das Fahrzeug, und aufs Neue
schien man hin= und herzureden; die Verletzte schien
dankend, aber lebhaft abzuwehren. Bei dem Flim=
mern der Abendsonne sah Kätti Alles wie ein

Schattenspiel; jetzt aber gewahrte sie deutlich, wie die Dame, von dem Arm des Herrn gehoben, in das Boot hinübertrat, wie dieser sich dann rasch nach einem Ruder bückte und vom Ufer abstieß, während die Uebrigen unter Tücherschwenken dem Hügel zugingen.

Kätti fuhr mit der Hand nach ihrem Herzen; sie zweifelte nicht, wer jene Beiden waren, die jetzt selbander den einsamen Strom herabgefahren kamen. Ihr eigenes Boot befand sich eben seitwärts von der Einfahrt in den kleinen Binsenhafen; jetzt lenkte sie hinüber, und mit eingezogenen Rudern glitt es durch die enge Oeffnung. Aus dem rings umschlossenen Raum war es nicht möglich den Fluß hinaufzusehen; aber nach der einen Seite standen die Halme weniger dicht, so daß sie das Boot hineindrängen konnte und von hier aus eine Durchsicht nach dem Wasser zu gewann. Von drüben trat gleicherweise eine hohe Binsenwand so nah heran, und die Wasserbahn an dieser Stelle war dadurch so schmal, daß Niemand unerkannt vorüber konnte.

Das Mädchen hatte die Hände über ihre Kniee gefaltet und den dunkeln Kopf darauf gelegt; man

12*

hätte glauben können, daß sie betete; aber ihr Ohr
horchte stromaufwärts in die Ferne, ihre Pulse häm=
merten; was sie an Gedanken hatte, ging diesen
einen Weg. Und jetzt, jetzt endlich in der unge=
heuren Stille erfaßte ihr Ohr das Rauschen eines
Ruderschlags. Sie fuhr empor und streckte sich
mit dem ganzen Leibe nach jener Richtung, wäh=
rend ihre Hände sich an den Rand des Bootes
klammerten. Gierig, als passe sie auf eine Beute,
lauschte sie auf das nah und näher tönende Ge=
räusch, das gerade auf sie zuzukommen schien. Allein
sie hörte nichts von dem, was sie zu hören
dachte: keine Worte, keinen Laut von Menschen=
lippen! Jetzt aber — es war, als ob die Ruder
eingezogen würden, sie vernahm deutlich das Ab=
tropfen des Wassers; und jetzt, vom Strom getra=
gen, glitt draußen das Boot rauschend an ihrer
Binsenwand entlang.

Kätti hatte sich aufgerichtet, zitternd bogen ihre
Hände die nächsten Halme aus einander; aber, so weit
sie ihre Augen öffnete, es ward nicht anders; Wulf
Fedders war der Schiffer, das blonde Mädchen lag
in seinen Armen. Aber nur noch einen Augenblick;

dann fuhr sie jäh empor. „Es lachte Jemand!"
rief sie und sah sich mit erschreckten Augen um.

Der Doctor ließ sich nicht so leicht beirren.
Aufs Neue umschlang er seine Braut und küßte sie.
„Du träumst," sagte er zärtlich; „wir sind allein;
wer sollte denn auch lachen, daß du mein gewor=
den bist!"

Aber ungesehen hinter der dunkeln Binsenwand
war in diesem Augenblick ein verbleichendes junges
Antlitz auf den Rand des Bootes hingesunken. —
Das Abendroth überglänzte den Himmel und ver=
ging, der Thau versilberte das schwarze Haar des
schönen Mädchenkopfes, und fern im lichten Blau
des Aethers schimmerte der Stern der Liebe. Da
erst richtete sich Kätti wieder auf. Lange blickte sie
in den milden Glanz des ruhigen Gestirnes; dann
betrachtete sie aufmerksam ihre Hände, ihre kleinen
Füße; sie löste ihr schönes Haar und ließ es durch
die Finger gleiten, bis sich plötzlich ihre Arme streck=
ten und sie mit beiden Händen nach den Rudern
griff. „Nur die Wirthstochter!" rief sie. „Die
Tochter aus der Wald= und Wasserfreude!" Ein
bitteres Lächeln flog um ihren Mund; vielleicht auch

hat sie wieder laut gelacht; aber Niemand hat es
hören können, das Fahrzeug, welches die beiden
Glücklichen trug, war längst den Strom hinab.

*　　*　　*

Der Doctor hatte, wie er der Kühle wegen wohl
zu thun pflegte, während dieser Nacht ein Fenster
seines Wohnzimmers offen gelassen. Als am anderen
Morgen sein Blick dahin fiel, gewahrte er auf der
Fensterbank das französische Dictionnaire, das Kätti
an jenem Morgen so eifrig mit sich fortgenommen
hatte. Sie hatte es also schweigend ihm zurück
gebracht und wollte es nun nicht mehr gebrauchen.

Da er zögernd das vom Nachtthau feuchte Buch
in seine Hand nahm, fiel ein Zettel mit Kätti's kleiner Schrift heraus:

„Das Beutelchen mit den Gold= und Silbermün=
zen“ — so hatte das rechtsunkundige Kind geschrieben — „nehme ich mit mir, und es braucht daher
Keiner meinethalben zu sorgen. Aber meine übrigen
Erbgelder soll mein Vater haben; nur soll er davon
an Sträkelstrakel hundert Thaler geben. Ich darf wohl
hoffen, daß Sie dies für mich besorgen werden.“

Und weiter nichts; der Name „Kätti" stand darunter.

Bestürzt starrte Wulf Fedders auf diese Zeilen; das Lachen, das gestern seine schöne Braut erschreckt hatte, fiel ihm plötzlich schwer aufs Herz. Grübelnd sann er nach, ob er irgend eine Schuld an sich entdecken könne; aber er fand keine. Eine heftige Sehnsucht nach dem Mädchen wallte in ihm auf; aber er sagte sich mit Nachdruck, daß das nur Mitleid sei.

Noch ein paar Augenblicke; dann ging er durch den Garten nach dem Haupthause hinauf, wo er Herrn Zippel, wie zur Reise gerüstet, mit Hut und Stock im Gastzimmer antraf. „Ist Kätti hier?" frug er hastig.

„Kätti?" entgegnete Herr Zippel zerstreut. „Sie wird noch in den Federn liegen."

„Nein, nein! Sie ist fort!"

„Fort?" Herr Zippel rannte aus der Thür und kam nach ein paar Augenblicken wieder. „Ja, ja! Ihr Bett ist unberührt! Aber weshalb? Warum?"

„Ich weiß es nicht," erwiderte der Doctor mit etwas unsicherer Stimme; „aber lesen Sie das!"

Herr Zippel nahm ihm den dargebotenen Zettel

aus der Hand. „Hmm, richtig! Richtig!" rief er,
indem er mit ausgespreizten Fingern sich alle Haare
in die Höhe zog. „Wieder die alte Dummheit! Aber
wissen Sie, dies da mit dem Gelde, das ist eine
neue! Auf das Gekritzel zahlt mir Niemand auch
nur einen Schilling. Nun, es schad't nichts; leben
Sie wohl, Herr Doctor; ich will in die Stadt!"

Der Doctor hielt ihn noch zurück. „Was wollen
Sie dort? Wollen Sie es wieder in die Blätter
setzen lassen?"

„Wie meinen Sie das? Ja freilich wird es in
die Blätter kommen! — Aber meine Kätti ist den=
noch ein Genie; sie hat das rechte Theil erwählt;
mit diesem Publikum ist nichts zu machen! Glauben
Sie, daß die Wald= und Wasserfreude existiren kann,
wenn keine Gäste kommen? Oder glauben Sie es
nicht?" Er sah ein paar Secunden lang dem Doctor
starr ins Angesicht, dann streckte er wie beschwörend
seine Hand gegen das Fenster, durch welches man
auf die Gartenanlagen und die Trümmer des neuen
Wald= und Wiesenwasser-Bades sah. „Irgend ein
dummer Esel," rief er, „welcher nach mir kommt,
wird aus meinen Gedanken sich Ducaten prägen;

das ist der Lauf der Welt! — ich gehe aufs Ge=
richt, um meine Insolvenz zu Protokoll zu geben!"

Er erhob stolz den Kopf, und seinen Spazier=
stock schwingend, schritt er zur Thür hinaus.

— — Einige Tage später saß drüben in der
Stadt Wulf Fedders neben seiner hübschen blonden
Braut. Sie plauderte schon lange und schien eifriger
zu fragen, als er zu antworten.

„Und sie ist jetzt zum zweiten Male fortgelaufen?"
hub sie aufs Neue an.

„Ja, zum zweiten Male."

„Und ihr habt keine Spur von ihr gefunden,
gar keine?"

Er schüttelte den Kopf. „Nicht weiter als bis
unten an der Flußmündung, wo auch das Boot ge=
funden wurde."

„Du Aermster, wie hast du dich wohl abgemüht!"

„Du übertreibst, Cäcilie; ich habe mich nicht ab=
gemüht."

Sie neigte den Kopf und sah ihn von untenauf
mit ihren blauen Augen an. „Leugne es nur nicht!
Und — weißt du? — wäre es eine Andere ge=
wesen, ich hätte eifersüchtig werden können!"

Ein leichtes Roth überflog sein Antlitz.

„Du?" rief sie neckisch drohend und erhob den Finger ihrer weißen Hand.

Wulf Fedders sah sie düster an. „Wollen wir nicht lieber von etwas Anderem reden als immer nur von jenem armen Mädchen?"

Die junge Dame strich sich sorgsam ihre Kleider glatt und richtete sich in ihrem Sessel auf. „Weißt du?" sagte sie. „Sie interessirte mich doch; ich wußte nur nicht, wo ich sie hinthun sollte; nach dieser Geschichte aber bin ich ganz im Reinen! Nicht wahr, sie hatte so ruhelose Augen? Es war ein rechtes Vagabondenangesicht!"

✳   ✳   ✳

Ein Vierteljahrhundert ist seitdem vergangen. Das Gewese der „Wald- und Wasserfreude" wurde schon derzeit in dem Zippel'schen Concurse von dem früheren Besitzer für seinen ältesten Sohn zurückerworben, und mit diesem ist die alte patriarchalische Bauernwirthschaft, sind die billigen Preise und die Gäste wieder eingezogen. — Vor dem Abnahmehause, drunten am Flußufer, liegt noch immer der große

Stein, auf welchem einst Wulf Fedders seine An=
wandlung jugendlicher Träumereien überstand. Statt
seiner konnte man noch vor wenig Jahren einen klei=
nen alten Mann dort sitzen sehen, der bei einer der
jetzt in dem Hause wohnenden Arbeiterfamilien von
der Gemeinde in die Kost verdungen war. Zuwei=
len, an milden Sommerabenden, wenn drinnen die
Hausbewohner schon zur Ruhe waren und nur die
einsame Sternennacht im Flusse wiederschien, zogen
von dorther klare Geigentöne über Dorf und Anger.
Wer noch wach war und aufmerksam hinüberlauschte,
hätte wohl einzelne Passagen eines Mozart'schen
Adagios erkennen mögen; dazwischen tauchte eine
sehnsüchtige Melodie empor und verklang und kehrte
wieder, bis — oft in später Nacht — das Geigen=
spiel verstummte.

Drüben aber in der Stadt, in dem Archiv der
alten Landvogtei, zu deren Bezirk die einstige „Wald=
und Wasserfreude" gehört, liegt unter den Acten über
Verschollene ein Heft mit ganz vergilbtem Deckel;
es enthält die Verwaltungs=Nachweise über Kätti's
Erbgelder, deren Zinsen längst das Capital ver=
doppelt haben.

Der gegenwärtige Landvogt ist Wulf Fedders,
welcher bald nach seiner Verlobung alle Gedanken an
künftigen Gelehrtenruhm mit der sicherer zum häus-
lichen Herde führenden Beamtenlaufbahn vertauscht
hatte. Alle Jahre einmal, bei der Revision der
Vormundschaften und Curatelen, gehen jene Acten
durch seine Hände. Dann gedenkt er plötzlich wieder
der dunkelfarbigen Kätti und seiner Schülerzeit und
jener Tage in der „Wald= und Wasserfreude".
Aber er hat gar viele Acten und zu Hause eine
blonde Frau und viele Kinder; bevor er noch den
Weg vom Amtslocale nach seiner Wohnung zurückgegangen ist, haben diese Erinnerungen ihn schon
längst verlassen.

Storm's gesammelte Schriften.

Theodor Storm's

gesammelte Schriften.

Erste Gesammtausgabe.

Vierzehn Bände.

Braunschweig,

Druck und Verlag von George Westermann.

1882.

Theodor Storm's

gesammelte Schriften.

Band 14.

Braunschweig, Verlag von G. Westermann
1882.

Inhalt

des vierzehnten Bandes.

Im Brauer-Hause.

(1878—1879.)

—

1

Es war in einem angesehenen Bürgerhause, wo wir am Abend-Theetisch in vertrautem Kreise beisammen saßen. Unsere Wirthin, eine Fünfzigerin von frischem Wesen, mit einem Anflug heiterer Derbheit, stammte nicht aus einer hiesigen Familie; sie war in ihrer Jugend als wirthschaftliche Stütze in das elterliche Haus ihres jetzigen Mannes, unseres trefflichen Wirthes, gekommen und hatte in solchem Verhältnisse dort gelebt, bis der einzige Sohn so glücklich gewesen war, sie als seine Ehefrau bleibend festzuhalten. Das Vertrauen, womit des Bräutigams Mutter gleich nach der Hochzeit der Jüngeren ihren eigenen Platz im Hause einräumte, hatte diese nun schon manches Jahr über das Leben ihrer beiden Schwiegereltern hinaus gerechtfertigt. Bei ihrem jetzt den Siebenzigern nahen Ehemann begann schon das Greisenalter seine leise Spur zu ziehen; aber wo

1*

ihm eine Kraft versagte, da suchte sie unbemerkt die ihre einzusetzen; wo ihrerseits eine Entsagung nöthig oder auch nur erwünscht schien, da blickte sie nur mit um so freundlicheren Augen auf ihren Mann und blieb bei ihm allein, wenn Andere dem Vergnügen nachgingen. Der alte Herr selber war nicht von vielen Worten; aber die ruhige Sicherheit einer gegenseitig bewährten Liebe war in diesem Hause Allen fühlbar, und Alle fühlten sich dort wohl.

Am heutigen Abend jedoch wollte das gewohnte Gespräch, worin man sich sonst über Stadt= und Landesangelegenheiten mit Behaglichkeit erging, noch immer nicht in rechten Fluß gerathen; denn in einer unserer Nachbarstädte war früh am Morgen etwas Ausnahmsweises und Entsetzliches, es war die Hinrichtung eines Raubmörders dort vollzogen worden, und die Luft schien mit diesem Unterhaltungsstoffe so erfüllt, daß kaum etwas Anderes daneben zur Geltung kommen konnte. Hier war nun überdies noch ein abergläubischer Unfug im Gefolge der Execution gewesen; ein Epileptischer hatte von dem noch rauchenden Blute des Justificirten trinken und dann zwischen zwei kräftigen Männern laufen müssen, bis er plötz=

lich, von seinen Krämpfen befallen, zu Boden gestürzt war. Dennoch galt dies Verfahren als ein untrüg- liches Heilmittel seiner Krankheit. Und noch zu an- deren Curen und sympathetischen Wundern sollten Haare, Blut und Fetzen von der Kleidung des Hin- gerichteten unter die Leute gekommen sein.

An unserem Theetisch erhob sich darüber ein leb- haftes Durcheinanderreden; all diese Dinge wurden gleichzeitig als unzulässig und strafbar, als verab- scheuungswürdig und als lächerlich bezeichnet. Nur unsere verehrte, sonst so theilnehmende Wirthin saß plötzlich so still und in sich versunken, daß endlich Alle es bemerken mußten.

Als wir sie eben darauf ansahen, rief ihre älteste Tochter zu ihr hinüber: „Mutter, du denkst gewiß an Peter Liefdoorn's Finger!"

„Ja, ja, Peter Liefdoorn!" sagte nun auch der alte Herr; „das ist eine Geschichte! Erzähl' sie nur, Mutter; deine Gedanken kommen sonst ja doch nicht davon los; und zu verschweigen ist ja nichts dabei!"

„Nein, mein Vater," sagte die alte Dame; „es ist ja einstens auch genug davon geredet worden."

Dann sah sie uns Alle der Reihe nach mit ihren

freundlichen Augen an, und als auch wir dann baten,
begann sie in ihrer mittheilsamen Weise: „Mein
seliger Vater hatte, wie das Ihnen Allen wohl be=
kannt ist, eine Brauerei; keine bayerische, wie sie
heutzutage sind; es wurde nur Gutbier und Dünn=
bier gebraut; aber Beides war gut für den Durst
und nicht so gallenbitter wie das jetzige, das nicht
einmal zu einer Biersuppe zu gebrauchen ist.“

Wir lachten, und sie lachte herzlich mit uns.

„Das Geschäft,“ fuhr sie dann fort, „war noch
von Großvaters Zeiten her und lange das einzige
am Ort gewesen; im Jahre meiner Confirmation aber
wurde von einem reichen Bäcker noch ein zweites
etablirt. Wenn man hinten aus unserem Brauhause
auf den Weg hinaustrat, konnte man am Nordende
der Stadt das neue rothe Dach über den Garten=
bäumen scheinen sehen; und ich glaube freilich nicht,
daß mein Vater, und noch viel weniger, daß unser
alter Brauknecht Lorenz es eben mit Vergnügen sah;
aber unser Bier hatte doch seinen alten Ruf, und
die Kundschaft blieb groß genug, daß wir Alle satt
hatten und mein Vater Jedem zahlen konnte, was
er schuldig war.

Da, nicht lange nachher, geschah es, daß auch
bei uns ein ganz abscheulicher Kerl hingerichtet wurde.
Wie er eigentlich hieß, weiß ich nicht einmal; aber
die Leute nannten ihn „Peter Liekdoorn"; denn er
hatte nichts gelernt und suchte sich deshalb als
Hühneraugen-Operateur durchzuhelfen. Nun, ich
hätte den Kerl nicht an meinen Hühneraugen haben
mögen! — Da er viel Branntwein trank und wenig
in der Tasche hatte, so brachte er seine eigene fast
neunzigjährige Tante ums Leben, von der er wußte,
daß sie einen Strumpfsocken mit Bankthalern in
ihrem Bettstroh aufbewahrte; aber bevor er noch
einen davon ins Wirthshaus tragen konnte, so hatten
sie ihn schon fest und auf der Frohnerei; und end=
lich war denn auch sein Proceß zu Ende; er sollte
draußen auf dem Galgenberg enthauptet und dann
sein Körper auf das Rad geflochten werden. Und
das war wohlverdient; denn die alte Tante hatte
den Bengel, der eine Waise war, vor Jahren mit
Noth und Hunger aufgezogen, und die Bankthaler
hatte sie sich zum ehrlichen Begräbniß aufgespart.

Wie ich schon sagte, hatten wir derzeit noch unseren
alten Brauknecht Lorenz, der wie das Geschäft selbst

auch noch von meinem Großvater stammte; eine treue, fromme Seele! Ueber sein Wandbett hatte er sich mit Kreide den halb plattdeutschen Spruch geschrieben:

„Lorenz Hansen is mein Nam';
Gott hilf, daß ich in'n Himmel kam!"

Und so oft auch die Magd ihn am Sonnabend mit der Seifenbürste wegwusch, er malte ihn am Sonntag immer geduldig wieder hin. Uns Kindern, wenn wir Abends in der Brauerei am großen Steinbottich bei ihm saßen, wußte er Geschichten zu erzählen, daß wir zuletzt vor Gruseln ihm Alle auf den Schoß gekrochen waren, und wie das heutzutage kein Mensch mehr so versteht. Das war nun gut; aber warum er solche Geschichten so erzählen konnte, das war nun nicht so gut! Er glaubte nämlich selber an all das dumme Zeug, womit er uns tractirte. Am Paaschabend, wenn er sein Dutzend Ostereier aus= gelöffelt hatte, schlug er sorgsam alle Schalen ent= zwei; sonst, sagte er, könnten die Hexen darin nisten; beim Bierbrauen legte er allemal ein Kreuz von Holz über den Gährkübel, so konnte Keiner den Gest (Hefe) rauben und das Bier konnte nicht verrufen werden. Meiner Mutter, die uns auch oft beim

Geschichten-Erzählen aus einander jagte, war all so
etwas in den Tod zuwider; sie schalt ihn oft darüber
und auch auf meinen Vater, daß er solche Narrens-
possen unter seinem Dache leide. Aber unser Vater
war eben, wie wir auf plattdeutsch sagen, ein „lieb-
samer", ein gelassener Mann; er strich schmunzelnd
seiner kleinen lebhaften Frau mit der Hand übers
Gesicht und sagte: „Mutter, laß mir den alten
Lorenz; so einen Brauknecht giebt es keinen zweiten;
er meint's gut, und es schadet Keinem."

Damit war meine kleine Mutter allemal fertig,
zumal wenn sie noch einen Kuß dazu bekam; aber
Recht hatte er darum doch nicht; denn dumm ist
dumm, und es sollte Niemand sagen, daß die Dummheit keinen Schaden thue.

Als es nun so weit war, daß Tages darauf der
Mörder Peter Liekdoorn sich durch Hingabe seines
irdischen Leibes mit seinem Gott versöhnen sollte,
hatte unser Lorenz es sich von dem Bürgermeister
und seinem Brotherrn ausgebeten, daß er dem armen
Sünder in seiner letzten Nacht Gesellschaft leisten
durfte; denn sie waren Nachbarskinder gewesen, und
in der Schule hatte Lorenz ihm oft die eine Hälfte

von seinem Butterbrot gegeben, und Peter Liefdoorn hatte sich dann die andere noch dazu gestohlen. Aber als nun der gute Lorenz mit ihm beten und seiner armen Seele beistehen wollte, trieb der schändliche Bösewicht nur Possen und Eulenspiegeleien.

Herr Amtsrichter," fuhr die Erzählerin fort, sich voll nachträglicher Entrüstung zu mir wendend — „man mag es ja kaum erzählen! „Juckst du noch," hatte er zu seinem Kopf gesagt, indem er sich in seinen dünnen Haaren kratzte; „und morgen sollst du schon herunter?" Der alte Lorenz hat das nie vergessen können.

Der Richtplatz auf dem Galgenberg war so nahe bei der Stadt, daß man von unserem obersten Brauhausboden Alles deutlich hätte mit ansehen können; aber während die halbe Stadt hinausgezogen war, steckte ich in dem dunkelsten Verschlage unter der Bodentreppe; denn ich hatte trotz meiner sechzehn Jahre die dumme Idee, daß ich es sonst überall im Hause hören müßte, wie dem Bösewicht der Kopf herabgeschlagen würde. Erst als meine Mutter anklopfte und rief: „Es ist vorbei; sie kommen Alle schon zurück!" kroch ich wieder an das Tageslicht.

Ich hör' es noch vor meinen Ohren, wie es in dicken Haufen draußen auf der Gasse vorbeizog, und ein Gemurmel und ein Summen als wie in einem Immenschwarm.

Und das Gerede kam auch noch in Wochen nicht zur Ruh; denn draußen auf dem Richtplatz hart an der Landstraße lag ja Peter Liekdoorn's Körper auf das Rad geflochten. Wenn meine beiden jüngeren Geschwister aus der Schule kamen, warfen sie die Bücher hin und liefen auf den Brauhausboden; dann kamen sie mit großen Augen wieder in die Stube; bald hatte meine Schwester zwei Raben auf dem Rade sitzen sehen, bald hatte mein Bruder ganz deutlich wahrgenommen, wie der auf dem Pfahle steckende Kopf mit den dünnen Haaren vom Wind herumgekreiselt war, bis zuletzt mein guter Vater ein Schloß vor die Bodenluke legte und einen Trumpf darauf setzte, es solle von diesen abscheulichen Dingen fürderhin kein Wort im Hause mehr gesprochen werden."

Die Erzählerin nahm ein Schlückchen aus ihrer Tasse und fuhr dann fort:

„Nicht lange nachher saßen wir — ich weiß noch,

es war an einem Sonntag — bei unserer Abend-
mahlzeit. Da es Reisbrei mit Caneel und Zucker
gab, so hatte ich auch noch unseren Nachbar Jvers
dazu holen müssen, dessen Leibgericht das war. Wir
hatten uns schon Alle zu Tisch gesetzt; auch Lorenz
und die Magd; allein mein Bruder fehlte noch. Mein
Vater sah sich eben recht verdrießlich nach ihm um,
als erst die Hausthür und dann die Thür zur Stube
aufgerissen wurde und der Junge mit einer Fahrt
hereingestürzt kam.

„Mein Gott, Christian," rief meine Mutter,
„weshalb kommst du nicht zu rechter Zeit? Du
weißt doch, daß dein Vater das nicht leiden kann!"

„Ja," sagte er; „aber die Jungens sind alle auf
dem Markt zusammengelaufen!"

— „Die Jungens? Was haben die des Abends
auf dem Markt zu thun?"

„Nichts," sagte Christian; „sie sprechen nur mit
einander."

„Nun, so sprich du auch jetzt!" sagte mein Vater.
„Laß ihn reden, Mutter!"

Aber der Junge schwieg und sah seinem Vater
starr ins Angesicht.

„Christian, so sprich doch, Christian!" rief meine Mutter.

„Ich darf ja nicht," entgegnete er; „Vater hat ja gesagt, er wolle von dem dummen Zeug nun nichts mehr hören."

„Nachbar," sagte der alte Jvers, der ein Jung= geselle und sehr neugierig war, „so lassen Sie den Jungen doch seine Geschichte von sich thun!"

Mein Vater klopfte den Alten mit seinem schel= mischen Lachen auf die Schulter. „Nun, Christian, so schieß denn los; du sollst doch Nachbar Jvers nicht die Nachtruh vorenthalten!"

„Ja," sagte der Junge; aber er sah sich erst mal um, ob doch auch alle Anderen hörten; „es ist ganz gewiß, sie haben Peter Liekdoorn seinen einen Finger weggestohlen!"

— „Wer hat euch das gesagt?"

„Das hat Rathsdieners Ferdinand uns selbst erzählt."

„Ei was! Der Fuchs wird ihn geholt haben," sagte mein Vater; „wer sollte denn dergleichen stehlen!"

— „Nein, nein, Vater; das Rad ist viel zu hoch, da können die Füchse nicht daran!"

Der alte Ivers hatte schweigend zugehört. „Sag'
mir einmal, mein Jüngelchen," begann er jetzt, „was
ist's denn eigentlich für ein Finger?"

— „Wie meinst du das, Nachbar Ivers?"

„Nun, ich meine, ist's der kleine Finger oder der
Goldfinger oder —"

„Nein, nein; es ist der Daumen!" unterbrach ihn
Christian; „ich weiß aber nicht, von welcher Hand."

„So," sagte Ivers, „der Daumen! das hatte ich
mir gedacht. Er braucht eigentlich nur von einem
Dieb zu sein; aber besser ist gewißlich immer besser;
nein, den Daumen hat sich nicht der Fuchs geholt,
den können ganz andere Leute noch gebrauchen! Da
fragt nur Euren Lorenz, wenn Ihr's nicht selber
wißt!"

Aber Lorenz sah auf seinen Teller und aß schweig-
sam seinen Reisbrei.

„So erzählt es doch nur, Nachbar!" sagte meine
Mutter; denn sie wollte nicht, daß er den alten
Lorenz necken sollte.

„Kann leicht geschehen, Frau Nachbar'n," erwiderte
er; „aber wißt Ihr das denn nicht? Wer solch einen
Finger unter seinem Drümpel eingegraben hat, dem

strömt die Kundschaft in das Haus hinein! — Nun"
setzte er gutmüthig hinzu, „hier, Gott sei Dank, sind
solche Künste nicht vonnöthen!"

„Das walte Gott!" sprach meine Mutter leise
und klopfte unter den Tisch, um die üble Berufung
abzuwenden. Denn solche Dinge zählte sie nicht zum
Aberglauben, und sie konnte ganz böse werden, wenn
man ihr dawider stritt; dagegen wußte sie wohl,
daß das großväterliche Vermögen in viele Theile
gegangen und die Brauerei derzeit mit schweren
Schulden von ihrem Manne übernommen war.

Mein Vater war ganz ernst geworden. „Setz'
dich, Christian," sagte er zu dem Jungen, der noch
immer auf der Diele herumstand, „und mach', daß
du mit deinem Reisbrei fertig wirst!"

Ich weiß noch wohl, unsere Mahlzeit ging ganz
still zu Ende."

*   *   *

Nachdem auf Befragen einer mitteldeutschen An=
verwandten noch erklärt war, daß unter dem platt=
deutschen Worte „Drümpel" eine Thürschwelle zu
verstehen sei, begann die Erzählerin wieder: „Man
hätte glauben sollen, daß wir nun endlich mit Peter

Liekdoorn fertig gewesen wären; aber, leider Gottes, das Alles war nur erst der Anfang.

Es war im Juli und ungewöhnlich heiß; die Ernte hatte schon begonnen. Von den umliegenden Dörfern kam ein Wagen nach dem anderen hinten vor unserem Brauhaus angefahren, um Gut= und Dünnbier für Herrschaft und Leute abzuholen, und nicht nur viertel und halbe, sondern fast immer ganze Tonnen wurden aufgeladen. Mein Vater und unser alter Lorenz arbeiteten in hellem Schweiße, aber mit vergnügten Angesichtern. In unserer hohen kühlen Außendiele, unter dem Fenster, lagen zwei Fässer für den Hausverkauf; ich habe manches Maß voll da herausgezapft, denn seit meiner Confirmation hatte ich das zu besorgen. Aber jetzt ließ es mich in Wahrheit kaum zu Athem kommen; ich merkte wohl, auch die Leute in der Stadt hatten bei der grausamen Hitze einen schönen Durst; Kopf an Kopf stand es oft um mich herum, und mit all den Krügen und Kannen, die sie gegen mich streckten, trieben sie mich eines Tages so in die Enge, daß ich erst auf einen Tritt und dann oben auf die Fensterbank mich retiriren und von dort aus eine ordentliche Rede

halten mußte, bevor ich nur wieder zu meinem Faß
hinunter konnte."

Die Erzählerin sah uns an und nickte. „Ja,"
sagte sie, „es mag wunderlich ausgesehen haben; aber
ich war damals auch noch eine flinke leichte Dirne!
Und was war das für eine Freude, wenn ich so
Mittags und Abends zwei schwere blanke Hände voll
vor meinem Vater auf den Tisch schütten konnte!
Ich weiß noch, Morgens, bevor die Zeit heran=
gekommen war, wie ich in der Stube am Fenster
stand und es nicht erwarten konnte, bis ich den
Ersten mit Krug oder Blechgemäß unserem Hause
zusteuern sah.

So stand ich auch eines Vormittags und konnte
nicht begreifen, daß das lustige Geldeinnehmen noch
immer nicht in Gang kommen wollte; denn es war
schon über Zehn, und im Flur draußen von unserer
Hausuhr schlug es erst ein Viertel, dann Halb; aber
es kam noch immer Niemand. Endlich ging ich
hinaus und vor die Hausthür; da kamen zwei arme
Kinder mit ihren kleinen Töpfen, dann hintereinander
noch ein paar andere Leute von dem äußersten Ende
der Stadt, und als ich die abgefertigt hatte, schlug

die Uhr zu meinem großen Schrecken Elf; denn ich
wußte nun, daß die Verkaufszeit für diesen Vormittag so gut als wie vorüber sei.

Ich hatte endlich nur ein paar armselige Schil-
linge, die ich Mittags vor meinem Vater hinlegen
konnte.

„Was ist das, Nane?" sagte er. „Weshalb giebst
du mir nicht Alles?"

„Das ist Alles, Vater."

— „Alles? Das ist ja sonderbar." Weiter sagte
er nichts.

Aber auch am Nachmittage und den zweiten und
die folgenden Tage blieb es ebenso; ja selbst die
Wagen von den Dörfern kamen immer weniger, und
aus einem großen Dorfe, wo wir sonst die beste
Kundschaft hatten, blieben sie völlig weg. „Lorenz,"
hörte ich einmal, da ich über den Hof ging, unseren
Vater fragen, „wann hat Marx Sievers zum letzten
Mal geholt?"

„Ich denke, Herr, die andere Woche geht eben
heut zu Ende."

„Bei der grausamen Hitze? — Lorenz," und an
meines Vaters Stimme hörte ich, wie er voll Angst

und Sorge war; „was ist passirt, Lorenz? Wir haben nimmer besser Bier gehabt!"

„Weiß nicht, Herr!" erwiderte der Alte düster.

Ich mochte nicht stehen bleiben und hören, was sie weiter sprachen; aber ich wußte wohl, Marx Sievers war der größte Bauer in jenem Dorfe, und wie jetzt, in der Ernte, pflegte sein Fuhrwerk sonst fast jeden dritten Tag zu kommen.

In der nächsten Zeit wurden die Darre und die Braupfannen auf das sorgfältigste nachgesehen und gereinigt; mein Vater untersuchte jeden Sack mit Hopfen, ob auch irgendwo eine Verstockung sich eingenistet habe; aber er kam stets kopfschüttelnd von solchem Thun zurück; es war nichts zu finden, was nicht in der Ordnung war. Wir gingen Alle wie verstört umher; denn Jeder wußte, die Erntezeit sollte den Hauptverdienst des ganzen Jahres bringen; und die paar guten Tage, die so schnell vorübergegangen waren, konnten dabei nichts verschlagen. Bei den Mahlzeiten wurde jetzt kein Wort gesprochen, die Augen unserer Mutter gingen angstvoll nach ihres Mannes Angesicht, während sie uns schweigend zutheilte. Der alte Lorenz aber war plötzlich ein ganz

2*

wunderlicher träger Mensch geworden; nicht, weil er keine Geschichten mehr erzählte, denn wer hätte Lust gehabt, die jetzt zu hören! Sogar die Kinder nicht! Aber, was nimmer noch passirt war, zu zweien Malen, als ich ihn zum Mittagessen rufen wollte, fand ich ihn bei helllichtem Tage hinter einem Branfaß eingeschlafen. Und da ich ihn weckte, sagte er nur: „Danke, Rane, danke!" Als ob das ganz so in der Ordnung wäre. Mir aber war das ganz unheimlich; denn der alte Lorenz war ja fast die halbe Brauerei.

Da, eines Sonntagmorgens, kam mein Bruder Christian wieder einmal mit solcher Fahrt hereingestürzt, wie er es alle Mal that, wenn er was Besonderes zu verkünden hatte. Aber, Gott bewahre, wie sah der Junge in seinen Sonntagskleidern aus! Das ganze Gesicht voll Blut; das eine Auge dick verschwollen!

„Wo kommst du her?" rief mein Vater. „Bist du in den Krieg gewesen?"

„Nein," sagte der Junge; „wir haben uns nur geprügelt."

— „Schon wieder einmal? Und das am heiligen Sonntag? Was ist denn heute wieder los gewesen?"

„Ja, Vater," sagte Christian und wischte sich erst mit dem Aermel das Blut von seiner Backe; „sie haben schon mehrmals so gelogen, ich hab' es Euch nur nicht erzählen mögen; die Jungens sagen, Peter Liekdoorn's Finger ist in unserem Bier gewesen!"

Meine Mutter schrie laut auf; mein Vater war nur todtenbleich geworden. „Darum also!" sagte er leise.

In diesem Augenblicke wurde angeklopft und Nachbar Jvers trat herein, der lang nicht dagewesen war.

„Nun, Jvers!" sagte mein Vater, „kommt Ihr auch einmal? Ihr wagt's ja auch nicht mehr, von unserem Bier zu trinken!"

„Hm!" machte der Alte und sah meinen Vater mit seinen klugen Augen an. „Aber um Christi willen, was ist mit dem Jungen da passirt!"

— „Ja, was ist mit ihm passirt! Erzähl's nur selber, Christian, warum du dich geschlagen hast."

„Ja, Nachbar Jvers," sagte Christian, „die Jungens sagen alle, Peter Liekdoorn's Finger ist in unserem Bier gewesen!"

— „Hm — so, mein Jüngelchen! Und da hast du mit allen dich deshalb geschlagen?"

„Nein, nicht mit allen; nur mit ein Stücker viere, aber tüchtig!"

Der Alte sah ihm in sein verschwollenes Angesicht und nickte. „Aber es nützt nur nicht viel, Christian, und wenn du es auch mit allen fertig gebracht hättest. — Nachbar Ohrtmann," wandte er sich dann zu meinem Vater, „ich komme just um dessen willen zu Euch; ich möcht' Euch rathen, nehmt Euren alten Lorenz einmal tüchtig ins Gebet! Ihr wisset wohl nicht, weshalb er mit seinem alten Kameraden durch= aus die Henkersnacht hat theilen wollen?"

„Ei, freilich!" rief meine Mutter; „er hat ihm für die gestohlenen Butterbröte die himmlische Weg= zehrung wollen bereiten helfen!"

„Das nebenbei, Frau Nachbar'n," sagte Ivers, „vor Allem aber hat er ihm noch bei lebendigem Leibe seinen Daumen abgekauft; die alten Weiber in der Stadt erzählen sich das ganz genau."

„Habt Ihr nichts Anderes zu berichten, Ivers, als dies dumme Zeug?" frug mein Vater.

„Nein, Nachbar Ohrtmann; aber vergesset nicht, den Alten quält die neue Brauerei, wenn sich das Bier mit Eurem gleich nicht messen kann; und dann —

der Finger war ja hinterher auch ohne Kauf zu
haben! Nach der Hexenweisheit war es zwar genug,
ihn unterm Trümpel einzugraben, aber besser ist
gewißlich immer besser; und so wird er denn gleich
in den Braukessel selbst hineingekommen sein."

Mein Vater schüttelte den Kopf. „Ihr wollt
mich doch nicht glauben machen, daß unser alter
Lorenz sich den Finger von dem Hochgericht geholt
habe?"

„Das will ich allerdings, Nachbar! Wißt Ihr,
beim Reisbrei damals, als er nicht Antwort geben
wollte, da ich von der Sache anfing?"

„Ei, Ivers; Lorenz ist nicht gewöhnt, an seiner
Herrschaft Tische mitzureden; und überdies, er fühlte
wohl, daß Ihr ihn necken wolltet."

„Mag sein," versetzte Ivers; „aber was hat er
bei nachtschlafender Zeit da draußen an dem Galgen=
berg herumzukriechen?"

„Was sagt Ihr, Nachbar?" rief meine Mutter.

„Ich sag' nur," erwiderte er, „was die Hebamme
Clasen mir selbst erzählt hat; vorgestern nach Mitter=
nacht, als sie dort vorbeigefahren, hat sie etwas von
oben den Galgenberg hinunterlaufen sehen, und da

sie ihre Laterne, die sie bei sich hatte, darauf hin=
gewandt hat, ist die Gestalt in einen Busch ge=
sprungen; aber an den großen blanken Knöpfen auf
der Jacke, die sonst kein Mensch hier trägt, hat sie
genug erkennen können, wer der Mann gewesen ist.
Und auch noch Andere wollen ihn dort des Nachts
gesehen haben."

Ich war sehr erschrocken, als der Nachbar das
erzählte; denn ich sah, was ich Keinem verrathen
hatte, den alten Lorenz wieder bei hellem Tage
zwischen seinen Fässern schlafen.

„Aber, Ivers," sagte mein Vater; „das Unheil,
wenn denn Lorenz es sollte angestiftet haben, war
ja schon geschehen; was konnte er jetzt noch auf der
Richtstatt suchen wollen!"

„Nun, Nachbar," und der alte Junggesell steckte
sein Schalksgesicht auf, was er mitunter bei den
traurigsten Geschichten nicht unterlassen konnte —
„Peter Liekdoorn hat doch jedenfalls noch einen
Daumen mehr gehabt; vielleicht sollte der nun unter
den Drümpel, da der andere so sichtlich den ver=
kehrten Weg gegangen war! Aber er ist mir nicht
so leicht zu haben; denn auf dem Rade soll bei

Nachtzeit etwas sitzen, das einen Christenmenschen
nicht heranläßt!"

Mein Bruder Christian blinkte mich aus seinen
dicken Augen an. „Wärst du bang, Rane?" blies
er mir durch die hohle Hand ins Ohr. „Ich nicht!"

Unser Vater hatte am Tisch gesessen, den Kopf
schwer auf seinen Arm gestützt. Nun stand er auf
und sagte: „Der Spaß will diesmal nichts verschlagen, Nachbar Ivers. Aber, wenn Ihr's nicht
ungut nehmen wollt, so lasset uns jetzt allein; denn
ich möchte gleich jetzt mit meinem Lorenz reden!"

An dem sauersüßen Gesicht, das der alte Jung-
geselle machte, sah man wohl, wie bitterlich gern er
dageblieben wäre; aber er verabschiedete sich denn
doch mit guter Manier, und gleich darauf wurde ich
ins Brauhaus geschickt, um unseren alten Knecht
hereinzurufen.

„Lorenz," sagte mein Vater, als wir zusammen
in die Stube getreten waren, „du siehst uns hier
Alle rathlos bei einander sitzen; der Finger des
Mörders soll in unserem Bier gefunden sein!"

Der Alte fuhr sichtlich zusammen. „Herr," sagte
er traurig, „so wissen Sie das auch schon!"

„Ich habe es eben erst erfahren; aber du, wenn du es wußtest, weshalb hast du es mir verschwiegen?"

„Ja, Herr, ich seh nun wohl, daß ich zu dumm gewesen bin; ich dachte mir, ich wollte es allein herausbekommen."

„Aber man meint, du selber wärst es, der sich den Finger geholt hat; du hättest, um die Kundschaft unserem Hause zu bewahren, eine Sympathie damit gemacht!"

Als mein Vater das gesprochen hatte, stand der alte Lorenz auf einmal wie ein Soldat, beide Arme glatt am Leibe herunter. „Herr!" rief er, „Alles für meine Herrschaft; aber wir sollen Gott fürchten und lieben, auf daß wir bei seinem Namen nicht zaubern, lügen oder trügen! So etwas ist keine Sympathie; das thun nur Menschen ohne Christenthum, und mit Hülfe dessen, den ich hier nicht nennen will!"

„Nun, Lorenz, dann ist es ja gewißlich nicht deine Sache; aber man will dich mehrmals in der Nacht am Galgenberg gesehen haben!"

„Ja, Herr, das ist es eben, und es war dunkel genug; aber die alte Hebamme kutschirte da vorbei, mit ihrer großen Leuchte in der Hand!"

„Um Christi willen!" rief meine Mutter; „so ist Er wirklich da gewesen?"

„Die Frau soll nicht erschrecken," erwiderte Lorenz; „ich dachte nur, wer sich den einen Daumen holte, der kann sich auch den anderen holen; und von gar so weit mag er auch wohl nicht gekommen sein! Denn — so klug bin ich doch — es ist diesmal kein Zauberwerk, sondern ein Schabernack gegen uns gewesen; aber die da — und er erhob die Faust und zeigte drohend nach der Gegend, wo die neue Brauerei gelegen war — sie sollen keinen Segen davon haben!"

„Lorenz, Lorenz!" rief mein Vater, „sprich nicht so in deinem blinden Hasse, den du nicht einmal für dich, sondern nur um unseretwillen hegst! Wir sorgen Jeder für unser Brot; und am Ende ist gar Alles nur ein leer Gerede!"

Aber Lorenz schüttelte den Kopf. „Sie wissen, Herr, ich geh nicht gern hinten aus unserer Brauhausthür, seit einem da das rothe Dach so in die Augen scheint; aber gestern hatte unser Pikas sich von der Kette losgerissen. Als ich eben auf den Weg hinaustrete, seh ich Marx Sievers seinen Aeltesten mit zwei Tonnen auf dem Wagen von dort oben herunter kommen. ‚Na, Hans,‘ sag’ ich, als er näher kommt; ‚du holst dir auch wohl dein Bier jetzt von dem neuen Brauer?‘ — ‚Ja,‘ sagt er, ‚Lorenz, das thu ich.‘ — ‚Und warum,‘ frag’ ich, ‚thust du das? Seit deines Großvaters Zeiten habt ihr euer Bier doch immer nur bei uns geholt.‘ — ‚Ja,‘ antwortet er und schlägt schon wieder auf seine Pferde; ‚dazumal lebte auch Peter Liekdoorn noch, und wir hatten noch keinen Finger in unserem Bier gefunden!‘ Und damit war er schon in vollem Trab davon gefahren.“

Unser Vater sah voll Bekümmerniß auf seinen alten Knecht. Als dieser schwieg, sagte er leise: „Dann stehe Gott uns bei; denn Marx Sievers und seine Söhne sind wahrhaftige Leute!“

Meine Mutter hatte seine Hand ergriffen; aber er entzog sie ihr und ging unruhig in der Stube auf und ab. Als jedoch Lorenz Miene machte, sacht hinauszugehen, zog er seine Uhr und sagte: „Das hat uns auch um Gottes Wort gebracht; es ist zu spät, um nun noch in die Kirche zu gehen. Spann’ den Braunen vor die Carriole, Lorenz! Ich will gleich selber mit Marx Sievers sprechen.“

— — So fuhren sie denn hinaus; und mein Vater hat es uns damals und auch später oft genug erzählt! „Unterweges," sagte er, „nahm ich Lorenz Zügel und Peitsche aus der Hand, weil er immer noch zu langsam fuhr; aber mit unserer Ungeduld ist nichts gethan!"

Als sie endlich vor Marx Sievers' großem Hausthor hielten, und dann mein Vater in die weite Lohdiele trat, war dort Alles todt und still und keine Menschenseele sichtbar. Nach einer Weile kam eine Magd. „Sie sind noch Alle in der Kirche," sagte sie, „des Pastors Sohn, der Student, predigt; aber es muß bald aus sein." — „So will ich warten," sagte mein Vater und ließ sich die Thür zur Wohnstube öffnen. Aber der junge Gottesmann mußte einen weiten Weg genommen haben bis zum heiligen Vaterunser. Draußen saß Lorenz auf der Carriole und klatschte dann und wann mit seiner Peitsche; drinnen stand mein Vater und studirte die Glasmalerei auf den alten Fensterscheiben, welche die Belagerung Tönnings durch den General Steenbock darstellte. „Wohl hundert Mal," sagte er, „hatte ich schon die schwedischen Soldaten gezählt, ohne was

dabei zu denken, oder doch nur, um wie viel leichter
es sein müßte, in diesem gelben Kriegshaufen mit zu
fechten, als eine Reise zu thun, wie ich sie heute
thun mußte."

Endlich aber war es draußen auf der Lohdiele
lebendig geworden; nach ein paar mit der Magd ge=
wechselten Worten trat der Bauer mit seinem ältesten
Sohn ins Zimmer. Den Gruß meines Vaters er=
widerte er kurz und trocken und ging erst an den
Thürhaken, um seinen Hut daran zu hängen; dann
stemmte er beide Fäuste mit den Knöcheln auf den
Tisch und sagte: „Ihr Fuhrwerk, Herr Ohrtmann,
wär' ich am mindsten vor meiner Thür vermuthen
gewesen; aber Sie kommen wohl, um sich das Geld
für Ihre letzte Tonne Bier zu holen?"

Und bevor mein Vater ihm darauf antworten
konnte, fuhr er fort: „Bin ich Ihnen auch nur ein=
mal einen Sechsling in der Schuld geblieben? Ich
denk' doch nicht! Aber diese letzte Tonne" — und
dabei schlug er heftig auf den Tisch — „die bleib'
ich schuldig bis in alle Ewigkeit! Und wollen Sie
mir was, so citiren Sie mich vor meinen Landvogt;
hier bin ich nicht für Sie zu sprechen!"

„So hört doch," rief mein Vater; „ich will kein Geld von Euch; um dessen willen bin ich nicht gekommen!"

„So," sagte der Bauer; „was wollen Sie denn?"

— „Ihr hättet's Euch wohl denken können, Sievers; die Leute reden ja, Ihr hättet was in meinem Bier gefunden, was nicht in der Ordnung ist!"

Der Bauer lachte. „Nicht in der Ordnung? Nein, bei dem Teufel! So was ist nicht in der Ordnung!"

„Es soll der Daumen von dem Hingerichteten gewesen sein," fuhr mein Vater fort; „und ich wollte Euch nur bitten, mich das sehen zu lassen, was Ihr gefunden habt."

„Die Leute reden nicht umsonst," sagte der Bauer; „das Ding ist drin im Hahn gesessen; meine Nachbarn haben beide das gesehen."

„Nun, so zeigt es jetzt auch mir!"

„Da hätten Sie früher kommen sollen; ich weiß nicht, wo das Ding geblieben ist!"

„Sievers!" rief mein Vater, „so sucht oder lasset suchen; das ist Eure Schuldigkeit! Denn dieser Finger steht als ein Kläger wider mich auf und

drohet, mich zum armen Mann zu machen; er muß
mir Rede stehen, wie er in mein Gebräu gekommen ist!"

Aber der Bauer sagte: „Das ist Ihre Sache,
Herr Ohrtmann; ich lass' mein Bier bei einem An=
deren holen, und damit hopp und holla!"

Mein Vater besann sich ein paar Augenblicke,
während Marx Sievers seine Pfeife vom Haken nahm
und aus dem zinnernen Tabakskasten stopfte. Als
er schon angezündet hatte und die Rauchwolken trotzig
vor sich hinblies, begann mein Vater wieder: „Ich
hab' doch recht vernommen, Sievers? Ihr wollt mir
diese letzte Tonne nicht bezahlen?"

— „Ganz recht, Herr Ohrtmann; ich denk', ich
hab' das deutlich genug gesagt!"

„Nun, ich verlange das auch nicht; aber wenn
Ihr mein Bier nicht bezahlt, so gehört mir auch der
Finger, der darin gewesen ist!"

Der Bauer stutzte; aber nicht lange, so zog er
seinen vollen Lederbeutel aus der Tasche und zählte
das Geld für die Tonne Bier in blanken Bank=
thalern vor meinem Vater auf den Tisch. „Nun
ist der Finger mein," sagte er, „und ich thu damit
nach meinem Dünken."

Es wäre wohl umsonst gewesen, daß mein Vater das Geld zurückschob, wenn nicht der Sohn sich jetzt hineingemischt hätte. „Vater," sagte er, „soll ich den Finger holen? Ich mein', er liegt in unserem Nagelkasten."

Der Alte brummte etwas in den Bart; aber der Sohn ging hinaus und kam bald darauf mit einem Kasten voll alten Eisenzeuges wieder in die Stube. Als er darin umherkramte, gewahrte mein Vater ein gelblich graues Ding, das er nicht anders als für den Daumen eines Menschen anerkennen konnte; zwar schien er dick mit Gest oder, wie es auf Hochdeutsch heißt, mit Hefe überzogen; aber auch die Form des Nagels war noch deutlich sichtbar.

„Und das hier," frug er den Bauern, „habt Ihr in meinem Bier gefunden?"

„Ich sagt' es schon," versetzte dieser, „als wir das Letzte aus der Tonne zapfen wollten, da hat's den Hahn verstopft."

„Nun, Marx Sievers, Ihr könnt wohl denken, daß ich mir dies Unheil nicht selber angerichtet habe! Ihr seid sonst als ein gerechter Mann bekannt, so bitt' ich Euch, fahrt jetzt gleich mit mir zum Bürger=

meister und gebt da Zeugniß, wo und wann Ihr dieses Ding gefunden habt; denn jeder neue Tag ist mir zu Spott und Schaden!"

Der Bauer hatte sich breit in seinen Lehnstuhl niedergelassen. „Ins Gericht, Herr Ohrtmann? Zum Bürgermeister? — Ja, wenn meine eigene Obrigkeit mir das befiehlt; sonst nicht. Ich habe Spott und Schaden auch in meinem Haus; meine Frau ist heut noch krank vor lauter Abscheu!"

Mein Vater mußte sich das Alles bieten lassen; denn der Finger lag leibhaftig vor ihm, und die Sievers waren als wahrhaftige Leute überall bekannt; er stand, wie er selber sagte, da als ein geschlagener Mann.

Endlich wurde dennoch ein Abkommen getroffen; der Sohn durfte das unheimliche Ding in eine Schachtel packen und damit und mit meinem Vater in die Stadt zum Bürgermeister fahren.

— — Daß dies geschehen war, aber von Weiterem auch nichts, erfuhren wir zu Hause schon durch Lorenz, der zu Fuße wieder ankam, während wir noch immer mit dem Mittag warteten und vor Angst und Spannung nicht wußten, wie wir unsere Zeit verbringen sollten.

Endlich kam unser Vater, und ich sah, wie seine
Hand zitterte, als er die unserer Mutter drückte und
lange in der seinen hielt. „Uebermorgen," sagte er,
„soll ich wieder zum Bürgermeister kommen. Wenn
es doch erst übermorgen wäre!"

Als er sich dann nicht an den gedeckten Tisch,
sondern an dem kalten Ofen in den Lehnstuhl gesetzt hatte, standen wir Alle um ihn her, bis er endlich zu erzählen anhub. — In dem Studirzimmer
des Bürgermeisters, als er mit dem jungen Sievers
dorthin kam, war eben der alte lustige Apotheker
Hennings zugegen gewesen. Der hatte gerathen, den
Finger erst ein paar Tage in Spiritus zu setzen,
damit sich der Ueberzug von Hefe löse und dann
gründlich untersucht werden könne, ob er zu der
Hand des Hingerichteten gehöre oder nicht. Nach
der Zustimmung des Bürgermeisters war er selbst
nebenan in seine Apotheke gelaufen und bald mit
einem vollen Glashafen zurückgekommen. Sehr genau
hatte er hierauf den Finger besehen, dann gerieben
und geschabt und ihn um- und umgewandt. „Aber
ein wunderlicher Kauz," sagte mein Vater, „ist der
alte Hennings doch; denn er schmunzelte dabei, als

3*

ob er einen Allerweltsspaß in den Händen drehe!"
— „Man sollte kaum meinen," hatte er zuletzt ge=
sagt und dabei meinen Vater ganz listig durch seine
runden Brillengläser angesehen, „daß Peter Liek=
doorn bei seinen Lebzeiten mit diesem Daumen allzu
viele Hühneraugen hätte operiren können!"

Weiteres war aus ihm nicht herauszubringen ge=
wesen; aber übermorgen sollte mein Vater wieder
zum Bürgermeister kommen. Der Finger war in
den mit Spiritus gefüllten Glashafen gethan, und
dieser, nachdem man ihn mit dem Gerichtspetschaft
versiegelt hatte, in dem großen Actenschrank ver=
schlossen worden. — —

Nun, es wurde denn auch übermorgen; — lang=
sam genug. — Um elf Uhr Vormittags ging mein
Vater aus dem Hause. Während meine Mutter und
ich uns durch Putzen und Scheuern die Angst von
der Seele wegzuarbeiten suchten, kam unsere alte
Krautfrau zu uns in die Küche und erzählte, Peter
Liekdoorn habe heute Nacht in der Bürgermeisterei
ans Fenster geklopft; denn er habe seinen Daumen
wieder haben wollen, der jetzt dort in dem großen
Schrank verschlossen liege. „Letzten Sonntag," sagte

sie, „haben die Diebe ihn über die Thürschwelle dem
Bürgermeister in das Haus geschoben, weil sie vor
dem Gespenste keine Nacht mehr Ruhe hatten; aber
heut Vormittag ist groß Verhör, und dann kommt
Alles an den Tag; und hernach mögen Alle Reu
und Leid geben, die so ihre bösen Mäuler über un=
seren Herrn Ohrtmann haben laufen lassen! Gott
soll mich bewahren, daß ich an so was nur gedacht
hätte!"

„Ich seh das alte dumme Weib noch vor mir,"
sagte unsere treffliche Wirthin, „wie sie das Alles
wie Kraut und Rüben durch einander wälschte; Gott
weiß, wo sie es sich aufgesammelt hatte! Wir freuten
uns nur, da sie endlich fort war, und wir wieder,
wie am Sonntag, hangend und bangend allein bei
einander in der Stube saßen.

Da endlich hörten wir die Hausthür gewaltsam
aufreißen. „Das ist Christian!" sagte meine Mutter.
„Was wird der wieder zu erzählen haben!" Aber
es war unser Vater, dem freilich Christian mit sei=
ner Rechentafel auf dem Fuße folgte.

„Nun," rief meine Mutter, „haben sie gestanden?
Sind die Diebe festgenommen?"

Aber er schüttelte den Kopf und schwenkte, ganz außer Athem, ein beschriebenes Papier in seiner Hand. „Mutter! Kinder!" rief er endlich, „es ist lauter Dunst gewesen; nun wird Alles wieder gut! Aber dem alten Hennings, dem Mann hätt' ich die Füße küssen mögen! Und das, das hier — das kommt ins Wochenblatt!" Seine Augen glänzten, seine Stimme bebte; uns war, als ob er Alles durch einander spräche. Aber dann gab er mir das Blatt und sagte: „Lies, Rane; aber laut und deutlich! Siehst du, des Bürgermeisters Name steht darunter, und das Siegel ist auch dabei gedrückt!"

Und dann las ich, und noch heute weiß ich jedes Wort; denn uns Allen war, als ob eine Himmelsbotschaft in unser dunkles Haus gekommen wäre. „Wenn" — so stand da — „einer unserer geachtetsten Mitbürger, der Brauer Josias Christian Ohrtmann, durch unbedachte Zungen in Verdacht gerathen, als ob der von dem Körper des hieselbst hingerichteten armen Sünders abhanden gekommene Finger sich in seinem Biere vorgefunden, so wird zur Steuer der Wahrheit, und um unverdienten Schaden von einem ehrenwerthen Manne abzuwenden, hiedurch bekannt

gegeben, daß nach sorgsamer, durch den hiesigen
Herrn Apotheker Hennings unter Zuziehung der Be=
hörde vorgenommener Untersuchung der Verdacht er=
regende Gegenstand sich lediglich als eine verhärtete
Gest= oder Hefemasse herausgestellet, welche durch
besondere Zufälligkeiten die Form eines menschlichen
Daumens angenommen hatte."

So lautete der Inhalt Wort für Wort, sagte
die Erzählerin; wer sollte so was auch vergessen
können! Mein Vater aber hatte plötzlich seine Hände
vor der Brust gefaltet. „Mutter! Kinder!" sagte
er ruhig, „Gott ist barmherzig und ein Gott der
Liebe! Er prüfet wohl; doch er verlässet keinen,
der in seiner Schwachheit gerecht vor ihm zu wan=
deln trachtet!" Und dann betete er laut; ich habe
niemals ein so heißes Dankgebet aus eines Menschen
Munde gehört. Meine vierzehnjährige Schwester
war auf die Kniee gesunken und sprach eben so laut
die Worte nach, die über seine Lippen strömten.

Auf unseren Christian aber hatte die Freuden=
botschaft auch noch eine andere Wirkung. Als wir
noch Alle schweigend um unseren Vater standen, be=
merkte ich auf einmal, daß er wiederholt mit der

doppelten Fauſt als wie zur Uebung in die leere
Luft hineinſchlug.

„Chriſtian! Chriſtian!" rief unſere Mutter, „was
treibſt du da für Faxen?"

Chriſtian that erſt noch einen Lufthieb und ſchaute
dabei ſehr fröhlich aus ſeinem heut ganz braun und
blauen Angeſicht. „Verdamm' mich, Mutter!" ſagte
er, denn er fluchte wirklich mitunter ganz gottes-
läſterlich; „verdamm' mich, Mutter! Nun ſollen die
Jungens aber Prügel haben!"

„Pfui, ſchäm' dich!" rief ſie. „In ſolchem Augenblick an ſo was nur zu denken!"

Er ließ zwar etwas beſchämt den Kopf hängen,
dann aber murmelte er: „Ja, Mutter, verdamm'
mich! Sie ſollen es aber doch!" Und geſchwinde
that er noch einmal einen Fauſthieb durch die Luft.

Mein Vater, der dergleichen ſonſt nicht leiden
konnte, ſtrich heute ſeinem hitzköpfigen Knaben nur
lächelnd übers Geſicht; er war zu glücklich, um jetzt
ein tadelndes Wort zu ſprechen. „Hole mir lieber
unſeren Lorenz, Chriſtian," ſagte er, „damit wir
auch ihm den Stein von ſeinem Herzen nehmen!"

Und dann wurde Lorenz geholt; und ich las

noch einmal. Als ich fertig war, standen dem alten
Menschen die Augen dick voll Thränen.

„Sehen Sie wohl, Herr!" sagte er und schlug
sich leise mit der Hand gegen seine Brust,

> „Lorenz Hansen is mein Nam';
> Gott hilf, daß ich in'n Himmel kam!"

„Amen," sagte mein Vater. Dann wurde Christian
mit dem Schriftstück in die Druckerei geschickt.

— Als wir später bei unserem Nachmittagskaffee
saßen, bemerkte ich, daß unser Vater einige Male
ganz schelmisch nach seinem Pfeifenbrett hinüberblin-
zelte. „Was meinst du, Nane," sagte er heiter,
„wenn du mir heut einmal den großen Meerschaum
stopftest?" — Ich war fast verwundert; denn da er
das Rauchen eigentlich nur für reiche Leute schicklich
hielt, so erlaubte er sich sonst nie vor Feierabend
seine Pfeife Portorico; die silberbeschlagenen Meer-
schaumköpfe aber, die beide sorgsam mit einem Sei-
dentuch umwunden waren, die kamen stets nur
Sonntags von der Wand. Als ich dessen ungeachtet jetzt die schöne Pfeife stopfte, nickte er mir
freundlich zu: „Und nun geh auch in die Küche,"
fuhr er fort, „und brenne sie mir selber an; und

wenn du das gethan hast, dann hole den Kalender und ziehe unter diesen Tag mit deinem Rothstift einen breiten Strich! Unser Wandsbecker Bote hat so viel Haus- und Jahresfeste; nun haben auch wir eines! Und wenn der Tag sich jährt, dann vergiß niemals, mir schon beim Kaffee meinen großen Meerschaumkopf zu stopfen!"

— Unser Vater war wohl kein schöner Mann, er hatte nur seine treuen blauen Augen; aber an diesem Tage, und wie er so seelenfroh aus seinem Meerschaum rauchte, fanden meine Schwester und ich ihn beide so hübsch, daß wir gegenseitig ihn uns immer wieder zeigen mußten."

*   *   *

Die alte Dame schwieg, als ob ihre Erzählung hier zu Ende sei; mir aber war, als sei das eigentliche Ziel derselben noch von ihr zurückgehalten.

„Und weiter?" frug ich nach einer Weile, da auch Niemand anders sprach.

„Weiter?" rief eine muntere Frau an meiner Seite. „Was wollen Sie noch weiter? Ende gut, Alles gut! Es war ja Alles nur um nichts gewesen!"

Ich sah auf unsere Wirthin, deren sonst so heitere
Augen jetzt mit einem durchdringenden Blicke auf
die Sprecherin gerichtet waren. „Da haben Sie
Recht," sagte sie; „es war Alles nur um nichts."

„Aber die Kundschaft," frug ich, „sie kam jetzt
doch wieder? Und in der nächsten Erntezeit mußte
die flinke Nane vor all den durstigen Krügen und
Gemäßen doch wieder auf den Tritt, und von dem
Tritt aufs Fenster flüchten?"

Die alte Dame that einen tiefen Athemzug.
„Nein," sagte sie, „so etwas ist niemals wieder vorgekommen; in der Erntezeit des folgenden Jahres
passirte etwas Anderes, das ich gleichfalls nie vergessen werde. Nein, die Kundschaft, wie wir sie
früher hatten, kam nicht wieder, obgleich es an red-
lichem Willen im Hause und an Bemühungen gut-
herziger Freunde nicht gefehlt hat. Der alte Hennings, wenn die Bauern in seine Apotheke kamen,
ließ nicht ab, ihnen die Geschichte von dem Gest-
finger und die Güte des Ohrtmannschen Bieres zu
verdeutschen; und zuweilen kam er selber mit einer
so eroberten Bestellung angelaufen; aber Marx Sievers nebst seinem ganzen Dorfe hat niemals wieder

unseren Hof betreten; vielleicht — ich hab' das später
mehr erfahren — weil er dem sich zu begegnen
scheute, gegen den er sich im Unrecht wußte. — Die
Geschichte wurde weit und breit bekannt; aber nur
der arge Theil davon fand Glauben! Wenn auswärts Freunde unser Bier empfahlen, so hieß es
jetzt wohl: „Ohrtmann, Ohrtmann? Ist das nicht
der Mann, der den Finger in seinem Biere hatte?"
Und wurde dann auch der ganze Dunst ersichtlich
aufgeklärt, es hieß am Ende doch: „Man braucht ja
eben nicht vor diese Thür zu gehen; es giebt ja
Andere noch, bei denen gutes Bier zu haben ist!"

Dergleichen kam uns oft genug zu Ohren. Ja,
ein verkommener Winkelschreiber, ein Altersgenosse
meines Vaters, wagte es sogar, ihm seine Hülfe an-
zubieten und zutraulich dabei zu äußern, die zwölf
Wochenblattszeilchen hätten ihm wohl einen schönen
Haufen Geld gekostet; aber das brauche man ja
Keinem auf die Nas' zu binden.

Es mochte nicht viel helfen, daß mein Vater den
miserablen Kerl zur Thür hinauswarf; es wurde
vielleicht nur um desto mehr geglaubt.

„Der sprach für Viele!" sagte mein Vater, als

er uns voll Entrüstung das erzählte. Sonst habe
ich ihn niemals klagen hören; er war nur stiller,
als er sonst gewesen, und es kam mir oft, als ob
sein heißes Dankgebet ihm auf die Seele drücke.
Dagegen bemerkte ich, daß er, zumal an Markttagen,
jetzt öfter aus dem Brauhaus auf den Weg hinaustrat; nicht als ob dort die Wagen nach dem rothen
Dach jetzt weniger als sonst vorbeigefahren wären;
aber es war, als triebe ihn etwas hinaus, daß er sie
alle zählen müsse.

Meine Mutter vermochte das Unglück und die
Entbehrungen, die es mit sich brachte, nicht immer
so geduldig zu ertragen; das fühlten nicht bloß wir
Kinder; sie konnte mitunter, sogar dahin gerathen,
ihrem guten Manne die Schuld des ganzen Unheils
beizumessen; und immer kam sie dann auf die schon
früher getadelte Nachsicht, womit er das aberglänbische
Gethue seines Knechts geduldet habe. „Ich laß es
mir nicht nehmen," sagte sie eines Abends, „hättest
du ihm nur das Salzen und Bekreuzen ausgetrieben,
die Leute wären nimmer auf das Stück gekommen,
den dummen Finger in unserem Bier zu suchen!
Aber konnte er den einen Hokuspokus machen, warum

denn nicht den anderen? Und warum nicht heute
oder morgen wieder einen anderen?"

Für gewöhnlich ging Derartiges, da mein Vater
seine kleine heftige Frau immer bald wieder ins
Gleiche brachte, ohne weitere Spur vorüber. Das
aber sollte diesmal nicht so sein. Es war eben vor
dem Abendessen, und Beide standen schon an ihren
Stühlen, wobei sie die Stubenthür im Rücken hatten;
nur ich hatte gesehen, wie diese sich aufthat und
Lorenz, im Begriff hereinzutreten, plötzlich stehen
blieb, eben als meine Mutter jenen wohl nicht ganz
unbegründeten Vorwurf aussprach. Bevor ich mich
in meinem Schrecken noch besann, hatte schon die
Thür sich wieder leis geschlossen; dann kamen die
Kinder und die Magd herein; aber Lorenz mußte
erst durch Christian gerufen werden.

Noch heute danke ich meinem Schöpfer, daß ich
damals meinen Eltern nichts verrathen habe; denn
von nun an war Lorenz wie verwandelt: vor den
Gebinden, die im Hausflur lagen, oder hinten vor
seiner Braupfanne, oder auch nur vor einem Tisch
oder Stuhl im Hause konnte er lange mit starren
Augen stehen bleiben; ging er aber fort, so sah ich

mehrmals, wie er mit der Faust sich über beide
Augen fuhr.

„Was mag denn Lorenz fehlen?" hörte ich eines
Abends meine Mutter fragen, die sonst dem alten
Manne herzlich gut war. „Er geht ja umher, als
ob er über schwere Dinge brüte."

Mein Vater schüttelte den Kopf. „Ich denke, nichts
weiter als uns Anderen auch; du weißt, er trägt an
unseren Sorgen allzeit schwerer als an seinen eigenen."

Aber am anderen Morgen trat Lorenz vor ihn hin
und bat um seinen Abschied; er wisse einen jungen
Menschen, der sogleich an seine Stelle treten könne.
Mein Vater äußerte nachher, ihm sei gewesen, als
ob sein altes Erbhaus über ihn zusammenbräche.
Doch Lorenz wollte sich nicht halten lassen.

„Ich habe mich mit meinem Gott berathen." Auf
alle Fragen hatte er nur diese eine Antwort; er
mochte fürchten, sonst nicht stark genug zu sein.

Und so ging er denn, nachdem er über ein
Menschenalter da gewesen war; wie er sagte, um
einer verwittweten Schwester, die in einem entfernten
Dorfe wohnte, in ihrer kleinen Bauernwirthschaft
beizustehen. — Aber er hatte die Trennung doch nicht

überwinden können: durch Auskäufer, die im Lande
herumreisten, kamen bald wunderliche Nachrichten von
dorther; und kurz vor Weihnachten mußten wir er=
fahren, daß unser alter Lorenz als Geisteskranker in
die Landesanstalt aufgenommen sei.

Das waren trübe Festtage; einen Weihnachts=
baum ohne Lorenz hatten wir Kinder uns ohnehin
nicht denken können. Ich allein wußte, weshalb er
das Haus verlassen hatte, in dem allein noch seine
Heimath war, und ich trug schwer daran; denn sein
Opfer war umsonst gewesen. Mein Vater plagte
sich mit dem jungen Knecht, aber die Kundschaft
besserte sich nicht; es hatte nicht mehr geholfen als
die tapferen Kämpfe, die unser Christian unermüdlich
für die gute Sache ausfocht.

So ging der Winter zu Ende, und so kam der
neue Sommer und endlich auch die Erntezeit. Nur
für uns war sie es nicht.

Wir hatten schon die letzten Tage im August.
Unsere zwei Stock hohe Außendiele kam mir so groß
und einsam vor, seitdem nicht jeden Augenblick die
Hausthürglocke läutete; dennoch konnte ich es nicht
lassen, wenn die altgewohnte Verkaufszeit heranrückte,

mich dort aufzuhalten, um meistens müßig durchs
Fenster auf die Straße hinauszustarren. — So stand
ich auch eines Vormittags; es waren kalte trübe
Tage eingefallen, und von dem Lindenbaum, der
hier vor dem Fenster stand, wehten schon einzelne
gelbe Blätter. Ich merkte wohl, daß mein Vater
neben mich getreten war; aber ich rührte mich nicht;
wir sahen beide, wie die Blätter niederwehten, und
mochten beide wohl dieselben Gedanken haben.

Da ging draußen ein halb bäuerlich gekleideter
Mann mit einem sogenannten Quäkerhut vorüber; er
schien ein Fremder; aber dennoch war mir, als müßte
ich ihn schon gesehen haben. Bevor ich mich jedoch
darüber noch besinnen konnte, bemerkte ich eine hastige
Bewegung an meinem Vater, und als ich aufblickte,
sah ich, daß er den Mund fest geschlossen hatte; aber
ich sah auch, wie seine Lippen zitterten. „Vater,"
sagte ich, „fehlt dir etwas? Wer war doch der
Mann?"

Aber er drückte mir heftig meine Hand und ging
dann, ohne ein Wort zu sagen, nach dem Hof hinaus. Es war, als wenn uns Alles jetzt zum
Schrecken werden sollte.

Endlich schlug es wieder einmal Elf auf unserer Dielenuhr, und ich ging in die Stube und setzte mich an meine Näharbeit. Eben, als meine Mutter aus der Küche hereintrat, läutete es von der Haus= thür, und als ich durchs Guckfenster auf den Flur hinaussah, da war es der Fremde von vorhin. Ich erkannte ihn jetzt wohl; es war ein Hopfenhändler aus Franken, der um diese Zeit zu kommen pflegte, um neue Bestellungen entgegenzunehmen und sein Geld für die alte Waare einzukassiren; er hatte vor zwei Jahren sogar einen Abend bei uns zugebracht. — „Geh,“ sagte meine Mutter; „hole deinen Vater und sag' ihm, daß Herr Abel da sei.“

Die alte Dame machte eine Pause. „Ich glaube,“ sagte sie dann, „dem Angedenken meines seligen Vaters nicht zu nahe zu treten, wenn ich auch dies Wenige noch erzähle; denn wo wäre der Mensch, der der Noth des Lebens in jedem Augenblicke Stand ge= halten hätte! —

Herr Abel hatte sich gesetzt; ich ging ins Brau= haus, weil ich dachte, daß mein Vater dort beschäf= tigt sei; aber er war nicht dort. Auf dem Rückwege begegnete mir der neue Knecht, auch er wußte nichts;

er war im Keller bei der Gerste gewesen; vielleicht,
meinte er, sei der Herr hinten auf den Weg hinaus-
getreten. Ich kehrte deshalb noch einmal wieder
um; aber da ich auch dort ihn nicht gewahren konnte,
lief ich ins Haus zurück. Ich suchte im Pesel und
in allen Stuben, stieg halb die Bodentreppe hinauf
und rief so laut ich konnte: „Vater! Vater!" Aber
es war Alles umsonst.

„Vater muß ausgegangen sein," sagte ich, als
ich wieder in die Stube trat.

„Ei was!" rief meine Mutter. „Dort hängt
ja sein Hut am Thürhaken; ihr Kinder versteht nur
nicht zu suchen!"

Damit ging sie zur Thür hinaus; und ich hörte
sie im Hause und vom Hof her rufen. Aber auch
sie kam kopfschüttelnd zurück. „Ich kann das nicht
begreifen," sagte sie.

Herr Abel stand auf. Es habe keine Eile, er solle
jetzt noch weiter nach dem Norden; aber um drei
Wochen werde er auf hier zurückkommen; er könne
ja auch dann seine Geschäfte mit Herrn Ohrtmann
reguliren.

Ich weiß nicht weshalb; aber als der Mann

4*

das sagte, war mir, als wisse ich jetzt Alles, was
noch kommen müsse.

— — Ein paar Minuten, nachdem er fortge=
gangen war, trat mein Vater in das Zimmer.

„Wo bleibst du denn, Josias!" rief meine Mutter.
„Herr Abel ist eben dagewesen; wir haben dich
durch's ganze Haus gerufen!"

„Ich weiß das," erwiderte er — und es war
gar nicht, als ob das seine Stimme wäre — „ich
habe es gehört; ich hatte den Mann auch kommen
sehen."

Meine Mutter starrte ihn an. „Was sagst du,
Josias? — Mein Gott, und wie du aussiehst!"

Ich bemerkte das nun auch; sein Haar und seine
Kleider waren ganz bedeckt mit Staub und Spinn=
geweben.

„So sprich doch!" rief meine Mutter wieder.
„Um Gottes willen, Josias, was ist geschehen? Wo
bist du gewesen?"

Da riß mein Vater uns mit beiden Armen an
sich und drückte uns heftig gegen seine Brust.
„Mutter! — Rane!" — er sprach leise aber hastig,
als ob er es von sich stoßen müsse — „Ich hatte

mich versteckt! — Es war das erste Mal, daß ich
nicht zahlen konnte! — — Er wollte weiter sprechen;
aber der starke Mann brach in lautes Schluchzen aus.

Meine Mutter hatte ihre Arme sanft um seinen
Hals gelegt; mein junger Kopf aber war vor
Schrecken über das Gehörte ganz von Sinnen; ich
klammerte mich mit beiden Händen an meines Vaters
Arm, denn mir war, als müßten wir jetzt Alle fort
ins Elend wandern. Da hörte ich seine Stimme
und fühlte seine Hand auf meinem Kopfe: „Laß,
Mane!" sagte er ruhig; „hole mir den anderen Rock,
mein Kind! Herr Abel wird noch in der Stadt sein,
ich will jetzt zu ihm gehen."

Wie betäubt that ich, was er mir befohlen hatte;
dann lief ich in die Küche und setzte mich in einen
dunklen Winkel. Erst als ich meines Vaters Schritte
über den Hausflur und dann gleich danach die Thür-
schelle läuten hörte, überfiel mich das Leid um ihn,
und ich weinte mich von Herzen satt.

— — Wie die Verhandlung mit Herrn Abel
ausgefallen, habe ich nicht erfahren; ich weiß nur,
daß wenige Tage darauf die beiden Meerschaum-
köpfe von der Wand verschwunden waren und daß

ich unseren Vater niemals wieder weder seine Abend=
noch seine Sonntagspfeife habe rauchen sehen. Den
Kalender mit dem roth angestrichenen Festtage be=
wahrte ich noch lange unter meinen alten Sachen;
gefeiert ist der Tag nicht worden, aber wir konnten
ihn dessen ungeachtet nicht vergessen."

Die Erzählerin verschloß nach diesen Worten
ihre Lippen, und ihre Augen blickten seitwärts, als
sei das nicht für fremde Ohren, was jetzt noch aus
der Vergangenheit an ihr vorüberziehen mochte.

Ein junger, eifriger Prediger, ihr Neffe, welcher
mit in der Gesellschaft war, hatte schon zuvor durch
ein vergebliches „Aber liebe Tante!" zu erkennen ge=
geben, wie nothwendig er seinen Beispruch zu dieser
Geschichte halte; jetzt begann er mit merklicher Un=
ruhe auf seinem Stuhl zu rücken. Aber unsere
Wirthin war selber eine zu unerschütterliche Christin
und fühlte zu genau, wo er hinaus wollte, als daß
sie seinem drohenden Einwande nicht sogleich die
Spitze abgebrochen hätte. „Lieber Hieronymus," sagte
sie, „es ist wohl Niemand hier, der an Gottes
Barmherzigkeit einen Zweifel hegen möchte, obwohl
— die Wahrheit zu sagen — deine Großeltern in

ihrem langen Leben wenig genug davon erfahren
haben; aber wir wissen ja auch, daß sie oftmals im
Verborgenen ihre Ader fließen läßt, um dann am
rechten Orte desto segensreicher aufzusprudeln. Freilich der Segen kam zumeist auf ihre Kinder; und
auch ich mußte später, als meine kleine Schwester
groß und kräftig geworden war, bei fremden Leuten
dienen; aber dadurch" — und sie warf einen un-
aussprechlich herzlichen Blick auf ihren alten neben
ihr sitzenden Mann — „kam ich zu dir, mein Vater,
und die fremden Leute wurden meine eigenen! Und
wie es dann gekommen, daß mein Bruder, der wilde
Christian, ein stattlicher Bürger und gar der zweit-
größte Brauer in unserem Lande wurde, — um das
zu erzählen, bin ich eine viel zu gehorsame Ehefrau."

Der Neffe wollte wieder etwas sagen, aber seine
Tante ließ ihn wieder nicht zu Worte kommen.
„Gewiß, lieber Hieronymus," sagte sie, „deine seligen
Großeltern waren Leute, welche die Wohlfahrt ihrer
Kinder für ein größeres Glück erachteten als ihre
eigene; und dahin — das wolltest du wohl sagen —
hat jener Finger doch den Weg gewiesen! Auch hast
du selber ja noch Beide mit ihren stillen und zu-

friedenen Angesichtern hier in diesen Lehnstühlen,
worin nun ich und dein alter Onkel sitzen, von ihrer
harten Lebensarbeit ruhen sehen! An seinem ersten
Geburtstage, den dein Großvater hier in unserem
Hause lebte, hatte dein Onkel ihm sogar eine neue
Meerschaumpfeife bei seinem Morgenkaffee hingelegt,
wie er so schön sie früher nie besessen hatte. Der
alte Mann wurde heftig dadurch bewegt; er nahm
das schwarze Sammetkäppchen von seinem ehrwürdigen
Haupte, und seine Lippen bebten, als wiederhole er jetzt
das heiße Dankgebet, das er vor dreißig Jahren wohl
zuletzt gesprochen hatte. Er ließ sich auch von mir
ein Seidentüchlein geben, um sorgsam den schönen Kopf
darein zu hüllen; geraucht aber hat er nicht daraus;
das, meinte er, habe er in der langen Zeit verlernt."

Der junge Gottesmann hatte sich mit etwas
strengem Ausdruck, aber dennoch, wie es schien, nicht
völlig unbefriedigt in seinen Stuhl zurückgelehnt. Da=
gegen versuchte ich es noch mit einer Frage. „Und
Lorenz?" sagte ich. „Blieb er in der Anstalt? Ist
er dort gestorben?"

„Nein," erwiderte unsere gute Wirthin, und ihr
Antlitz gewann auf einmal wieder seinen alten Aus=

druck heiterer Behaglichkeit. „Er ist glücklich wieder herausgekommen und hat noch Jahre lang in meines Bruders Haus gelebt. Nur ein wenig wunderlich war er geblieben; er hatte, wie Christian sagte, sich eine ganz glückselige Dummheit zugelegt; denn wie er einst geglaubt hatte, daß unsere altmodische Brauerei durch ihn zu Grunde gehen werde, so glaubte er jetzt, daß diese neumodische, von der er nichts verstand, nicht ohne ihn bestehen könne.

Als derzeit bei einem Besuche mein Bruder mir alle seine großen Anstalten und Gelegenheiten zeigte, klopfte er in einem Durchgange, der von dem Wohngebäude in die Brauerei führte, an eine der seitwärts befindlichen Thüren. „Und hier wohnt unser Lorenz!" sagte er.

Er hätte es mir nicht zu sagen brauchen; denn über der Thür, in Ermangelung eines Wandbetts, das er hier in der Kammer nicht besaß, stand mit Kreide der alte Spruch geschrieben; nur hatte er jetzt seinen Namen mit dem seines alten Herrn verwechselt, und so lautete es hier:

> „Josias Ohrtmann is mein Nam';
> Gott hilf, daß ich in'n Himmel kam!"

Jetzt sind sie Beide schon seit lange dort; und so endet diese Geschichte wie hoffentlich auch alle anderen Geschichten auf dieser Erde. Aber das habe ich meinem Bruder doch gesagt, daß er es mit seinem Gest in Obacht nehmen solle."

Sie schwieg und reichte ihrem alten Eheherrn die Hand, der sie wie das Kleinod seines Lebens in die seine nahm. — Und dafür, indem wir jetzt die Feder fortlegen, halten auch wir die Hand einer jeden wahrhaft guten Frau.

Die Söhne des Senators.

(1879—1880.)

Der nun längst vergessene alte Senator Christian
Albrecht Jovers, dessen Sarg bei Beginn dieser ein=
fachen Geschichte schon vor mehreren Jahren die stille
Gesellschaft der Familiengruft vermehrt hatte, war
einer der letzten größeren Kaufherren unserer Küsten=
stadt gewesen. Außer seiner Wittwe, der von Klein
und Groß geliebten Frau Senator'n, hatte er zwei
Söhne hinterlassen, von denen er den ältesten, gleichen
Namens mit ihm, kurz vor seinem Tode als Com=
pagnon der Firma aufgenommen hatte, während für
den um ein Jahr jüngeren Herrn Friedrich Jovers
am selben Orte ein durch den Tod des Inhabers
frei gewordenes Weingeschäft erworben war.

Dem alten, nun in Gott ruhenden Herrn war
derzeit der Ruf gefolgt, daß er in seinem Hause,
selbst gegen seine im vorgeschrittenen Mannesalter
stehenden Söhne, die Familiengewalt mit Strenge,

ja oft mit Heftigkeit geübt habe; nicht minder aber,
daß er ein Mann gewesen sei, stets eingedenk der
Würde seiner Stellung und des wohlerworbenen An-
sehens seiner Voreltern, mit einem offenen Herzen
für seine Vaterstadt und alle reputirlichen Leute in
derselben, mochten sie in den großen Giebelhäusern
am Markte, oder in den Kathen an den Stadtenden
wohnen. Beim Jahreswechsel mußte ohnfehlbar der
Buchhalter und Kassirer Friedebohm einen gewich-
tigen Haufen dänischer und holländischer Ducaten in
einzelne Päckchen siegeln, sei es zu Ehrengeschenken
für die Prediger, für Kirchen- und Schulbediente
oder für am Orte wohnende frühere Dienstboten als
ein Beitrag zu den Kosten der verflossenen Feier-
tage; ebenso sicher aber war auch dann schon vor
Einbruch der schlimmsten Wintersnoth ein auf dem
naheliegenden Marschhofe des Senators fett gegraster
Mastochse für die Armen ausgeschlachtet und ver-
theilt worden. So stand denn nicht zu verwundern,
daß die Mitbürger des alten Herrn, wenn sie ihm bei
seinen seltenen Gängen durch die Stadt begegneten,
stets mit einer Art sorglicher Feierlichkeit ihren Dreispitz von der Perrücke hoben, auch wohl erwartungs-

voll hinblickten, ob bei dem Gegengruße ein Lächeln um den streng geschlossenen Mund sich zeige.

Das Haus der Familie lag inmitten der Stadt in einer nach dem Hafen hinabgehenden Straße. Es hatte einen weiten, hohen Flur mit breiter Treppe in das Oberhaus, zur Linken neben der mächtigen Hausthür das Wohnzimmer, in dem langgestreckten Hinterhause die beiden Schreibstuben für die Kaufmannsgesellen und den Principal; darüber, im oberen Stockwerk, lag der nur bei feierlichen Anlässen gebrauchte große Festsaal. Auch was derzeit sonst an Raum und Gelaß für eine angesehene Familie nöthig war, befand sich in und bei dem Hause, nur Eines fehlte: es hatte keinen Garten, sondern nur einen mäßig großen Steinhof, auf welchen oben die drei Fenster des Saales, unten die der Schreibstuben hinaussahen. Der karge Ausblick aus diesem Hofe ging über eine niedrige Grenzmauer auf einen Theil des hier nicht breiteren Nachbarhofes; der Nachbar selber aber war Herr Friedrich Jovers, und über die niedrige Mauer pflegten die beiden Brüder sich den Morgengruß zu bieten.

Gleichwohl fehlte es der Familie nicht an einem

stattlichen Lust= und Nutzgarten, nur lag er einige
Straßen weit vom Hause; doch immerhin so, daß er,
wie man hier sich ausdrückt, „hinterum“ zu erreichen
war. Und für den vielbeschäftigten alten Kaufherrn
mag es wohl gar eine Erquickung gewesen sein, wenn
er spät Nachmittags am Westrande der Stadt ent=
lang wandelte, bisweilen anhaltend, um auf die
grüne Marschweide hinabzuschauen, oder, wenn bei
feuchter Witterung der Meeresspiegel wie empor=
gehoben sichtbar wurde, darüber hinaus nach den
Masten eines seiner auf der Rhede ankernden Schiffe.
Er zögerte dann wohl noch ein Weilchen, bevor er
sich wieder in die Stadt zurückwandte; denn freilich
galt es, von hier aus nun noch etwa zwanzig
Schritte in eine breite Nebengasse hineinzubiegen,
wo die niedrigen, aber sauber gehaltenen Häuser von
Arbeitern und kleinen Handwerkern der hereinströmen=
den Seeluft wie dem lieben Sonnenlichte freien
Eingang ließen. Hier wurde die nördliche Häuser=
reihe von einem grünen Weißdornzaune und dieser
wiederum durch eine breite Stacketpforte unter=
brochen. Mit dem schweren Schlüssel, den er aus
der Tasche zog, schloß der alte Herr die Pforte auf,

und bald konnte man ihn auf dem geradlinigen, mit
weißen Muscheln ausgestampften Steige in den
Garten hineinschreiten sehen, je nach der Jahreszeit,
den weißen Kopf seitwärts zu einer frisch erschlossenen
Provinzrose hinabbeugend oder das Obst an den
jungen, in den Rabatten neu gepflanzten Bäumen
prüfend.

Der zwischen Buxeinfassung hinlaufende breite
Steig führte nach etwa hundert Schritten zu einem
im Zopfstil erbauten Pavillon; und es war für die
angrenzende Gasse allemal ein Fest, wenn an Sonntagnachmittagen die Familie sich hier zum Kaffee
versammelt hatte und dann beide Flügelthüren weit
geöffnet waren. Der alte Andreas, welcher dicht am
Garten wohnte, hatte an solchen Tagen schon in der
Morgenfrühe oder vorher, am Sonnabend, alle
Nebensteige geharkt und Blumen und Gesträuche
sauber aufgebunden. Weiber mit ihrem Nachwuchs
auf den Armen, halbgewachsene Jungen und Mädchen
drängten sich um die Pforte, um durch deren Stäbe
einen Blick in die patricischen Sommerfreuden zu
erhaschen, mochten sie nun das blinkende Service des
Kaffeetisches bewundern oder schärfer Blickende die

nicht übel gemalte tanzende Flora an der Rückwand
des Pavillons gewahren und nun lebhaft dafür ein=
treten, daß diese fliegende Dame das Bild der guten
Frau Senator'n in ihren jungen Tagen vorstelle.
Die ganze Freude der Jugend aber war ein grüner
Papagei aus Cuba, der bei solchen Anlässen als
vieljähriger Haus= und Festgenosse vor den Thüren
des Pavillons seinen Platz zu finden pflegte. Auf
seiner Stange sitzend, pfiff er bald ein heimathliches
Negerliedchen; bald, wenn von der Pforte her zu
viele Finger und blanke Augen auf ihn zielten, schrie
er, flügelschlagend, ein fast verständliches Wort zu
der Gassenbrut hinüber. Dann frugen die Jungen
unter einander: „Wat seggt he? Wat seggt de Pa=
pagoy?" Und immer war einer dazwischen, welcher
Antwort geben konnte. „Wat he seggt? — ‚Komm
'röwer!' seggt he!" — Dann lachten die Jungen
und stießen sich mit den Ellenbogen, und wenn
Stachelbeeren an den Büschen oder Eierpflaumen
an den Bäumen hingen, so hatten sie zum Herüber=
kommen gewiß nicht übel Lust. Aber das war schwer=
lich die Meinung des alten Papageien; denn wenn
Herr Christian Albrecht, sein besonderer Gönner, mit

einem Stückchen Zucker an die Stange trat, so schrie
er ebenfalls: „Komm 'röwer!" Er hatte dasselbe
schon geschrieen, als ein alter Capitän ihres Vaters
den Knaben Friedrich und Christian Albrecht den
fremden Vogel zum Geschenke brachte; und als auch
sie ihn damals frugen: „Wat seggt de Papagoy?"
da hatte der alte Mann nur lachend erwidert: „Ja,
ja, se hebbt up't Schipp em allerlei dumm Tüges
lehrt!" Der Himmel mochte wissen, was der Vogel
mit seinem plattdeutschen Zuruf sagen wollte!

Mitunter ging auch wohl die kleine, freundliche
Frau Senator'n mit ihrer Kaffeetasse in der Hand
den Steig hinab, um die Enkelinnen des alten Andreas mit einer Frucht oder einem Sonntagsschilling
zu erfreuen; dann putzten die Weiber ihren Säug-
lingen rasch die Näschen, die Jungen aber blieben
grinsend stehen; sie wußten zu genau, daß die gute
Dame es mit der Verwandtschaft zum Andreas nicht
allzu peinlich nahm. Ebenso geschah es mit Herrn
Christian Albrecht; denn er glich seiner Mutter an
froher Leichtlebigkeit; er kannte die Buben all bei
Namen und erzählte ihnen von dem Papageien die
wunderbarsten und ergötzlichsten Geschichten. Anders,

wenn der alte Kaufherr mit seiner holländischen Kalk=
pfeife auf den Steig hinaustrat; dann zogen sich alle
ausgestreckten Finger zwischen den Stäben der Pforte
zurück, und Alt und Jung schaute in ehrerbietigem
Schweigen auf ihn hin; war es aber Herr Friedrich
Jovers, der den Steig herab kam, so waren plötzlich
mit dem Rufe: „De junge Herr!" alle Jungen zu
beiden Seiten der Pforte hinter dem hohen Zaun
verschwunden; denn der unbequeme Verkehr mit
Kindern lag nicht in seiner Art; wohl aber hatte er
einmal einen der größeren Jungen derb geschüttelt,
als dieser eben von der Gasse aus mit seinem Flitz=
bogen auf einen im Garten singenden Hänfling
schießen wollte.

— — Diese Familienfeste waren nun vorüber.
— Der nördliche, hinter dem Pavillon liegende Theil
des Gartens grenzte an den schon außerhalb der
Stadt liegenden Kirchhof, und hier, in der von
seinem Vater erbauten Familiengruft, ruhte der alte
Kaufherr und Senator von seiner langen Lebens=
arbeit; mit dem Liede: „O du schönes Weltgebäude"
hatten die Gelehrten= und die Bürgerschule ihn zu
Grabe gesungen, denen beiden, oft im Kampfe mit

seinem Schwager, dem regierenden Bürgermeister, er zeitlebens ein starker Schutz und Halt gewesen war. Hier ruhte seit Kurzem auch die freundliche Frau Senator'n, nachdem noch kurz zuvor Herr Christian Albrecht eine ihr gleich geartete, rosige Schwiegertochter in das alte Haus geführt hatte. „Du brauchst mich nun nicht weiter," hatte sie lächelnd zu dem trostbedürftigen Sohne gesagt; „in der da hast du mich ja wieder, und noch jung und hübsch dazu!" Und dann hatte auch sie die Augen geschlossen, und viele Augen hatten um sie geweint, und ihr sie verehrender Freund, der alte Cantor van Essen, hatte bei ihrem Begräbniß mit einer eigens dazu componirten Trauermusike aufgewartet.

Der Kirchhof war durch einen niedrigen Zaun von dem Garten getrennt, und Herr Christian Albrecht hatte sonst, ohne viele Gedanken, darüber weg auf den unweit belegenen Ueberbau der Gruft geblickt; seitdem aber sein Vater darunter ruhte, war ihm unwillkürlich der Wunsch gekommen, daß eine hohe Planke oder Mauer hier die Aussicht schließen möchte. Nicht, daß er die Grabstätte seines Vaters scheute; nur vom Garten aus wollte er sie nicht

vor Augen haben; wenn ihn sein Herz dahin trieb,
so wollte er auf dem Umwege der Gassen und auf
dem allgemeinen Todtengang dahin gelangen. Er
hatte diese Gedanken wohl auch gegen seinen Bruder
ausgesprochen; er hatte sie dann über sein junges
Eheglück vergessen; als aber jetzt auch der Leichnam
der ihm herzverwandten Mutter unter jenen schweren
Steinen lag, waren sie aufs Neue hervorgetreten.

Allein zunächst galt es, sich mit dem Bruder
über den elterlichen Nachlaß zu vereinigen; es war
ja noch unbestimmt, in wessen Hand der Garten
kommen würde.

*   *   *

An einem Sonntagvormittage im November
gingen die beiden Brüder, Herr Christian Albrecht
und Herr Friedrich Jovers, in dem großen, unge=
heizten Festsaale des Familienhauses schweigend auf
und ab. Die Morgensonne, welche noch vor Kurzem
durch die kleinen Scheiben der drei hohen Fenster
hineingeschienen hatte, war schon fortgegangen, die
großen Spiegel an den Zwischenwänden standen fast
düster zwischen den grauseidenen Vorhängen. Fast
behutsam traten die Männer auf, als wollten sie in

dem weiten Gemache den Widerhall nicht wecken;
endlich blieben sie vor einer zierlichen Schatulle mit
Spiegelaufsatz stehen, dessen reichvergoldete Bekrönung
aus einer von Amoretten gehaltenen Rosenguirlande
bestand. „Hm," sagte Christian Albrecht, „Mama
selig, als sie in ihren letzten Jahren einmal ihren
Muff hier aus der Schublade nahm, da nickte sie
dem einen Spiegel zu; ‚du Schelm,' sagte sie, ‚wo
hast du das schmucke Antlitz hingethan, das du mir
sonst so eifrig vorgehalten hast! Nun guck' einmal,
Christian Albrecht, was itzo da herausschaut!' Die
alte, heitere Frau, dann gab sie mir die Hand und
lachte herzlich."

Die beiden Brüder blickten auf das stumme Glas;
kein junges Antlitz blickte mehr heraus; auch nicht
das liebe alte, das sie besser noch als jenes kannten.
Schweigend gingen sie weiter; sie legten fast wie
mit Ehrfurcht ihre Hand bald auf das eine, bald
auf das andere der umherstehenden Geräthe, als
wäre es noch in ihrer Knabenzeit, wo ihnen der
Eintritt hier nur bei Familienfesten und zur Weih-
nachtszeit vergönnt gewesen war. Wie damals war
unter der schweren Stuckrosette der Gipsdecke das

stille Blitzen der großen Kryſtallkrone; wie damals hingen über dem Kanapee, den Fenſtern gegenüber, die lebensgroßen Bruſtbilder der Eltern in ihrem Brautſtaate, daneben in höherem Alter die der Groß= eltern, deren altmodiſche Geſtalten ihnen in der Dämmerung ihrer früheſten Jugendzeit entſchwanden.

„Chriſtian Albrecht,“ ſagte der Jüngere, und der vom Vater ererbte ſtrenge Zug um den Mund ver= ſchwand ein wenig; „hier darf nichts gerückt werden.“

„Ich meine auch nicht, Friedrich.“

„Es verbleibt dir ſonach mit dem Hauſe.“

„Und der Papagei? Den haben wir vergeſſen.“

„Ich denke, der gehört auch mit zum Hauſe.“

Chriſtian Albrecht nickte. „Und du nimmſt da= gegen das beſte Tafelſilber und das Sevres=Porzellan, das hier neben in der Geſchirrkammer ſteht!“

Friedrich nickte; eine Pauſe entſtand.

„So wären wir denn mit unſerer Theilung fertig!“ ſagte Chriſtian Albrecht wieder.

Friedrich antwortete nicht; er ſtand vor den Fa= milienbildern, als ob er eingehend ſie betrachten müſſe; ſein Kopf drückte ſich immer weiter in den Nacken, bis der ſchwarzſeidene Haarbeutel im rechten

Winkel von dem chokoladenfarbenen Rocke abstand. „Es ist nur noch der Garten," sagte er endlich, als ob er etwas ganz Beiläufiges erwähne.

Aber in des Bruders sonst so ruhigem Antlitz zuckte es, wie wenn ein lang Gefürchtetes plötzlich ausgesprochen wäre." Den Garten könntest du mir lassen," sagte er beklommen; „die Auslösungssumme magst du selbst bestimmen!"

„Meinst du, Christian Albrecht?"

„Ich meine es, Friedrich. Du sagst es selbst, du seiest ein geborner Hagestolz; — aber ich und meine Christine, unsere Ehe wird gesegnet sein! Hier haben wir nur den engen Steinhof; bedenk' es, Bruder, wo sollen wir mit den lieben Geschöpfen hin? Und dann — du selber! Im Pavillon, an den Sonntagnachmittagen! Du wirst doch lieber deine junge Schwägerin als deine bärbeißige Wittwe Antje Möllern unserer Mutter Kaffeetisch verwalten sehen!"

„Deinen Kindern," erwiderte der Andere, ohne umzublicken, „wird mein Garten nicht verschlossen sein."

„Das weiß ich, lieber Friedrich; aber Kinder=

Hände in meines ordnungliebenden Herrn Bruders
Ranunkeln= und Levkojenbeeten!"

Friedrich antwortete hierauf nicht. „Es ist ein
Codicill zu unseres Vaters Testament gewesen,"
sagte er, als spräche er es zu den Bildern oder zu
der Wand ihm gegenüber, „danach sollte mir der
Garten werden; die Auslösungssumme ist mir nicht
bekannt geworden, die magst du bestimmen oder sonst
bestimmen lassen."

Der Aeltere nahm fast gewaltsam seines Bruders
Hand. „Du weißt es von unserer seligen Mutter,
daß unser Vater, da sie das Schriftstück einmal in
die Hand bekam, ausdrücklich ihr geheißen hat: ‚Zer=
reiße es; die Brüder sollen sich darum vertragen.‘"

„Es ist aber nicht zerrissen worden."

„Das weiß ich wohl; es trat im selben Augen=
blick ein Fremder in das Zimmer, und derohalben
unterblieb es damals; aber später, am Tage nach
selig Vaters Begräbniß hat unsere Mutter den Willen
des Verstorbenen ausgeführt."

„Das war ein volles Jahr nachher."

„Friedrich, Friedrich!" rief der Aeltere. „Willst
du verklagen, was unsere Mutter that!"

„Das nicht, Christian Albrecht; aber Mama selig verfirte in einem Irrthum; sie war nicht mehr befugt, das Schriftstück zu zerreißen."

Auf dem Antlitz des älteren Bruders stand es für einen Augenblick wie eine rathlose Frage; dann begann er in dem weiten Saale auf- und abzuwandern, bis er mit ausgestreckten Armen in der Mitte stehen blieb. „Gut," sagte er, „du wünschest den Garten, wir Beide wünschen ihn! Aber dabei soll unseres Vaters Wort in Ehren bleiben; theilen wir, wenn du es willst, daß Jeder seine Hälfte habe!"

„Und Jeder ein verhunztes Stück bekäme!"

„Nun denn, so losen wir! Laß uns hinunter gehen, Christine kann die Lose machen!"

Herr Friedrich hatte sich umgewandt; sein dem Bruder zugekehrtes Antlitz war bis über die dichten Augenbrauen hinauf geröthet. „Was mein Recht ist," sagte er heftig, „das setze ich nicht aufs Los."

In diesem Augenblicke klang das Negerlied des Papageien aus dem Unterhaus herauf; ein alter Diener hatte die Thür des Saales geöffnet: „Madame läßt bitten; es ist angerichtet."

„Gleich! Sogleich!" rief Christian Albrecht. „Wir werden gleich hinunterkommen!"

Der Diener verschwand; aber die Herren kamen nicht.

Nach einer Viertelstunde trat unten aus dem Wohnzimmer eine jugendliche Frau mit leichtgepudertem Köpfchen auf den Flur hinaus; behende erstieg sie die breite Treppe bis zur Hälfte und rief dann nach dem Saal hinauf: „Seid ihr denn noch nicht fertig? Friedrich! Christian Albrecht! Soll denn die Suppe noch zum dritten Mal zu Feuer?"

Es erfolgte keine Antwort; aber nach einer Weile, während der Stöckelschuh der hübschen Frau ein paar Mal ungeduldig auf der Stufe aufgeklappert hatte, wurde oben die Saalthür aufgestoßen, und Friedrich kam allein die Treppe herab.

Die junge Frau Senatorin — denn ihr Eheliebster war kürzlich seinem Vater in dieser Würde nachgefolgt — sah ihn ganz erschrocken an. „Friedrich!" rief sie, „wie siehst du aus? Und wo bleibt Christian Albrecht?"

Aber der Schwager stürmte ohne Antwort an ihr vorüber. „Wünsche wohl zu speisen!" murmelte

er und stand gleich darauf schon unten an der Haus=
thür, die Klinke in der Hand.

Sie lief ihm nach. „Friedrich! Friedrich, was
fällt dir ein? Dein Leibgericht, perdrix aux
truffes!"

Aber er war schon auf der Gasse; und durch das
Flurfenster sah sie ihn seinem Hause zueilen. „Nun
sieh mir Einer diesen Querkopf an!" Und sie
schüttelte ihr Köpfchen und stieg nachdenklich die Treppe
wieder hinauf. Als sie die Thür des Saales öffnete,
sah sie den jungen Herrn Senator, die Hände in
den Rockschößen, vom anderen Ende des Gemaches
herschreiten, so ernsthaft vor sich auf die Dielen
schauend, als wolle er die Nägelköpfe zählen.

„Christian! Christian Albrecht!" rief sie, als er
vor ihr stand.

Als er den Klang ihrer Stimme hörte und, den
Kopf erhebend, ihr in die kinderblauen Augen sah,
gewannen seine Züge die gewohnte Heiterkeit zurück.
„Gehen wir zu Tisch, Madame!" sagte er lächelnd.
„Bruder Friedrich muß nun heute mit der Frau
Wittwe Antje Möllern speisen; das ist gerechte
Strafe! Morgen wird er schon wieder kommen;

aber ich habe denn doch auch meinen Kopf, und — unseres Vaters Wort muß gelten!"

Damit bot er seiner erstaunten Frau den Arm und führte sie die Treppe hinab und zu Tische.

*   *   *

Das Wiederkommen hatte indessen gute Weile; vierzehn Tage waren verflossen, und Herr Friedrich hatte seinen Fuß noch nicht wieder über die Schwelle des Familienhauses gesetzt. Gleich am ersten Morgen nach jenem verfehlten Mittage war Christian Albrecht wiederholt auf seinen Steinhof hinausgegangen, um wie sonst über die niedrige Grenzmauer seinem Bruder den Morgengruß zu bieten; aber von Herrn Friedrich war nichts zu sehen gewesen; ja, eines Morgens hatte Herr Christian Albrecht ganz deutlich den Schritt des Bruders aus der in einem Winkel verborgenen Hofthür kommen hören; als ihn aber im selben Augenblicke ob einer in der Alteration zu scharf genommenen Prise ein lautes Niesen anfiel, hörte er gleich darauf die Schritte wieder umkehren und die ihm unsichtbare Hofthür zuschlagen.

Herr Christian Albrecht wurde ganz still in sich bei dieser Lage der Dinge; nur mit halbem Ohre lauschte er, wenn, um ihn aufzumuntern, die hübsche Frau Senatorin sich in der Dämmerstunde ans Clavier setzte und ihm die allerneuesten Lieder: „Beschattet von der Pappelweide" und „Blühe, liebes Veilchen", eines nach dem andern mit ihrer hellen Stimme vorsang.

Er hatte gegen sie nach der ersten Mittheilung „der kleinen Differenze" kein Wort über den Bruder mehr geäußert; endlich aber, eines Morgens, da die Eheleute beim Kaffee auf dem Kanapee beisammen saßen, legte die Frau Senatorin sanft ihre kleine Hand auf die des Mannes. „Siehst du nun," sagte sie leise, „er kommt nicht wieder; ich hab' es gleich gesagt."

„Hm, ja, Christinchen; ich glaub' es selber fast."

„Nein, nein, Christian Albrecht; es ist ganz gewiß, er kommt nicht wieder; er kann nicht wieder kommen, denn er ist ein Trotzkopf!"

Christian Albrecht lächelte; aber zugleich stützte er den Kopf in seine Hand. „Ja freilich, das ist er; das war er schon als kleiner Knabe; ich und

das Kindermädchen tanzten dann um ihn herum und
sangen: „Der Bock, der Bock! O Jemine, der Bock!"
bis er zuletzt einen Kegel oder ein Stück von seinem
Bauholz aufgriff und damit nach unseren Köpfen
warf; am liebsten warf er noch mit seinem Bauholz!
Aber Christinchen — wenn's Herz nur gut ist!"

„Nicht wahr?" rief die hübsche Frau und sah
ihrem Mann mit lebhafter Zärtlichkeit ins Antlitz,
„ein gutes Herz hat unser Friedrich; und deshalb
— ich meine, du könntest zu ihm gehen, du bist kein
Trotzkopf, Christian Albrecht, du hast es leichter in
der Welt!"

Der Senator streichelte sanft die gerötheten Wan=
gen seiner Eheliebsten. „Was ich für eine kluge
Frau bekommen habe!" sagte er neckend.

„Ei was, Christian Albrecht, sag' lieber, daß du
zu deinem armen Bruder gehen willst!"

„Arm, Christinchen? — Eine sonderbare Ar=
muth, wenn Einer alles Recht für sich allein ver=
langt! Aber du sollst schon deinen Willen haben;
heut Abend oder schon heute Nachmittag . . . ."

„Warum nicht schon heut Vormittag?"

„Nun, wenn du willst, auch heute Vormittag!"

„Und du bist versöhnlich, du giebst nach?"

„Das heißt, ich gebe ihm den Garten?"

Sie nickte: „Wenn es sein muß! Doch lieber, als daß Ihr im Zorne aus einander geht!"

„Und, Christinchen, unsere Kinder? Sollen sie mit den Hühnern hier auf dem engen Steinhof laufen?"

„Ach, Christian Albrecht!" und sie fiel ihm um den Hals und sagte leise: „Wir sind so glücklich, Christian Albrecht!"

*   *

Während bald darauf der junge Kaufherr über den Flur nach seinen Geschäftsräumen im Hinterhause schritt, hatte im Wohnzimmer seine Frau sich an das Fenster gesetzt; an einem möglichst kleinen Häubchen strickend, schaute sie über die Straße nach dem gegenüberliegenden Nachbarhause, mehr nur, wie es schien, um bei dem inneren Gedankentausche doch irgendwohin die Augen zu richten. Jetzt aber sah sie Frau Antje Möllern in Futterhemd und Schürze über die Straße schreiten und mit der Frau Nachbar'n Zipsen, die soeben auch aus ihrem Hause trat, sich auf eine der steinernen Beischlagsbänke setzen.

Frau Antje Möllern war die Erzählende, wobei sie
sehr vergnügt und triumphirend aussah und mehrmals mit einer schwerfälligen Bewegung ihres dicken
Kopfes nach dem elterlichen Hause ihres Herrn hin-
überwinkte. Frau Nachbar'n Zipsen schlug zuerst
ihre Hände, wie vor Staunen, klatschend in einander;
dann aber nickte sie wiederholt und lebhaft; auch
ihr schienen die Dinge, um die es sich handelte, aus-
nehmend zu gefallen; und bald, während das eifrigste
Wechselgespräch im Gange war, zuckten und deuteten
die Köpfe und Hände der beiden Weiber in keineswegs respectvoller Geberde nach dem altehrwürdigen
Kaufmannshaus hinüber.

Die junge Frau am Fenster wurde denn doch
aufmerksam: die da drüben waren nicht eben ihre
Freunde; der Einen — das wußte sie — war es
zugetragen worden, daß sie Herrn Friedrich Jovers
abgerathen hatte, ihre mauldreiste Personnage in sein
Haus zu nehmen; der Anderen hatte sie einmal ihre
große Tortenpfanne nicht leihen können, weil sie eben
beim Kupferschmidt zum Löthen war.

Unwillkürlich hatte sie die Arbeit sinken lassen:
was mochten die Weiber zu verhandeln haben?

Aber die Unterhaltung drüben wurde unter=
brochen. Von der Hafenstraße herauf kam der kleine
bewegliche Advocat, Herr Siebert Sönksen, den sie
den „Goldenen" nannten, weil er bei feierlichen
Gelegenheiten es niemals unter einer goldbrocatenen
Weste that, deren unmäßig lange Schöße fast seinen
ganzen Leib bedeckten. Eilig schritt er auf die Beiden
zu, richtete, wie es schien, eine Frage an Frau Antje
Möllern und schritt, nachdem diese mit einem Kopf=
nicken beantwortet worden, lebhaft, wie er heran=
getreten war, quer über die Gasse nach Herrn
Friedrich's Hause zu.

„Hm," kam es aus dem Munde der jungen
Frau, „der Goldene? Gehört der auch dazu? Was
will denn der bei unserem Bruder Friedrich?"

Die hervorragenden Eigenschaften des Herrn
Siebert Sönksen waren bekannt genug: er jagte wie
ein Trüffelhund nach verborgen liegenden Processen
und galt für einen spitzfindigen Gesellen und höchst
beschwerlichen Gegenpart auch in den einfachsten
Rechtsstreitigkeiten. Im Uebrigen wußte er, je nach
welcher Seite hin sein Vortheil lag, eben so wohl
einen sauberen Vergleich zu Stande zu bringen, als

6*

einen chicanösen Proceß durch alle Instanzen hin=
durchzuziehen.

Die Frau Senatorin war aufgestanden; sie mußte
doch zu ihrem Christian Albrecht, um seine Meinung
über diese Dinge einzuholen! Allein, da trat die
Köchin in das Zimmer, ein altes Inventarienstück
aus dem schwiegerelterlichen Nachlaß, eine halbe
Respectsperson, die nicht so abzuweisen war. Die
junge Frau mußte ihr Haushaltungsbuch aus der
Schatulle nehmen; sie mußte notiren und rechnen,
um dann die näheren Positionen der heutigen Küchen=
campagne mit der kundigen Alten festzustellen.

*   *   *

Hinten in der vorderen Schreibstube saßen indessen
der alte Friedebohm und ein jüngerer Kaufmannsgeselle
sich an dem schweren Doppelpulte gegenüber. Es gab
viel zu thun heute; denn die Brigg „Elsabea Fortuna",
welche der selige Herr nach seiner alten Ehefrau
getauft hatte, lag zum Löschen fertig draußen auf
der Rhede. „Musche Peters", sagte der Buchhalter
zu seinem Gegenüber, „wir müssen noch einen Lichter
haben; ist Er bei Cap'tän Rickersen gewesen?"

Aber bevor der junge Mensch zur Antwort kam,
wurde an die Thür geklopft, und ehe noch ein „Her=
ein" erfolgen konnte, stand schon der goldene Advocat
am Pulte und legte seine Hand vertraulich auf den
Arm des alten Mannes. „Der Herr Principal in
seinem Cabinette, lieber Friedebohm?" Er frug das
so zärtlich, daß der Alte ihn höchst erstaunt ansah;
denn dieser Mann war nicht der betraute Sach=
walter ihres Hauses. Deshalb gedachte er eben von
seinem Bock herabzurutschen, um ihn selber bei dem
Herrn Senator anzumelden; aber Herr Siebert
Sönksen war schon nach flüchtigem Anpochen in das
Privatcabinett des Principals hineingeschlüpft.

„Ei, ei ja doch!" murmelte der Alte. „Die
Klatschmäuler werden doch nicht Recht behalten?" Er
kniff die Lippen zusammen und schaute eine Weile
durch das Fenster auf den Steinhof, wo ihm die
niedrige Mauer jetzt auch eine innere Scheidung der
beiden verwandten Häuser zu bedeuten schien.

Drinnen im Cabinette war nach ein paar Hin=
und Widerreden der Herr Senator wirklich von
seinem Bock herabgekommen. „Herr," rief er und
stieß seine Feder auf das Pult, daß sie bis zur Fahne

aufriß, „verklagen, sagt Ihr? Meines Vaters Sohn
will mich verklagen? Herr Siebert Sönksen, Sie
sollten nicht solche Scherze machen!"

Der Goldene zog ein Papier aus seiner Tasche.
„Mein werther Herr Senator, es wird ja nicht sogleich ad processum ordinarium geschritten."

„Auch nicht, da Herr Siebert Sönksen dem
Gegenpart bedienet ist?"

Der Goldene lächelte und legte das Schriftstück,
welches er in der Hand hielt, vor Herrn Christian
Albrecht auf das Pult. „Laut dieser Vollmacht,"
sagte er vertraulich, „bin ich so gut zum Abschluß
von Vergleichen wie zur Anstellung der Klage
legitimirt!"

„Und wegen des Vergleiches sind Sie zu mir
gekommen?" frug der Kaufherr nicht ohne ziemliche
Verwunderung; denn er wußte nicht, daß Herr
Siebert Sönksen schon längst darauf speculirt hatte,
statt seines alten und, wie er sagte, „fürtrefflichen,
aber abgängigen" Collegen der Anwalt dieses angesehenen Hauses zu werden.

Der Advocat hatte mit einem höflichen Kopf-
nicken die an ihn gerichtete Frage beantwortet.

„Herr Siebert Sönkſen," ſagte der Senator, und er ſprach dieſe Worte in großer innerlicher Erregung, „ſo kommen Sie alſo im Auftrage, im ausdrücklichen Auftrage meines Bruders?"

Herr Siebert ſtutzte einen Augenblick. „In Vollmacht, mein werther Herr Senator; wie Sie zu bemerken belieben, laut richtig ſubſcribirter Vollmacht! Es iſt für den erwünſchten Frieden unterweilen tauglich, wenn eine unbetheiligte ſachkundige Perſon . . ."

Herr Chriſtian Albrecht unterbrach ihn: „Alſo," ſagte er aufathmend, „mein Bruder weiß nichts von Ihrem werthen Beſuche: Ich danke Ihnen, Herr Sönkſen; das freut mich recht von Herzen!"

Der Goldene ſchaute etwas verblüfft in das geröthete Antlitz des ſtattlichen Kaufherrn. „Aber mein wertheſter Herr Rathsverwandter!"

„Nein, nein, Herr Siebert Sönkſen; führen Sie meinethalben ſo viele Proceſſe, als Sie fertig bringen können; aber wo zwei Brüder in der Güte mit einander handeln wollen, da gehöret weder der Beichtvater noch der Advocat dazwiſchen."

„Aber, ich dächte doch —"

„Sie denken ſonder Zweifel anders, Herr Sie-

bert Sönksen," sagte der Senator mit einer unwill=
kürlichen Verbeugung. „Kann ich Ihnen sonstwie
meine Dienste offeriren?"

„Allersubmisseste Danksagung! Nun, schönsten
guten Morgen, mein werther Herr Senator!"

Gleich darauf schritt der Goldene mit einem
eiligen „Serviteur, Musche Friedebohm" durch die
vordere Schreibstube und hielt erst an, als er draußen
auf den Treppenstufen vor der Hausthür stand.
Seinen Rohrstock unter den Arm nehmend, zog er
die Horndose aus der Westentasche und nahm be=
dächtig eine Prise. „Eigene Käuze das, die Söhne
des alten Herrn Senators Christian Albrecht Jovers!"
murmelte er und tauchte zum zweiten Male seine
spitzen Finger in die volle Dose. „Nun, nehmen
wir fürerst mit dem Proceß fürlieb!"

— — Bald nach dem Goldenen war auch der
junge Kaufherr an dem ihm kopfschüttelnd nach=
schauenden Musche Friedebohm vorbeigeeilt, um gleich
darauf in die Wohnstube zu treten, wo seine Ehe=
liebste auf dem Kanapee an ihrem Kinderhäubchen
strickte. Aber er sprach nicht zu ihr; er hatte wieder
beide Hände in den Rockschößen und lief im Zimmer

auf und ab, bis die Frau Senatorin aufstand und
so glücklich war, ihn zu erhaschen.

„Weshalb rennst du so, Christian Albrecht?" sagte
die junge Frau und stellte sich tapfer vor ihm hin.

„Nun, Christine, wer da nicht rennen sollte!"

„Nein, nein, Christian Albrecht; du bleibst mir
stehen!" und sie legte beide Arme um seinen Hals.
„So," sagte sie; „nun sieh mich an und sprich!"

Aber Herr Christian Albrecht that auch nicht
einen Blick in ihre hübschen Augen. „Christine,"
sagte er und sah dabei schier über sie hinweg, „ich
kann nicht zu Bruder Friedrich gehen."

Sie ließ ihn ganz erschrocken los. „Aber du
hast es mir versprochen!"

„Aber ich kann nicht!"

„Du kannst nicht? Weshalb kannst du nicht?"

„Christinchen," sagte er und faßte seine Frau
an beiden Händen, „ich kann nicht, weil er wieder
in seine Kinderstreiche verfallen ist; er hat mir ein
Stück Bauholz nach dem Kopf geworfen."

„Was soll das heißen, Christian Albrecht?"

„Das soll heißen, daß mein Bruder Friedrich
den goldenen Advocaten zum Processe gegen mich

bevollmächtigt hat. Es ist justement als wie in
seinen Kinderjahren; er hat den Bock, und zwar im
allerhöchsten Grade! Und so mag's denn auch vor
meinetwegen jetzt ein Tänzchen geben!"

Die junge Frau suchte wieder zu begütigen;
allein Herr Christian Albrecht war unerbittlich.
„Nein, nein, Christinchen; er muß diesmal fühlen,
wie der Bock ihn selber stößt, so wird er sich ein
ander Mal in Acht zu nehmen wissen. Wir sollen,
so Gott will, noch lange mit unserem Bruder Friedrich
leben; bedenk' einmal, was sollte daraus werden,
wenn wir allzeit laufen müßten, um seinen stößigen
Bock ihm anzubinden!"

Und dabei hatte es sein Bewenden. Zwar will
man wissen, daß die junge Frau noch einmal hinter
ihres Mannes Rücken in des Schwagers Haus ge-
schlüpft sei, um mit den eignen kleinen Händen den
Knoten zu entwirren; aber Frau Antje Möllern
hatte sie mit frecher Stirne fortgelogen, indem sie
fälschlich angab, Herr Friedrich Jovers sei soeben
in dringenden Geschäften zum Herrn Siebert Sönksen
fortgegangen. Und die Augen der alten Personnage
sollen dabei so von Bosheit voll geleuchtet haben,

daß die junge Frau zu einem zweiten Versuche keinen
Muth hatte gewinnen können.

*   *   *

Ein neues Jahr hatte begonnen, und der Proceß
zwischen den beiden Brüdern war in vollem Gange.
Der Herr Vetter Kirchenpropst und der Onkel Bür=
germeister hatten sich vergebens als Vermittler zum
gütlichen Austrag angeboten; vergebens hatte der
letztere gegen den jungen Senator hervorgehoben,
daß „kraft seines tragenden Amtes, abseiten des An=
sehens der Familie," die Augen der ganzen Stadt
auf ihn gerichtet seien; denn darin schienen die
Streitenden stillschweigend einverstanden, daß das
Wort der Güte nur fern von fremder Einmischung
von dem Einen zu dem Andern gehen könne. Aber
freilich, dazu gab Keiner von ihnen die Gelegenheit;
der nothwendige geschäftliche Verkehr wurde schriftlich
fortgesetzt, und eine Menge Zettel, „der Herr Bruder
wolle gelieben" oder „dem Herrn Bruder zur ge=
fälligen Unterweisung" gingen hin und wieder.

Die kleine Seestadt in allen ihren Kreisen hatte
sich müde an diesem unerhörten Fall gesprochen, und

das Gespräch, wenn irgendwie der Stoff zu Andrem
ausging, wurde noch immer mit Begierde wieder
aufgegriffen. Vollständig munter aber, trotz der
Winterkälte, erhielt es sich drüben auf der Bei=
schlagsbank der Frau Nachbar'n Zipsen; diese und
Frau Antje Möllern winkten jetzt nicht nur mit
ihren Köpfen, sondern mit beiden Armen und dem
ganzen Leibe nach dem Senatorshause hinüber. Aber
in dem letzteren war freilich mittlerweile auch noch
ein ganz Besonderes passirt: ein Sohn war dort
geboren worden, und Herr Friedrich Jovers hatte
ja für solchen Fall Gevatter stehen sollen!

— — Die junge Frau Senator'n lief indessen
schon wieder flink von der Wiege ihres Kindes trepp=
unter nach der Küche und noch flinker von der Küche
treppauf nach ihrer Wiege, als eines Morgens Herr
Christian Albrecht, nachdem er erst soeben vom ge=
meinschaftlichen Kaffeetische in sein Comptor gegangen
war, wieder zu ihr in das Wohnzimmer trat.
„Christine,“ sagte er zu seiner immerhin noch etwas
bläßlichen Eheliebsten, „bist du heute schon draußen auf
unserem Steinhofe gewesen? — — Nicht? — Nun,
so alterire dich nur nicht, wenn du dahin kommst!“

„Um Gotteswillen, es hat doch kein Unglück ge=
geben?" rief die junge Frau.

„Nein, nein, Christine."

„Aber ein Malheur doch, Christian Albrecht; du
bist ja selber alterirt!"

Ein Lächeln flog über sein freilich ungewöhn=
lich ernstes Gesicht. „Ich denke nicht, Christine;
aber komm nur mit und siehe selber!"

Er faßte ihre Hand und führte sie über den
Hausflur in die große Schreibstube. Der jüngere
Comptorist war nicht zugegen; der alte Friedebohm
stand neben seinem Schreibbocke am Fenster und
nahm eine Prise nach der andern.

Auch Frau Christine sah jetzt in den Hof hin=
aus, fuhr aber gleich darauf mit der Hand über
ihre Augen, als gälte es, dort ein Spinnweb' fort=
zuwischen. „Um Gotteswillen, was ist das, Friede=
bohm? Was machen die Leute da auf Bruder
Friedrich's Hof? Die Mauer ist ja auf einmal
fast um zwei Fuß höher!"

„Frau Principalin," sagte der Alte, „das sind
Meister Hansen's Leute; sehen Sie, dort kommt
schon einer mit der Kelle!"

„Aber was soll denn das bedeuten?“

„Nun“ — und Monsieur Friedebohm nahm wieder eine Prise — „Herr Friedrich läßt wohl ein paar Schuhe höher mauern.“

„Aber, Christian Albrecht,“ und Frau Christine wandte sich lebhaft zu ihrem Mann, der schweigend hinter ihr gestanden hatte, „geschieht denn das mit deinem Willen?“

Herr Christian Albrecht schüttelte den Kopf.

„Aber die Grenzmauer, sie gehört doch uns gleichwohl; wie kann sich Friedrich so etwas unterstehen!“

„Mein Schatz, die Mauer steht auf Friedrich's Grund und Boden.“

Die Augen der kleinen Frau funkelten.

„O, das ist schlecht von ihm, das hätte ich ihm nicht zugetraut; er hat ein hartes Herz!“

„Da irrst du doch gewaltig, Christinchen,“ erwiderte Herr Christian Albrecht; „das ist's ja gerade, daß er noch immer sein altes, weiches Herz hat; er schämt sich nur, und deshalb läßt er diese große steinerne Gardine zwischen sich und seinem Bruder aufziehen.“

Die junge Frau blickte mit unverhohlener Bewunderung auf ihren Mann. „Aber," sagte sie fast schüchtern und legte ihre Hand in seine; „wie wird er sich erst schämen, wenn er den Proceß gewinnen sollte!"

„Dann," erwiderte der Senator, „dann kommt mein Bruder zu mir; denn dann ist der böse Bock gezähmt. Hab' ich nicht Recht, Papa Friedebohm?" setzte er in muntrem Ton hinzu.

„Ei ja, Gott lenkt die Herzen," erwiderte der alte Mann, indem er seine Dose in die Tasche steckte und dafür die Feder wieder in die Hand nahm; „aber beim wohlseligen Herrn Senator ist uns solcher Umstand im Geschäft nicht vorgekommen."

* *

Zwei Tage darauf hatte die Mauer schon eine beträchtliche Höhe erreicht, und noch immer wurde daran gearbeitet. Aus der Schreibstube hinten war dergleichen nie gesehen worden, und der junge Kaufmannsgeselle konnte es nicht lassen, je um eine kleine Weile, mit offenem Munde nach den Arbeitern hinzustarren. „Musche Peters," sagte der alte Friede-

bohm, „wolle Er lieber in Seine Bilancerechnung=
schauen! Es will sich für Ihn nicht schicken, daß
Er über das neue Werk da draußen sich irgend=
welche überflüssige Gedanken mache!" Und der junge
Mensch wurde über und über roth und tauchte
hastig seine Feder in das Dintenfaß.

Aber auch Monsieur Friedebohm selber konnte
sich nicht enthalten, unterweilen über seine Arbeit
wegzuschauen; die beiden Gesellen da draußen, in=
sonders der Alte mit dem respectwidrigen langen
Barte, wurden ihm mit jeder Stunde mehr zuwider.
„Der struppige Assyrer!" brummte er vor sich hin,
„mag wohl am Thurm zu Babel schon getagwerkt
haben; wird aber diesmal auch nicht in den Him=
mel bauen!"

Als gleich darauf Herr Christian Albrecht aus
seinem Cabinett hereintrat, sah er seinen Buchhalter
sich mit dem Schneiden einer Feder mühen, die er
immer näher an die Nase rückte. „Will's nicht mit
den alten Augen, Papa Friedebohm?" sagte er
freundlich.

Aber Monsieur Friedebohm zuckte bedeutsam mit
der einen Schulter nach der Mauer draußen. „Herr

Christian Albrecht, wir haben schon immer das Licht
nicht justement mit Scheffeln hier gehabt."

Der Senator warf einen Blick nach dem hohen
Werke, an welchem die beiden Gesellen unter lustigem
Singen noch immer weiter arbeiteten. „Ja, ja,
Friedebohm," rief er heftig, „du hast Recht! Alle
Tausend, das geht denn doch übers —"

„Uebers Bohnenlied" wollte er sagen, wo schon
derzeit gar nichts darüber ging; aber er schwieg
plötzlich, da er auf den jungen Musche Peters sah,
der wieder mit offenem Mund an seinem Pulte
saß, und ging, nachdem er eine geschäftliche Anord=
nung ertheilt hatte, in sein Cabinett zurück.

— — Nach ein paar Stunden steckte Frau
Christine ihr hübsches Köpfchen durch die Thür.
„Darf man eintreten?" frug sie.

„Komm nur!" erwiderte Herr Christian Albrecht
von seinem Schreibstuhl aus. „Was hast du auf
dem Herzen?"

„O," und sie stand schon mitten in dem Stüb=
chen und ließ ihre Blicke an der geschwärzten Decke
wandern, — „ich wollte nur; — — — aber,
Christian Albrecht, hier herrscht ja ägyptische Finster=

niß! Die schönen Spinngewebe, die unsere Wiebke immer sitzen läßt, die können deine Spinnen nun ruhig weiter weben! Und weißt du, das naseweise Ding — aber ich habe ihr auch einen tüchtigen Wischer gegeben — sie hat eben die Mauer mit ihrem Eulbesenstiel gemessen; genau elf Fuß nach meiner Elle, sagt sie! Aber sieh nur, Christian Albrecht, nun wird's denn auch nicht höher; sie legen schon die runden Steine oben auf."

Herr Christian Albrecht saß noch immer auf seinem hohen Schreibstuhl, die Feder in der Hand. "Weißt du, Christine," sagte er, indem er ernsthaft vor sich hinsah, "der Bock meines Herrn Bruders wird mir doch zu mächtig; es thut jetzt noth, und ich habe mich auf einen guten Gegenstoß besonnen." Und als sie ihn unterbrechen wollte: "Nein, red' mir nicht dazwischen, Frau; ich will auch einmal meinen Willen haben."

Sie faßte ihn leise an dem Aufschlag seines Rockes und zog ihn sanft von seinem Thron herab und dicht zu sich heran. "O weh," sagte sie und sah ihm ernsthaft in die Augen, "da habe ich am Ende einen Mann geheirathet, den ich erst heute kennen lerne! Gesteh mir's, Christian Albrecht, du hast doch nicht auch etwa so einen —"

„Zum Kuckuck," rief Herr Christian Albrecht lachend, „im hintersten Stallwinkel wird auch wohl bei mir so einer angebunden stehen; und der soll jetzt heraus ans Tageslicht, trotz aller klugen Frauenzimmer und meiner allerklügsten noch dazu!"

„So, Christian Albrecht? Und in welcher Art" — sie zögerte ein wenig — „soll denn der deine seinen Gegenstoß vollführen?"

„Setz' dich, Christine," sagte der Senator, indem er die anmuthige Frau auf seinen Schreibthron hob, „und reden wir Deutsch mitsammen! In jener Sache da draußen auf dem Hof will ich mein Recht und keinen Tittel davon aufgeben! Aber dazu bedarf es keines Processirens; denn es steht klar und bündig in den alten Kaufcontracten."

„Und weiter, Christian Albrecht?"

„Und weiter, Christine, hat zwar der Besitzer von Friedrich's Hause die Mauer zwischen beiden Häusern aufzuführen und zu unterhalten; aber der des unserigen hat den Halbscheid der Kosten dazu beizutragen."

7*

„Wirklich? Auf Höhe von elf Fuß?"

„Ei was, und wenn's die Mauer von Jericho
wäre! Das ist meine Sache; wenn ich ihm zahlen
will, er muß schon still halten und Quittanz dafür
ertheilen!"

„Und du willst wirklich die Halbscheid der Kosten,
so das blanke baare Geld dafür dem Bruder Friedrich
in sein Haus schicken?"

„Das will ich, Christine; ganz gewiß, das will ich."

Sie sah ihn eine Weile ganz nachdenklich an.

„So, also auf die Art, 'Christian Albrecht!"
sagte sie langsam.

Aber bevor sie ihre Gedanken über diesen kriti=
schen Fall zu ordnen vermochte, kam Botschaft aus
der Küche; die Kochfrau war eben angelangt, und
der Bratenwender sollte aufgestellt werden; denn auf
morgen gab es ein großes Fest im Hause. Frau
Christine gedachte plötzlich wieder der Veranlassung,
um derenwillen sie das Allerheiligste ihres Mannes
aufgesucht hatte; sie ließ sich ihr blaues Haushaltungs=
beutelchen bis zum Rande füllen und verließ das
Stübchen, den Kopf voll junger Wirthschaftssorgen.

* * *

In dem Hause nebenan sollte heute Herr Fried=
rich Jovers mit seiner ehrsamen Haushälterin selb=
ander speisen; denn sein junger Lübecker Küfer war
auswärts in Geschäften. Zuvor aber trat er nach
seiner Gewohnheit vor die Hausthür und schaute von
dem obersten Treppensteine ein paar Augenblicke in
das Wetter und rechts die Straße hinab nach dem
dort unten sichtbaren Theile des Hafens.

Als er dann wieder ins Haus und gleich darauf
in das Wohnzimmer getreten war, stand die Ma=
trone schon mit vorgesteckter Serviette in der kal=
mankenen Sonntagscontusche hinter ihrem Stuhle.

„Ist Hochzeit in der Stadt, Frau Möllern?"
frug er. „Die Schiffe flaggen ja!"

Er setzte sich und die Alte setzte sich ihm gegen=
über; die Frage mochte er wohl schon vergessen
haben, denn Herr Friedrich Jovers pflegte seit ge=
raumer Zeit auf dergleichen keine Antwort zu er=
warten.

Aber Frau Antje Möllern, welche auf gewisse
Dinge ihren Herrn nicht anzusprechen wagte, ließ
sich die Gelegenheit nicht entschlüpfen. „Hochzeit?"
wiederholte sie scharf; und ein gewisses Zucken um

ihre derben Lippen zeigte, daß eine verhaltene Ent=
rüstung zum Ausbruch drängte. „Nein, es ist keine
Hochzeit, es ist nur eine Kindtaufe!"

„Eine Kindtaufe, und die Schiffe flaggen?" sagte
Herr Jovers gleichgültig. „Ich wüßte doch nicht,
daß bei den Honoratioren —"

Aber Frau Möllern vermochte nicht, ihn aus=
reden zu lassen. „O, Herr Jovers, freilich ist es
bei den Honoratioren, bei den allerersten Honora=
tioren; aber eine Schande ist es, eine offenbare
Schande, sag' ich!"

Herr Jovers wurde doch aufmerksam. „Was
will Sie damit sagen?" frug er kurz.

„Damit, Herr Jovers, will ich sagen, daß Ihr
einziger Bruder, der Herr Senator Christian Al=
brecht Jovers, heute sein erstes Söhnchen taufen läßt;
und Sie fragen noch, warum die Schiffe flaggen!"

Herr Friedrich sagte nichts; aber Frau Antje
Möllern entging es nicht, wie ihm die Hand zitterte,
während er schweigend den Rest seiner Suppe hin=
unterlöffelte.

Die grimmigen Augen der Alten begannen plötz=
lich einen wehleidigen Ausdruck anzunehmen. „Herr

Jovers," begann sie seufzend, „Ihr Herr Großvater
selig und meines Vaters Onkel, was waren das
für gute Freunde! Sie wissen das ja auch, Herr
Jovers!"

„Zum mindesten," sagte Herr Jovers, „hat Sie
mir das oft genug erzählt."

„Nun, Herr Jovers, selig Senator'n wußte das
ja auch!"

„Ja, ja, Möllern, und auch der alte Friedebohm! Denn in den Büchern meines Großvaters
läuft bis zu seinem seligen Ende eine jährliche Aus-
gabepost: Zehn Pfund Tabak und ein Gewandstück
für den armen Krischan Möller."

Frau Antje schluckte etwas; dann aber, nachdem
sie den mittlerweile erschienenen Braten vorgelegt
hatte, nahm sie doch den Faden wieder auf. „Ja,
Herr Jovers, sie waren Schulkameraden, und das
vergaßen sie sich nicht! Für alle Mittwoch war
Herr Christian Möller zu dem Herrn Senator
Christian Jovers auf den Kaffee eingeladen; im
Sommer tranken sie denselben in dem schönen Garten-
pavillon, den Ihr Herr Großvater damalen erst gebaut hatte. Nicht wahr, Herr Jovers, man hätte

sie wohl sehen mögen, die alten Herren, wie sie in liebevoller Unterhaltung mit ihren holländischen Pfeifen vor den offenen Gartenthüren saßen! — Wenn sie es damalen hätten voraussehen können," fuhr Frau Antje fort, vor ihrem noch immer unberührten Braten sitzend, „daß der nunmehrige Herr Senator Jovers oder, sagen wir's nur gerad' heraus, die nunmehrige Frau Senator'n einen solchen Proceß um diesen schönen Lustgarten anheben würde, was würden die beiden braven Freunde dazu wohl gesagt haben?"

„Weiß nicht, Möllern," sagte Herr Friedrich, der bisher in halber Zerstreuung dagesessen hatte; „vielleicht wäre es meinem Großvater zum Verdruß geschlagen, und er hätte den laufenden Posten von zehn Pfund Tabak und einem Gewandstück ein für alle Mal gestrichen!"

Die Matrone nagte sich ein paar Mal auf die Lippe; dann sprach sie mit andächtigem Aufblick: „Wie wohl hat unser Herrgott es gemacht, daß diese lieben Männer itzt in ihrem Grabe ruhen!"

„Sehr wohl," sagte Herr Friedrich, indem er vom Tische aufstand; „und da lasse Sie die beiden alten Leute nur und sorge Sie für Ihre Leibes-

nahrung, damit Sie nicht vor der Zeit bei Ihres
Vaters Onkel zu ruhen komme! Zunächst aber hole
Sie mir den Ueberrock von draußen aus dem Schrank!"

Als das geschehen war, ging Herr Friedrich aus
dem Hause, ohne zu sagen, wohin und wann er
wiederkommen werde; Frau Antje aber legte zu-
vörderst die Serviette zusammen, welche der sonst so
accurate Herr als wie ein Wischtuch auf dem Tische
hatte liegen lassen, und machte sich dann voll stillen
Ingrimms über ihren Braten her.

— Am selbigen Abend, da es vom Kirchthurme
acht geschlagen hatte, stand Herr Friedrich Jovers
auf seinem Steinhofe mit dem Rücken an der Mauer
eines Hintergebäudes und blickte unverwandt nach
den hell erleuchteten Saalfenstern seines Elternhauses, deren unterste Scheiben die neue Mauer noch
soeben überragten.

Ganz heimlich, vor Allem als dürfe Frau Antje
Möllern nichts davon gewahren, war er nach seiner
Rückkehr hier hinausgeschlichen. Weshalb, wußte er
wohl selber kaum; denn mit jedem Gläserklingen,
das zu ihm herüberscholl, mit jeder neuen Gesundheit, deren Worte er deutlich zu verstehen glaubte,

drückte er die Zähne fester auf einander. Gleichwohl
stand er wie gebannt an seinem Platze, sah in das
Blitzen der brennenden Kryftallkrone und horchte,
wenn nichts Anderes laut wurde, auf den Schrei
des alten Papageien, der, wie er wohl wußte, bei
der Festtafel heute nicht fehlen durfte.

Da erschien an einem der Fenster, gerade an
dem, welches seinen Schein auf Herrn Friedrich's
Standplatz warf, eine zierliche Frauengestalt. Er
konnte das Antlitz nicht erkennen; aber er sah es
deutlich, daß der Kopf des Frauenzimmers, wie um
ungehinderter hinauszuschauen, sich mit der Stirn
an eine Scheibe drückte. Doch auch das schien
ihr noch nicht zu genügen; ein Arm streckte sich
empor, wie um die obere Haspe zu erreichen, und
jetzt, während im Saale neues Gläserklingen sich
erhob und der Papagei dazwischen schrie, wurde leise
der Fensterflügel aufgestoßen.

Herr Friedrich erkannte seine Schwägerin. Sie
lehnte sich hinaus, sie legte die Hand an ihren
Mund, als ob sie zu ihm hinüberrufen wolle; und
jetzt hörte er es deutlich, wenn es auch nur wie
geflüstert klang; es war sein Name, den sie gerufen

hatte. Und da er wie ein steinern Bild an seiner
Mauer blieb, kam es noch einmal zu ihm herüber,
und dann, als wolle sie ihm winken, erhob sie lang=
sam ihre Hand und deutete dann wieder nach dem
hellen Festsaal. — Was hatte sie vor? Wollte sie
ihn noch jetzt zur Taufe laden? Er wußte, sie
konnte solche Einfälle haben; er wußte auch, wenn
er jetzt ihr folgte, er würde seinem Bruder den
besten Theil des Festes bringen; aber — der Gar=
ten! Nach ein paar fürsorglichen Andeutungen des
Herrn Siebert Sönksen stand in allernächster Zeit
eine abfällige Sentenz bei dem Magistrate hier in
Aussicht! — Nein, nein, die zweite Instanz mußte
beschritten, der Proceß mußte dort gewonnen werden;
waren doch auch die weitschichtigen Recesse des Gol=
denen von vornherein auf diese höhere Weisheit nur
berechnet gewesen!

Herr Friedrich Jovers wollte sein Recht. Frau
Christine hatte es selbst gesagt, er konnte nicht
anders, er war ein Trotzkopf; er rührte sich nicht,
der Bock hielt ihn mit beiden Hörnern gegen die
Mauer gepreßt.

Freilich wußte er es nicht, daß Christian Albrecht

ihn im Gevatterstande vertreten und seinen Erst=
geborenen getrost auf seines Bruders und des Ur=
großvaters Namen hatte taufen lassen. Da drüben
aber wurde das Fenster zögernd wieder zugeschlossen.

* *

Wenige Tage später stand der vierschrötige
Maurermeister Heinrich Hansen, wohlrasirt, seinen
Dreispitz in der Hand, im Cabinette des Senators
Christian Albrecht Jovers.

„Also," frug dieser, „zweihundertundvierzig Reichs=
thaler war die Verdingsumme für das Werk da
draußen, und Er hat den Betrag bereits empfangen?"

Meister Hansen bejahte das.

„Weiß Er denn wohl," sagte der Senator wie=
der, „daß mein Bruder Ihm da um die Hälfte zu
viel gegeben hat?"

Der alte Handwerksmann wollte aufbrausen; das
griff an seine Zunft= und Bürgerehre. „Laß Er
nur, Meister," sagte Herr Christian Albrecht und
legte beschwichtigend die Hand auf den Arm des
neben ihm Stehenden, „Seine Arbeit ist auch dies=
mal rechtschaffen; aber Er weiß doch, was ein

Hauscontract bedeutet?" Und damit schob er ihm das vergilbte Schriftstück zu, welches aufgeschlagen auf dem Pulte lag.

Der Meister zog seine Messingbrille hervor und studirte lange und bedächtig unter Beistand seines Zeigefingers den ihm bezeichneten Paragraphen; endlich klappte er die Brille zusammen und steckte sie wieder in das Futteral.

„Nun?" frug Herr Christian Albrecht.

Der Meister antwortete nicht; er fuhr mit seinen Fingern in die Westentasche und suchte nach einem Endchen Kautabak, womit er in schwierigen Umständen seinen Verstand zu ermuntern pflegte.

„Nicht wahr, Meister," sagte der Senator wieder, „da steht es klar und deutlich?"

Der Meister kam nun doch zu Worte. „Mag sein, Herr," erwiderte er stockend, „aber es ist mir denn doch Alles voll und richtig ausbezahlt!"

Der Senator ließ sich das nicht anfechten. „Freilich, Meister; aber die eine Hälfte war ja nicht Herr Friedrich Jovers, sondern ich Ihm schuldig! Das macht auf den Punkt einhundertundzwanzig Reichsthaler. Hier sind sie, wohlgezählt in Kron-

und Markstücken; und nun gehe Er zu Herrn Fried=
rich Jovers und zahle Er ihm zurück, was Er von
ihm zu viel empfangen hat!"

Meister Hansen zögerte noch; in seinem Kopfe
mochte die Vorstellung von einem etwas curiosen
Umwege auftauchen; aber bevor er mit seinen schwer
beweglichen Gedanken darüber ins Reine kam, war
schon das Geld in seiner Tasche und er selbst zur
Thür hinaus.

Herr Christian Albrecht rieb sich vergnügt die
Hände. „Was wird Bruder Friedrich dazu sagen?
Still halten muß er schon; hier steht's!" Und er
tupfte mit den Fingern dreimal zuversichtlich auf
den alten Hauscontract.

Da wurde an die Thür gepocht. Der Schreiber
seines Sachwalters überbrachte ihm einen Brief.

Als der Ueberbringer sich entfernt und Herr
Christian Albrecht den Brief gelesen hatte, war der
eben noch so vergnügliche Ausdruck seines Angesichts
mit einem Mal wie fortgeblasen. „Musche Peters,"
sagte er kleinlaut, indem er die Thür zur großen Schreib=
stube öffnete, „bitte Er doch die Frau Senatorin,
auf ein paar Augenblicke bei mir vorzusprechen!"

Die Frau Senatorin ließ nicht auf sich warten. „Da hast du mich, Christian Albrecht!" rief sie fröhlich; „aber" — — und sie schaute ihm ganz nahe in die Augen, „fehlt dir etwas? Es ist doch kein Unglück geschehen?"

„Freilich ist ein Unglück geschehen; da — lies nur diesen Brief!"

Ihre Augen flogen über das Papier. „Aber, Christian Albrecht, du hast ja den Proceß gewonnen!"

„Freilich, Christinchen, hab' ich ihn gewonnen."

„Und das nennst du ein Unglück? Da hast du ja Alles nun in deiner Hand!"

„Hatte ich in meiner Hand, mußt du sagen! Fünf Minuten vor Empfang dieses Schreibens habe ich durch Meister Hansen die Hälfte der unseligen Mauergelder an Bruder Friedrich abgesandt."

Frau Christine schlug die Hände in einander. „Das wird eine schöne Geschichte werden! — du!?" — und sie drohte ihm mit dem Finger — „ich hatte es dir vorhergesagt!"

✳

Und es wurde eine schöne Geschichte; denn zu derselben Zeit stand im Nachbarhause der Meister Hansen vor dem Herrn Friedrich Jovers.

Bei seinem Eintritt in den Hausflur war der goldene Advocat gegen ihn angeprallt und dann wie im blinden Geschäftseifer an ihm vorbeigeschossen. Im Zimmer selbst saß der Hausherr mit einem Schriftstück in der herabhängenden Hand, das mit vielen Schnörkeln begann und mit dem großen Magistratssiegel endete. Er schien über den zuvor gelesenen Inhalt nachzusinnen und nicht gehört zu haben, was ihm der Meister eben vorgetragen hatte; als dieser aber aus seiner Hand ein paar schwere Geldrollen auf den Tisch fallen ließ, richtete er sich plötzlich auf. „Geld? Was soll das?" rief er. „Was sagt Er, Meister Hansen?"

Der Meister trug noch einmal seine Sache vor, und jetzt hatte Herr Friedrich zugehört und recht verstanden.

„So?" sagte er anscheinend ruhig, indem er sich von seinem Sitz erhob; aber sein Antlitz röthete sich bis unter das dunkle Stirnhaar. „Also dazu hat Er sich gebrauchen lassen?" — Dann ergriff er

plötzlich die beiden Geldrollen und machte eine Arm=
bewegung, die den stämmigen Meister fast zur Gegen=
wehr veranlaßt hätte.

Aber Herr Friedrich besann sich wieder. „Setz
Er sich!" sagte er kurz; dann ging er rasch zur
Stubenthür und über den Hausflur nach dem Hof
hinaus.

Der junge Küfer, der vor der offenen Kellerthür
des Lagerraums beschäftigt war, sah mit Verwunde=
rung den Herrn Principal bald mit vorgestrecktem
Kopfe auf dem Klinkersteige des Hofes dröhnend
hin und wieder schreiten, bald wieder ein Weilchen
stille stehn und mit halbscheuen Blicken an der hohen
Scheidemauer hinaufschauen.

Das mochte eine Viertelstunde so gedauert haben;
endlich, wie in raschem Entschluß, ging Herr Fried=
rich in das Haus zurück. Als er ins Zimmer trat,
fand er den Handwerksmann auf demselben Stuhle,
wo er ihn gelassen hatte.

„Meister," sagte er, aber es war, als werde bei
den wenigen Worten ihm der Athem kurz, „hat Er
Leute in Bereitschaft? So etwa fünf oder sechs,
und noch heute oder doch morgen schon?"

Der Meister war aufgestanden und besann sich. „Nun, Herr Jovers, es ginge wohl! Mit der Stadtswage sind wir jetzt so weit; ein Stücker fünfe könnten schon gemißt werden."

„Gut denn, Meister" — und Herr Friedrich ergriff noch einmal, und nicht minder heftig als vorhin, die beiden auf dem Tische liegenden Geldrollen — „so baue Er mir die Mauer auf meinem Hofe noch um so viel höher, als dieses Silber dazu reichen will!"

Der Handwerksmann schien kaum zu merken, daß während dieser Worte die Rollen schon in seinen Händen lagen.

„Hat Er mich nicht verstanden?" fuhr Herr Friedrich fort, da der Andere keine Antwort gab.

„Freilich, Herr; das ist wohl zu verstehen; aber" — und der Meister schien ein paar Augenblicke nachzurechnen — „das gäbe ja noch an die sechs bis sieben Fuß!"

„Meinetwegen," sagte Herr Friedrich finster, „nur sorge Er dafür, daß es um keinen Schilling niedriger und auch um keinen höher werde, als wozu Er da das Geld in Händen hat!"

„Hm," machte der alte Mann und sah den

jüngeren mit einem Blicke an, als ob ihm plötzlich ein Verständniß komme, „wenn Sie es denn so wollen, Herr Jovers; es ist Ihre Sache."

Herr Jovers wandte sich ab. „So wären wir fertig mit einander!" sagte er hastig. „Fanget nur gleich morgen an, damit ich der Unruhe in Bälde wieder ledig werde!"

Als Meister Hansen dann hinausgegangen war, warf er sich auf einen Stuhl am Fenster und starrte auf die leere Straße. Er schien keine Gedanken zu haben; vielleicht auch wollte er keine haben.

*   *

Und schon am anderen Tage, während der Herr Onkel Bürgermeister und der Herr Vetter Kirchen= propst noch einmal ihr vergebliches Versöhnungswert betrieben, wurde zwischen den Höfen der beiden Brüder rüstig fortgemauert, und der struppige Assyrer sang dabei alle Lieder, die er aus seinen Kreuz= und Querzügen aus der Fremde heimgebracht hatte. Im Hause des Senators wurden die Schreibstuben mit jeder neuen Steinlage immer mehr verdunkelt, und der alte Friedebohm ertappte sich zu seinem Schrecken

mehr als einmal, wie er müßig vor dem Fenster
stand und, eine vergessene Prise zwischen den Fingern, diesem, wie er es bei sich selber nannte, baby-
lonischen Beginnen zusah. Auf der anderen Seite
ging Herr Friedrich Jovers, wenn er auf dem Wege
zu seinen Geschäftsräumen den Hof betreten mußte,
hastig und ohne jemals aufzublicken, daran vorüber.
Dann, nach Verlauf einiger Tage, hörte das Mauern
und das Singen auf; die Handwerker waren fort,
das neue Werk war fertig.

Statt dessen vernahm Herr Friedrich am nächsten
Vormittage ein Geräusch, das ihm wie mit einem
Schlage die seltensten, aber höchsten Freuden seiner
Knabenjahre vor die Seele führte; er hatte eben die
Hofthür geöffnet und seinem draußen beschäftigten
Ausläufer etwas zugerufen, als er horchend stehen
blieb. Er wußte es genau; er sah es vor sich, wie
jetzt drüben auf dem Hofe des Elternhauses die
großen Reisemäntel ausgeklopft wurden; ja, er sah
sich selbst als Knaben in seinen Sonntagskleidern an
seiner Mutter Hand daneben stehen und hörte den
frohen Ton ihrer Stimme, womit sie bei solchem
Anlaß einstmals ihrer Kinder Herz erfreute.

Er erschrak fast, als der Gerufene ihm jetzt ent=
gegentrat, und ihm entfiel unwillkürlich die Frage,
was denn für eine Reise drüben wohl im Werke
sei. Aber bevor der Mann den Mund aufzuthun
vermochte, kam bereits die Antwort aus der nahe
liegenden Küche; Frau Antje Möllern hatte selbst=
verständlich schon lange die genauesten Nachrichten;
ein Glück, daß sie es endlich nun erzählen konnte!
Die junge Frau Senator'n wollte mit ihrem Erb=
prinzen auf Besuch zu ihren Eltern, obschon das
liebe Kind mit jedem Tag ins Zahnen fallen könne
und Pancratius und Servatius noch nicht einmal
vorüber seien; und der gute Herr Senator müsse
auch mit auf die Reise; denn was kümmere das die
Frau Senator'n, daß eine große Ladung Ostsee=
Roggen erst eben auf der Rhede angekommen sei!
„Herr Jevers!" schloß Frau Antje ihre Rede, als
der Arbeitsmann sich entfernt hatte, und wies mit
dem Daumen nach dem Hofe zu, „glauben Sie es
oder glauben Sie es nicht — die hat's nicht aus=
gehalten, daß sie uns von drüben nun nicht mehr
in unsere Töpfe gucken kann!"

Ein fast grimmiges Zucken fuhr um Herrn

Friedrich's Lippen; dann aber sah er die alte Dame
nur eine Weile mit etwas starren Augen an. „Also
das ist Ihre Meinung, Möllersch?" sagte er trocken,
und als sie hierauf betheuernd mit ihrem dicken Kopf
genickt hatte, setzte er hinzu: „So wolle Sie die
Güte haben, dergleichen Meinung künftig bei sich
selber zu behalten!"

Als er das gesprochen hatte, ging er fort, und
Frau Antje blieb, die Hände über ihrem starken
Busen gefaltet, noch eine ganze Weile stehen, die
Augen unbeweglich nach der Richtung, in der ihr
Herr verschwunden war. Dann plötzlich trabte sie
an den verlassenen Herd zurück und rührte unter
heftigen Selbstgesprächen in dem über dem Dreifuß
stehenden Topfe, daß die kochende Brühe zu allen
Seiten in die lodernden Flammen spritzte.

*　　*　　*

Es war unverkennbar, daß die Mauer draußen,
obgleich sie keineswegs behagliche Gefühle in ihm
erweckte, nach ihrer abermaligen Vollendung eine
geheimnißvolle Anziehungskraft auf Herrn Friedrich
Jevers übte. Freilich hatte er noch immer ver=

mieden, an dem neuen Werk emporzusehen; jetzt aber, nachdem der Abend herangekommen war, ließ es ihm auch hierzu keine Ruhe mehr. Er hatte sich vorgespiegelt, sein junger Küfer, der zur gewohnten Stunde aus dem Geschäft gegangen war, könne das Auffüllen der neuen Fässer unterlassen haben, welche in dem Keller hinter dem Hofe lagen; allein er hatte schon darum vergessen, als er kaum den Hof betreten hatte.

Oben an dem dunkeln Frühlingshimmel schwamm die schmale Sichel des Mondes und warf ihr bläuliches Licht auf den oberen Rand der Scheidemauer und das Dach des elterlichen Hauses. Herr Friedrich stand jetzt an derselben Stelle, von wo aus er an jenem Abend ein stummer Zeuge der Familienfeierlichkeit gewesen war; er stand dort ebenso stumm und unbeweglich, aber auf seinem Antlitz lag jetzt ein unverkennbarer Ausdruck der Bestürzung. So sehr er seine Augen anstrengte, es wurde nicht anders; hinter dem neuen Maueraufsatz waren die Fenster des alten Familiensaales bis zum letzten Rand verschwunden.

Es war schon spät am Abend; nichts regte sich,

weder hüben noch drüben; nur das Klirren eines
Fensterflügels, der im Hauptbau auf der andern
Seite offen stehen mochte, wurde dann und wann im
Aufwehen der Nachtluft hörbar. Herr Friedrich
wollte eben in sein Haus zurückkehren, da tönte von
drüben plötzlich die Stimme des alten Cuba-Papa-
geien: „Komm 'röwer!" und nach einer Weile noch
einmal: „Komm 'röwer!" Wie ein eindringlicher
Ruf, fast schneidend klang es durch die Stille der
Nacht; dann nach kurzer Pause folgte ein gellendes
Gelächter. Herr Friedrich kannte es sehr wohl; der
verwöhnte Vogel pflegte es auszustoßen, wenn ihm
die Nachahmung der eingelernten Worte besonders
wohl gelungen war. Aber was sonst als der unbe-
hülfliche Laut eines abgerichteten Thieres gleichgültig
an seinem Ohr vorbeigegangen war, das traf den
einsamen Mann jetzt wie der neckende Hohn eines
schadenfrohen Dämons.

„Komm 'röwer!" seine Lippen sprachen unwillkürlich diese Worte nach; über seine selbstgebaute
Mauer konnte er nicht hinüberkommen.

Noch lange stand er, das Hirn voll grübelnder
Gedanken, ohne daß etwas Anderes als das ge-

wöhnliche Geräusch der Nacht zu seinem Ohr ge=
drungen wäre; fast sehnte er sich, noch einmal den
Schrei des Vogels zu vernehmen; als aber Alles
still blieb, ging er ins Haus und legte sich zum
Schlafen nieder.

Allein er hörte eine Stunde nach der anderen
schlagen; und da er endlich schlief, war es nur eine
halbe Ruhe. Ihm war, als sei er auf dem Wege
zum Garten; aus der Pforte kamen seine Eltern
ihm entgegen, von denen er gemeint hatte, daß sie
beide schon im Grabe lägen; als er auf sie zuging,
sah er, daß ihre Augen fest geschlossen waren; er
wollte sie eben bitten, ihn doch anzusehen, da war
die hohe Mauer vor ihm aufgestiegen, und dahinter
scholl das Gelächter des alten Cubavogels, das wie
in einem Echo an hundert Mauern hin und wieder
sprang.

— — Das Geräusch eines dicht unter seinen
Fenstern vorüber rollenden Wagens weckte ihn. Es
war schon Morgenfrühe; die dicke, goldene Taschen=
uhr, welche er von seinem Nachttisch langte, zeigte
auf reichlich fünf Uhr. Rasch war er aus dem
Bette, zog das Vorhängsel von einem Guckfenster in

der vorspringenden Seitenwand zurück und sah auf
die Straße hinab. Von Osten her lagen die Häuser-
schatten noch auf den feuchten Steinen und bis hoch
an den gegenüber stehenden Gebäuden hinauf; vor
der Treppe des brüderlichen Hauses hielt ein be-
spannter Reisewagen; Koffer wurden durch den alten
Diener hintenauf geladen und Kisten und Schachteln
unter den Wagenstühlen festgebunden. Bald darauf
sah er seinen Bruder und Frau Christine in Reise-
rock und Mantel aus dem Hause treten; dann folgte
eine gleichfalls reisefertige Magd mit einem anscheinend
nur aus Tüchern bestehenden Bündelchen, an welchem
die junge Frau Senator'n noch viel zu zupfen und zu
stecken hatte und worin Herr Friedrich nicht ohne Grund
seinen ihm noch unbekannten jungen Neffen vermuthete.

Endlich war Alles auf dem Wagen; Herr Friedebohm, von der obersten Treppenstufe, schien eiligst
noch mit Kopf und Händen die Versicherung getreuen
Einhütens zu ertheilen; dann klatschte der Kutscher,
und bald war die Straße leer, und Herr Friedrich
hörte nur noch das schwache Rollen des Wagens
droben in der Stadt, wo es zum Osterthore hinausführte.

Aber auch ihn selbst duldete es nun nicht länger im Hause; rasch war er angekleidet und ging in den frischen Morgen hinaus. Er war hinten um die Stadt herumgegangen, an der stillen Gasse vorüber, in welcher die Pforte zu dem Familiengarten sich befand; jetzt schritt er langsam, seinen Rohrstock unter dem Arme, drüben auf dem breiten Gange des Kirchhofes und schaute über den alten Hagedornzaun nach dem seit einem halben Jahre von ihm ge= miedenen Familiengrundstücke hinüber. Bäume und Sträucher standen schon in lichtem Grün, und dort von den jungen Apfelbäumen, die sein Vater, der alte Herr Senator, noch gepflanzt hatte, lachten ihn die ersten rothen Blüthensträuße an. Bald auch gewahrte er mit Verwunderung, daß der Garten, wie in jedem Frühjahr, in ordnungsmäßigen Stand gesetzt war; und — täuschte ihn denn sein Ohr? — er hörte ein Geräusch, als ob geharkt und darauf Beete mit dem Spaten angeklopft würden; aber der Pavillon und das hohe Gebüsch zu dessen Seiten verwehrten ihm die Aussicht.

Er blieb stehen und lauschte, während das Ge= räusch des Arbeitens sich ebenmäßig fortsetzte. Da

wallte es in ihm auf; wer konnte sich unterstehen,
den in Streit befangenen Garten anzufassen?

„Heda!" rief er. „Was wird da getrieben?"

Das Arbeiten hörte auf, und nach einigen Augen=
blicken trat der alte Andreas mit einem Spaten auf
der Schulter hinter dem Pavillon hervor.

„Er, Andreas?" herrschte ihn Herr Friedrich an.
„Was hat Er hier zu schaffen? Hat Ihn mein
Bruder etwa hier zur Arbeit herbeordert?"

Der Alte schob seine Pudelmütze von einem Ohr
zum anderen. Die Frage mochte ihm unerwartet
kommen; hatte er doch noch von dem seligen Herrn
her einen Schlüssel zu der Gartenpforte und seit
über einem Vierteljahrhundert einzig nach dem Ka=
lender, den er in seinem Kopfe trug, die Beete um=
gegraben, Erbsen und Bohnen nach seiner eigenen
Wissenschaft gelegt und Bäume und Gesträuche an=
gebunden und beschnitten. „Herbeordert?" sagte er
endlich. „Nein, Herr; so herbeordert hat mich Nie=
mand; aber wenn's nicht Alles in die Wildniß gehen
sollte, so war es just die höchste Zeit."

„Was kümmert Ihn das," rief Herr Friedrich,
„ob es hier verwildert?"

Der Alte hatte seinen Spaten in die Erde ge-
stoßen. „Was mich das kümmert?" wiederholte er
und sah völlig verdutzt zu dem Sohne seines alten
Herrn hinüber.

„Freilich Ihn!" fuhr dieser fort; „denn wer wohl,
meint Er, daß Ihm Seine Arbeit hier bezahlen werde?"

„Nun, Herr; es wird schon Alles angeschrieben."

„So schreib' Er's gleich nur in den Schorn-
stein," rief Herr Friedrich, „und verthu Er seine
Zeit nicht, die Er besser brauchen kann!"

Andreas wischte mit der Hand den Schweiß von
seiner Stirne. „Wenn das Ihr Ernst ist, Herr
Jovers," sagte er, „so kann ich freilich nur nach
Feierabend hier noch arbeiten; das aber" — und
er erhob den Spaten und zeigte damit nach dem
Kirchhofe hinüber — „thu ich meiner alten Herrschaft da zu Liebe."

Herr Friedrich sagte nichts; Andreas aber ging
mit seinem Spaten fort, und bald wurde wieder
das einförmige Geräusch des Grabens in der Mor-
genstille hörbar.

Der Andere stand noch eine Weile an derselben
Stelle, als müsse er die Spatenstiche zählen, die er

drüben den alten Arbeiter machen hörte; dann wandte
er sich plötzlich und ging weiter in den Kirchhof
hinein, bis zu dem Grabe seiner Eltern. Hier saß
er lange auf den Steinen, welche die Familiengruft
bedeckten, und blickte auf den grünen Koog hinunter
und darüber hinaus auf den silbernen Strich des
Meeres, wo in der Ferne die Masten des guten,
ihm so wohlbekannten Schiffes „Elsabea Fortuna"
sichtbar wurden.

Als es in der Stadt vom Thurme Sieben schlug,
stand er wieder an dem alten Gartenzaune. Der
vorübergehende Todtengräber, dessen Gruß er nicht
zu bemerken schien, gewahrte mit Verwunderung, wie
Herr Friedrich Jovers mit seinem Stocke recht un-
barmherzig gegen einzelne der alten Büsche stieß,
während doch, wie von einem frohen Entschluß, ein
stilles Lächeln auf seinem Antlitz lag.

Plötzlich aber richtete Herr Friedrich sich auf und
schritt aus dem Kirchhofe in die Stadt hinein; er
schritt nicht seiner Wohnung zu, sondern die lange
Osterstraße hinauf, wo das Haus des Meisters
Hinrich Hansen lag.

❉   ❉   ❉

Und acht Tage später, an einem sonnigen Spät=
nachmittage, hielt der Chaisewagen des Senators
wieder vor dessen Hausthür; die Reisenden sammt
Kind und Kindsmagd waren heimgekehrt. Als der
schlafende Erbe glücklich vom Wagen und oben in
der Kinderstube untergebracht war, lief die junge
Frau, wie zu neuer freudiger Besitznahme, durch alle
Räume ihres Hauses, und als sie hier überall ge=
wesen war und, dank der alten schwiegerelterlichen
Köchin, Alles in musterhafter Ordnung vorgefunden
hatte, schritt sie langsam den Gang hinab, der an
der Küche vorbei zur Hofthür führte. Ihr Gesicht
war plötzlich ernst geworden, und es dauerte eine
Weile, bevor sie die Klinke aufdrückte und hinaus=
trat.

Allein so zögernd sie hinausgegangen war, so
rasch kam sie jetzt zurück; sie flog fast an der Küche
vorüber nach dem Hausflur; ihre Augen strahlten:
„Christian, Christian Albrecht!" rief sie. „Wo steckst
du? Komm doch, komm geschwinde!"

Da trat er schon mit heiterem Antlitz aus der
Schreibstube auf sie zu.

„Komm!" rief sie nochmals und ergriff ihn bei

der Hand. „Ein Wunder, Christian Albrecht, ein wirkliches Wunder! Wie aus dem Döntje von dem Fischer un sine Fru! Ein schwarzer jütscher Topf, ein Haus, ein Palast; immer höher und höher, und dann eines angenehmen Morgens — ‚Mantje, Mantje Timpe Te!‘ — da sitzen sie wieder in ihrem schwarzen Pott!“ Und sie sah mit glückseligen Augen zu ihrem Mann empor.

Auch aus seinen guten Augen leuchtete ein Strahl des Glückes. „Ich habe es schon gesehen,“ sagte er; „aber es ist kein Wunder, es ist viel besser als ein Wunder.“

Und als sie dann Arm in Arm auf den Hof hinaustraten, der wieder hell und frei wie früher vor ihnen lag, da sahen sie die hohe Mauer bis auf ihr altes Maß hinabgeschwunden, und hinter der niedrigen Grenzscheide stand Herr Friedrich Jovers und streckte schweigend dem Bruder seine Hand entgegen.

„Friedrich!“

„Christian Albrecht!“

Die Hände lagen in einander; aber jetzt erhob Herr Friedrich den Kopf, als ob er nach den Fenstern des elterlichen Hauses hinüberlausche.

„Worauf hörst du, Bruder?" frug ihn der
Senator.

Einen Augenblick noch blieb der Andere in seiner
horchenden Stellung, dann ging ein Lächeln über
sein ernstes Gesicht. „Ich meinte, Bruder, daß unser
alter Papagei mich riefe; aber er hat es neulich
Abends schon gethan."

Und als er das gesagt hatte, legte er die eine
Hand auf den oberen Rand der Mauer, und mit
einem Satze schwang er sich hinüber.

„Mein Gott, Friedrich," rief Frau Christine,
indem sie einen raschen Schritt zurücktrat, „ich habe
dich noch niemals springen sehen!" Und dabei standen
ihre Augen voll von Thränen.

Er faßte seine Schwägerin an beiden Händen.
„Christine," sagte er, „dieser Sprung war nur ein
Symbolum; ich werde künftig wieder hübsch auf
ebener Erde bleiben."

Der Senator blickte heiter in den nun wieder
frei gewordenen Luftraum. „Lieber Bruder," begann
er mit bedächtigem Lächeln, „die ganze Mauer war
ja eigentlich nur ein Symbolum, außer daß sie
denn doch leibhaftig dagestanden, und währenddem

der alte Friedebohm sich seine Federn nicht mehr
schneiden konnte —"

Herr Friedrich unterbrach ihn: „Wenn's gefällig
wäre, so nehmet noch einmal eure eben abgelegten
Hüte und begleitet mich auf einer kurzen Pro=
menade!"

„Was du willst, Friedrich!" rief Frau Christine.
„Alles, was du willst!" Und da Herr Christian
Albrecht gleichfalls einverstanden war, so gingen sie
mit einander durch das elterliche Haus, und Herr
Friedrich führte sie den bekannten Weg hinten um
die Stadt, an der grünen Marsch entlang und wieder
in die Stadt hinein.

Sie hatten längst bemerkt, daß er sie zu dem in
Streit befangenen Garten führe; aber sie fragten
nicht; sie gingen schweigend und in freudiger Er=
wartung neben dem Bruder her.

Am Eingange empfing sie der alte Andreas, die
Steigharke in der Hand, ein schelmisches Schmunzeln
im Gesicht; Alles zeigte sich in schönster Ordnung,
an den jungen Apfelbäumen waren alle Blüthen=
sträuße aufgebrochen.

Herr Friedrich beschleunigte seine Schritte, wäh=

rend er den Muschelsteig zum Pavillon hinauf, dann
aber an demselben vorbei und nach der Kirchhofseite
zuschritt. Als sie hier aus dem Gebüsch hinaus=
traten, stieß Frau Christine einen leichten Schrei
aus, wie er sich in freudiger Ueberraschung so an=
muthig von dem Frauenherzen löst; denn an der
Stelle des krüppelhaften Zaunes, welcher sonst die
Scheide gegen den Kirchhof hin bezeichnet hatte, er=
hob sich vor ihnen eine stattliche Mauer, wie Herr
Christian Albrecht sie sich immer hier gewünscht
hatte. „Nun gewißlich," rief die hübsche Frau, „da
steht es vor uns, auch die Liebe kann —"

Aber Herr Friedrich nahm ihr das Wort vom
Munde. „Die Frau Schwester meinen," sagte er
höflich, „Meister Hansen's Leute können, wenn auch
keine Berge, so doch eine Mauer recht gescheidt ver=
setzen; mich selber anbelangend, so habe ich hierbei
auf des Herrn Bruders gütigen Consens gerechnet.
Und, Christian Albrecht," fuhr er in herzlichem Tone
fort, indem er sich zu seinem Bruder wandte, „hie=
mit, so du gleichen Sinnes bist, ist unser Proceß
am Ende; du hast das Urtheil unseres Magistrates
für dich; meinen Einspruch habe ich zurückgezogen.

9 *

Thue du nun ein Uebriges und bestimme als der Aeltefte, wie es mit dem Garten soll verhalten werden! Wie du die Theilung vornimmst, ich bin es jedenfalls zufrieden."

Herr Christian Albrecht hatte dieser Rede zuge= hört wie Einer, welcher zugleich einem eigenen Ge= danken nachgeht. „Ist das dein Ernst, Friedrich?" sagte er, seinem Bruder voll ins Antlitz sehend; „dein wohlbedachter Ernst?"

„Mein voller, wohlbedachter Ernst," erwiderte Herr Friedrich ohne Zögern.

„Nun denn," rief Christian Albrecht freudig, „so theilen wir gar nicht, Bruder Friedrich! ‚Jovers' Garten' hat es hier von Großvaters Zeiten her geheißen, so darf es jetzt nicht Christian Albrecht's oder Friedrich's Garten heißen!"

Einen Augenblick lang zogen Herrn Friedrich's dunkle Brauen sich zusammen, als ob er über einen Gewaltstreich seines Bruders zürnen müsse; dann aber wurde es plötzlich hell auf seinem Antlitz, wie Christian Albrecht in so raschem Wechsel es nur bei ihrem Vater einst gesehen hatte. Lebhaft ergriff er seines Bruders Hand: „Topp, Christian Albrecht!

Aber wie war's nur möglich, daß dies damals Keinem von uns Beiden eingefallen ist?"

Herr Christian Albrecht lächelte. „Ich glaube, Friedrich, wir haben damals Beide etwas laut geredet; da konnten wir die eigene Herzensmeinung nicht vernehmen."

Frau Christine, die in stiller Freude dem Gespräch der Brüder zugehört hatte, hob jetzt ihre Uhr empor, die sie, noch von der Reise her, an einem schweren Gürtelhaken bei sich führte. „Vesperzeit, wenn's beliebet!" rief sie. „Und, Friedrich, du speisest doch heut Abend bei uns? Die alte Margreth wird schon löblich vorgesehen haben! Freilich — deine perdrix aux truffes, die hast du ein für alle Mal verlaufen."

* * *

Es war zu Ende Juli. Frau Antje Möllern saß bei Frau Nachbar'n Zipsen auf der Beischlagsbank und erzählte dieser noch einmal, wie schon mehrere Mal zuvor, daß es nun nichts nütze, da drüben noch länger hauszuhalten; denn die da — und sie nickte nicht eben sanft nach dem alten Kauf-

herrnhaus hinüber — habe nun auch Herrn Friedrich
Jovers ganz in ihren Schlingen; sie, Antje Möllern,
habe dies dem Letzteren auch rund heraus gesagt und
dann zugleich auf Michael gekündigt; und Frau
Nachbar'n Zipfen erwiderte darauf, heute gleichfalls
nicht zum ersten Mal, daß sie das Alles längst vor-
ausgesehen habe.

Unten im Rathsweinkeller saß an diesem warmen
Nachmittage der goldene Advocat und demonstrirte
dem Herrn Stadtsecretär, der aus den oberen Rath-
hausräumen zu einem kühlen Trunk herabgestiegen
war, wie er die scharfsinnigen Deductionen seiner
Klage- und Replikrecesse, welche — ganz sub rosa
— denn doch über den Horizont des ehrenwerthen
Magistrats hinausgingen, nun, leider, ganz umsonst
geschrieben habe; und der stets höfliche Herr Stadtsecretär tupfte dem Goldenen recht freundlich auf die
Schulter und sagte lächelnd: „Umsonst, Herr Siebert
Sönksen? Doch wohl nicht ganz umsonst! Da
müßten wir die Herren Jovers sonst nicht kennen!"
— Und der Goldene lächelte gleichfalls und griff
behaglich nach seinem Spitzglas Rothen.

Draußen in den Gärten aber war es in der

Stachelbeerenzeit, und in „Jever's Garten" war
heute überdies ein großer Familienkaffee. Der Herr
Onkel Bürgermeister und der Herr Vetter Kirchen=
propst mit ihren Frauen waren da; und der alte
Friedebohm und der alte Andreas waren da, Jeder
an dem Platze, der ihnen zukam, und der alte Pa=
pagei saß auf seiner hohen Stange vor dem Pavillon,
und auch Musche Peters in seinem neuesten Anzug
mit einer kleinen Zopfperücke fehlte nicht; selbst den
kleinen Erbprinzen hätte man in seinem Kinder=
wagen an einem stillen Schattenplätzchen finden
können; freilich bis jetzt nur schlummernd unter der
Hut der treuen Kindermagd. Im Inneren des Pa=
villons aber vor den weit geöffneten Flügelthüren
waltete Frau Christine des blinkenden Kaffeetisches,
während drunten vor der Stacketpforte sich zusammen=
drängte, was die kleine Gasse an neugierigen Wei=
bern und lustiger Jugend aufzubieten hatte. Die
Weiber erzählten sich von der guten seligen Frau
Senator'n und nickten dabei nach der inneren Wand
des Pavillons hinüber, wo die unermüdliche Dame
Flora nach wie vor mit ihrer Rosenguirlande tanzte;
die Buben dagegen, die sich allmälig den ersten

Platz vor der Pforte erobert hatten, wiesen mit
ausgestreckten Armen nach den großen rothen Stachel=
beeren, die auf den Rabatten in schwerer Fülle an
den Büschen hingen. Mitunter hörte man sie den
Namen des jungen Herrn Senators nennen; sie
schienen auf ihn zu warten, dessen milde Hand ja
auch nach dem Hintritt der guten alten Frau Se=
nator'n noch vorhanden war. „Da kommt he! Kiek
mal, da kommt he!" riefen ein paar von ihnen,
deren gierige Augen eben einen Schimmer seines
pfirsichfarbenen Rockes erspäht hatten; aber sie wur=
den plötzlich stille, als sie ihn an der Seite des
gefürchteten Herrn Friedrich Jovers aus einem be=
laubten Seitengange treten sahen.

Die beiden Brüder gingen schweigend neben ein=
ander; aber auf ihrem Antlitz lag noch der friedliche
Ausdruck des traulichen Gespräches, welches sie vor=
hin die einsameren Seitengänge hatte aufsuchen lassen.
Auch jetzt noch wandten sie sich nicht wieder zur
Gesellschaft, sondern schritten in stummem Einver=
ständniß den breiten Muschelsteig hinab.

Ihnen im Rücken hatte inzwischen Musche Peters
sich der Papageienstange genähert und suchte in Er=

mangelung gleichberechtigter Unterhaltung mit dem
gefiederten Gaste in bescheidenem Flüstertone anzu=
knüpfen; sogar ein Stückchen Zucker wagte er dem
Papchen hinzuhalten. Aber der grüne Unhold schien
für diese Aufmerksamkeiten keinen Sinn zu haben;
statt nach dem Zucker hackte er nach Musche Peters'
Finger und schrie dann gellend, als wolle er's nun
ein für alle Mal gesagt haben: „Komm 'röwer!"

Als der Schrei des Vogels das Ohr der beiden
Brüder erreichte, flog über Herrn Friedrich's An=
gesicht ein Schatten, wie aus jener Nacht, von der
er seinem Bruder heut zum ersten Mal gesprochen
hatte. Der Senator aber faßte seine Hand und
sagte leise: „Mein Friedrich, das hat jetzt keine Be=
deutung mehr; du bist nun ein für alle Mal her=
über."

Als Herr Friedrich hierauf den Kopf erhob, um
seinen Bruder anzublicken, blieben seine Augen auf
dem Bubenhaufen vor der Pforte haften, und die
finstere Miene wurde von einem fast schelmischen
Lächeln fortgedrängt. „Keine Bedeutung mehr?"
sagte er, die Worte des Bruders wiederholend.
„Meinst du, ich verstünde ganz allein die Papageien=

sprache?" Und ohne eine Antwort abzuwarten, rief er mit lauter, kräftiger Stimme: „Hollah, Jungens, wat seggt de Papagoy?"

Da kam zuerst eine noch etwas zaghafte Stimme, dann aber eine nach der anderen, und immer lauter und lauter: „‚Komm 'röwer! Komm 'röwer!‘ seggt de Papagoy!"

Und lustig winkend erhob Herr Friedrich den Arm: „Nun denn, alle Mann hoch: ‚Komm 'röwer!‘" und eben so lustig wies seine Hand nach den brechend voll beladenen Stachelbeerbüschen.

Zuerst sahen die Jungen nur einander an und flüsterten angelegentlich mitsammen; sie konnten sich's nicht denken, daß der böse Herr Friedrich Jovers mit einem Male so erstaunlich gut geworden sei. Als aber jetzt die beiden Herren Jovers in ein unverkennbar herzliches Lachen ausbrachen, da war kein Halten mehr, einer wollte noch eher als der andere, und bald sprang und fiel und purzelte der ganze Schwarm über die Pforte in den Garten hinab, und unter jeder Stachelbeerstaude saß mit lachendem Angesicht ein unermüdlich schmausender Junge.

„Christian Albrecht," sagte Herr Friedrich, den

Arm um seines Bruders Schulter legend, „wenn erst
deine Jungen hier so in den Büschen liegen!"

Da erscholl hinter ihnen vom oberen Theil des
Gartensteiges ein helles fröhliches „Bravissimo!"
und als sie sich hierauf umwandten, da stand in der
offenen Thür des Pavillons inmitten aller Gäste die
junge anmuthige Frau Senatorin; mit emporge=
hobenen Armen hielt sie den Brüdern ihr eben er=
wachtes Kind entgegen, das mit großen Augen in
die bunte Welt hinaussah.

Meine
Erinnerungen an Eduard Mörike.

(1876.)

Auf der alten Gelehrtenschule meiner Vaterstadt wußten wir wenig von deutscher Poesie, außer etwa den Brocken, welche uns durch die Hildburghausensche „Miniaturbibliothek der deutschen Classiker" zugeführt wurden, deren Dichter aber fast sämmtlich der Zopf- und Puderzeit angehörten. Zwar lasen wir auch unseren Schiller, dessen Dramen in der Stille eines Heubodens oder Dachwinkels von mir verschlungen wurden, und selbst ein altes Exemplar von Goethe's Gedichten cursirte einmal unter uns; daß es aber lebende deutsche Dichter gebe, und gar solche, welche noch ganz anders auf mich wirken würden als selbst Bürger und Hölty, davon hatte mein siebzehnjähriges Primanerherz keine Ahnung.

Erst auf dem Lübecker Gymnasium, das ich vor dem Abgang zur Universität noch eine Zeit lang besuchte, las ich Goethe's Faust und Heine's Buch der Lieder, und mir war dabei, als seien durch diese beiden Zauberbücher doch erst die Pforten der deutschen Dichtung vor mir aufgesprungen. Von den neueren schwäbischen Dichtern kam mir nur Uhland in meine Hände; aber trotz der schönen frühlingsklaren Lyrik blieb dessen dichterische Persönlichkeit mir ferner, vielleicht weil in der Sammlung der Gedichte die Balladenpoesie einen so breiten Raum einnimmt, die man damals ganz in den Vordergrund geschoben hatte, zu der, mit wenigen Ausnahmen, ich aber niemals ein Verhältniß finden konnte.

Die Gedichte Eduard Mörike's, des letzten Lyrikers von zugleich ursprünglicher und durchstehender Bedeutung, der während meines Lebens in die deutsche Literatur eingetreten ist, lernte ich erst mehrere Jahre nach ihrem ersten Erscheinen (1838) während meiner letzten Studentenzeit in Kiel kennen. Wir waren dort derzeit eine kleine übermüthige und zersetzungslustige Schar beisammen, die geneigt war, möglichst wenig gelten zu lassen; aber vor diesem Buche machten wir unwillkürlich Halt. Da war Tiefe und Grazie, deutsche Innigkeit verschmolzen oft mit antiker Plastik, der rhythmisch bewegte Zug des Liedes

und doch ein klar umrissenes Bild darin; die idyl=
lischen, vom anmuthigsten Humor getragenen Stücke
der Sammlung von farbigster Gegenständlichkeit und
doch vom Erdboden losgelöst und in die reine Luft
der Poesie hinaufgehoben. „Mich kann nichts so ge=
fangen nehmen, als solche Ergüsse, die uns jählings
umwogen und aus jedem Fleck der Erde eine Insel
machen, von der man ungern wieder scheidet,"
schreibt kurz vor dem Erscheinen der Gedichte Mörike's
vertrautester Jugendfreund Ludwig Bauer in seinen
unten zu erwähnenden Briefen; und wir waren in
ähnlicher Weise von diesen Dichtungen getroffen.
In dem später (Kiel, 1843) von uns herausgegebenen
jugendlichen „Liederbuche dreier Freunde" findet sich
aus jener Zeit unter der Ueberschrift „Eduard Mörike"
ein Sonett von Th. Mommsen:

Vorüber fluthen stolz des Elbstroms Wellen,
Die Schiffe tragend mit dem goldnen Horte —
Der Reichthum wohnt hier wohl am weiten Porte;
Allein der Friede weilet bei den Quellen.

So will der Strom der Dichtung auch sich schwellen,
Und weiter strebt er von der stillen Pforte,
Wo Blumen wuchsen am verborgnen Orte
Und wo am Waldsaum gaukelten Libellen.

Ach! Wir sind oft anmuthig, oft erhaben;
Allein Gervinus stellt uns zu der Prose,
Und Recht behält er, sind wir erst begraben.

Da fand ich in dem eignen Bett von Moose,
Erblühend im geheimsten Thal von Schwaben
Des reichen Liedersommers letzte Rose.

Man sah durch diese Gedichte wie durch Zauber=
gläser in das Leben des Dichters selbst hinein, das
zwar auf einen kleinen Erdenfleck beschränkt, aber
dafür mit diesem auch desto inniger vertraut und
überdies mit einem phantastischen Märchenduft um=
geben war, der bei aller anmuthigen Fremdheit den=
noch dem Boden der Heimath zu entsteigen schien,
und aus dem die bald zarten, bald grotesken Ge=
stalten,

Die sel'gen Feen,
Die im Sternensaal
Beim Sphärenklang und fleißig mit Gesang
Die goldnen Spindeln hin und wieder drehn,

wie der gespenstische Feuerreiter mit seiner rothen
Mütze bis zur sinnlichen Deutlichkeit hervortreten.
Diese Poesie erregte, wie von E. Kuh in seinem
schönen „Gedenkblatt" treffend bemerkt ist, ganz von
selber den Wunsch, die besonnten Rebhügel, die heim=
lichen Waldplätze oder stillen Dorfseiten aufzusuchen,

denen sie entstammt ist; noch lieber, in des Dichters
Pfarrgarten einzutreten und bei ihm selber anzu=
sprechen. Aber freilich dazu fehlte mir derzeit auch
das bescheidenste Legitimationspapier.

Nach den Gedichten lasen wir auch die Novelle
„Maler Nolten", und trotz der mystischen Zwie=
spaltigkeit der Dichtung und des Mangels befrie=
digender Lösung der darin angeregten Conflicte, wel=
ches Beides auch einem jugendlichen Leser nicht leicht
entgehen kann, waren wir doch darüber einig, daß
der Dichter, wie sein Freund Bauer gleich nach dem
Erscheinen des Buches schreibt, „seinen Nolten aus
dem dämmernden Brunnenstübchen hervorgeholt habe,
wo Kunst und Natur als nachbarliche Quellen rau=
schen;" ja, daß in einzelnen Partien vielleicht das
Höchste geleistet sei, was überall der Kunst erreichbar
ist. Noch entsinne ich mich, wie ich eines Tages
beim Eintritt in mein Zimmer einen unserer Ge=
nossen, einen eifrigen Juristen, mit feuchten Augen
vor meinem Clavier auf einem Stuhle hängend
fand; in der einen Hand hatte er das Heft der von
Mörike selbst geschätzten Compositionen von Hetsch,
welche damals dem Buche beigegeben waren, mit

der anderen suchte er unter Heraufbeschwörung sei=
ner vergessenen Notenkenntniß auf den Tasten sich
Agnesens Lied zusammen:

> Rosenzeit, wie schnell vorbei
> Bist du doch gegangen!

Leider verfiel ich, da ich nach abgelegtem Staats=
examen in meiner Vaterstadt seßhaft geworden war,
in den seltsamen Irrthum, meine Begeisterung auch
bei allen anderen Menschen vorauszusetzen; derart,
daß ich den „Nolten" der Lesegesellschaft unserer
„Harmonie" höchst dringend anempfahl. Das Buch
wurde auch angeschafft; aber — ich konnte mich bald
kaum noch irgendwo sehen lassen, ohne ein mitlei=
diges Kopfschütteln der rüstigen Geschäftsleute dafür
einzucassiren. Ich hatte mich von vorn herein um
allen Credit gebracht. — Setzte es doch sogar einen
Schriftsteller, wie A. v. Sternberg, mit dem ich in
den fünfziger Jahren zusammentraf, in Erstaunen,
daß ich Mörike überhaupt eine Bedeutung einräumen
wollte. Er hatte zur Zeit, da dieser an seinem
Nolten arbeitete, ihn persönlich kennen gelernt, wußte
von ihm aber nur mit herablassendem Lächeln zu
erzählen, wie Mörike ihn eines Tages gefragt habe,

ob er wohl auch eine Gräfin könne Staub wischen
lassen, worauf er ihn dann beschieden, ja wenn es
grad' nicht nöthig sei, da könne auch wohl einmal
eine Gräfin zum Staubtuch greifen. — Die Stelle
findet sich übrigens Bd. I, S. 225 im Nolten, und
wird von Vischer in seinen „Kritischen Gängen"
gegen einen Recensenten vertheidigt, da der Vorgang
als ein ungewöhnlicher psychologisch motivirt sei.

Und hier stehen wir vor der Frage: woher
kommt es, daß Mörike selbst in Betreff der Gedichte
noch heute ein so kleines Publicum hat? — Der
gänzliche Mangel der flüssigen Phrase und jener
aus der Alltäglichkeit der Anschauungen hervorgehen=
den bequemen Verständlichkeit schließt allerdings bei
unserem Dichter den größten Theil der Jugend, ins=
besondere der jugendlichen Frauenwelt von vorn
herein aus; abgesehen davon, daß die Stoffe vielfach
jenseits des gewöhnlichen Gesichtskreises dieses Alters
und Geschlechtes liegen. Aber auch reifere Frauen
oder Männer, denen man sonst wohl etwas zumuthen
kann, wissen oft sich nicht hineinzufinden.

Ich möchte Nachstehendes hervorheben. Einmal
hat das Phantastische, das bei Mörike überall hin=

durch spielt, gegenwärtig überhaupt wenige Liebhaber;
hier aber hat es noch dazu in mehreren Gedichten
— so in der, allerdings köstlichen, 16 Seiten ein=
nehmenden Erzählung vom „sicheren Mann" — eine
mythische Welt zur Voraussetzung, die nur dem
Dichter selbst und seinem engeren Kreise bekannt war.
Als Tübinger Studenten auf einsamen Spazier=
gängen oder in einem fremden Gartenhause auf dem
Oesterberge, wo sie sich heimlicher und nächtlicher
Weise einnisteten, erschufen Mörike und Bauer diese
Welt, die irgendwo im stillen Ocean liegende Insel
Orplid mit der Hauptstadt gleiches Namens und
ihrer Schutzgöttin Weyla, deren auf und über der
Erde spielende Geschichte bis ins Einzelne von ihnen
ausgebaut wurde. Bauer schrieb später auf Grund
dieser Empfindungen seine Dramen: „Der heimliche
Maluff" und „Orplids letzte Tage"; Mörike die
in den Nolten aufgenommene Scene „Der letzte
König von Orplid". Die in letzterer enthaltenen
und dieser Mythenwelt entsprungenen kleineren Ge=
dichte: „Gesang Weyla's", „Gesang zu Zweien in
der Nacht", „Elfenlied", „Die Geister am Mummel=
see", sind dann auch, und freilich mit vollem Rechte,

in die Sammlung der Gedichte übergegangen, aber
sie beruhen sämmtlich auf unbekannten oder unge=
wohnten Voraussetzungen. Weniger noch als mit
diesen und dem „sicheren Mann" werden manche
Leser mit dem gleichfalls dem Nolten entnommenen
Cyklus „Peregrina" anzustellen wissen; die reizende
Gestalt des Wundermädchens ist wie ein Irrlicht,
von dem wir nicht wissen, ob wir es wirklich sehen
oder ob es nur ein Bild der eigenen Phantasie vor
unseren Augen spielt.

Es kommt noch ein Anderes hinzu. Insbesondere
die Idyllen, die einen großen und köstlichen Theil
der Sammlung ausmachen, haben in ihrer Vortrags=
weise, in Ausdruck und Redewendung etwas, das
der antiken Dichtung abgelauscht und das, so fein
und anmuthig es sich der heimischen Weise einfügt,
denen, die keine classische Schulbildung hinter sich
haben, nicht sofort geläufig sein mag. Wie es bei
der Persönlichkeit dieses Dichters nicht anders sein
konnte, die Welt seiner Studien verschmilzt sich mit
seiner eigenen; der Verfasser schnupft zwar nicht,
aber unleugbar ist es, daß er Lateinisch und vor=
trefflich Griechisch kann; und das von ihm verspottete

„Schulschmäcklein" kommt hie und da, wenn auch in stets graziöser oder bewußt humoristischer Weise, in seinen eigenen Gedichten zur Erscheinung.

Das Alles sollte freilich die ernsteren Leser nicht veranlassen, das unvergleichliche Buch nach dem ersten Einblick ungelesen zur Seite zu legen; gleichwohl vermag ich nach eigener Erfahrung, trotz meiner vielfachen Bemühungen dafür, eine Vergrößerung der Mörike-Gemeinde nicht zu verzeichnen. Scheint doch auch, nach dem eingeklebten Titelblatt, die letzte, sechste Auflage der Gedichte nur eine maskirte fünfte zu sein.

Nachdem von Mörike bereits 1846 die „Idylle vom Bodensee" und 1848 die zweite Auflage der „Gedichte" erschienen war, ließ auch ich ein wenig bemerktes Buch „Sommergeschichten und Lieder" in die Welt gehen, worin eine Auswahl meiner Gedichte und meine ersten Prosadichtungen zusammengestellt waren. Mit diesem in der Hand, wagte ich es bei Mörike, wenigstens aus der Ferne, anzuklopfen; im November 1850 schickte ich es ihm und schrieb ihm dabei von seinen norddeutschen Freunden und meiner dauernden Liebe zu seiner

Dichtung, den Ausspruch eines heiteren Genossen nicht verschweigend:

Die echten Lieder halten aus in Sommern und in Wintern:
Sie haben aber Kopf und Fuß, dazu auch einen H—.

Es vergingen ein paar Jahre, ohne daß ich über die Aufnahme meiner Sendung etwas erfahren hätte. — Dann im Mai 1853 erhielt ich aus Stuttgart das eben erschienene „Hutzelmännlein", das die Perle der von dem Dichter erfundenen Sage von der schönen Lau enthält, zugleich mit dem herzlichsten Schreiben, das mir diesen Frühlingstag zu einem der schönsten meines Lebens machte. Was mir später von Oesterreich aus entgegengekommen ist, schrieb mir schon derzeit Mörike: „Höchst angenehm frappirt hat mich die Aehnlichkeit Ihres Nordens mit unserer süddeutschen Gefühls= und Anschauungsweise"; und näher dann auf den Inhalt meines Büchleins ein= gehend: „Ihre Neigung zum Stillleben thut gegen= über dem verwürzten Wesen der Modeliteratur außer= ordentlich wohl. Der alte Gartensaal, der Marthe Stube und so fort sind mir wie altvertraute Orte, nach denen man sich manche Stunde sehnen kann."

— — — „Das (Gedicht) von den Katzen wußte

ich bald auswendig und habe Manchen schon damit
ergötzt. Von wem ist das? frug ich unlängst einen
Freund. Nu, sagte er lächelnd, als wenn es sich
von selbst verstünde — von dir! Die Zuversicht=
lichkeit des schmeichelhaften Urtheils hat mich natür=
lich nicht wenig gaudirt." — Mörike wird sich bei
dieser freundlichen Aeußerung freilich wohl bewußt
gewesen sein, daß dies Gedicht, wenn es auch nicht
von ihm herrührt, schwerlich so entstanden sein würde,
wenn der Verfasser nicht fleißig bei ihm in die Schule
gegangen wäre. Schließlich wünschte er eine Andeu=
tung meiner äußerlichen Existenz; das Eine wolle
mich zum Arzt, das Andere zum Prediger machen.

Ich ließ mich selbstverständlich nicht vergebens
bitten.

Später, in den Jahren, die ich während der
Dänenherrschaft in dem großen Militär=Casino Pots=
dam verlebte, sandte ich ihm das aus unserem Ber=
liner Kreise hervorgegangene belletristische Jahrbuch
„Argo". Ich sammelte damals für ein Album zum
Geburtstage meiner Frau Erinnerungsblätter aus
der Heimath und handschriftliche Gedichte von mir
bekannten Verfassern. Kugler hatte mir sein „An

der Saale hellem Strande" schreiben müssen; von
Eichendorff, mit dem ich in des Letzteren gastfreiem
Hause — „am ewigen Herd" — im Freundes-
und Frauenkranze einen heiteren Tag verlebt hatte,
erhielt ich das: „Möcht' wissen, was sie schlagen, so
tief in der Nacht"; nun bat ich auch Mörike um
sein „Früh, wenn die Hähne krähn".

Und rechtzeitig im April 1854 langte zur Antwort eine reiche Sendung bei mir an; dem aus-
führlichen Briefe war außer dem gewünschten Auto-
graph und einem desgleichen von Kerner mit dem
charakteristischen Datum „Weinsberg im unglücklichen
April 1854" — er hatte damals eben sein „Rickele"
verloren — eine werthvolle Gabe beigeschlossen:
„Ludwig Bauer's Schriften, nach seinem Tode in
einer Auswahl herausgegeben von seinen Freunden."
Das Buch ist ohne Angabe eines Verlegers 1847
zu Stuttgart erschienen. Mörike's Frau, Gretchen,
geb. v. Speth, auf welche, wie der Dichter mir verrathen und ich wohl weiter ausplaudern darf, sich
die in seiner Sammlung befindlichen Gedichte „Ach
muß der Gram", „O Vogel, es ist aus mit dir",
„An Elise", „Wehet, wehet liebe Morgenwinde" be-

ziehen, hatte es mit einer Widmung an die „Freunde in Schleswig" begleitet. Er selbst schrieb dazu: „Sie werden den herrlichen Menschen bald darin erkennen. Was die vorangedruckten Briefe betrifft (an deren Auswahl ich natürlich einen Antheil habe) — wenn Sie im Stande wären, Alles gehörig abzurechnen, was jugendliche Freundschaft nach der ihr eigenen Uebertreibung Gutes an ihrem Gegenstande findet, so könnte es mir schon lieb sein, daß Ihnen ein Stück Leben von mir und meinem Kreis damit vorgelegt wird."

Und in der That sind diese Briefe Allen zu empfehlen, denen daran liegt, den Jugendspuren unseres Dichters nachzugehen. Man sieht die beiden Freunde in die Sommernacht hinausschwärmen und sich auf einsamen Berghöhen und Waldplätzen zu künftigen Werken begeistern; von Mörike erfahren wir, daß er (1824) ein Trauerspiel vollendet, aber dann verbrannt habe, weil es nicht die ganze Höhe seiner Idee erreichte. Ueberall aber zeigt sich die beiden Freunden gemeinsame Neigung zum Phantastischen und Geheimnißvollen; noch als Pfarrer zu Ernsbach macht Bauer den Vorschlag, sich für Tag'

und Nächte in dem veröbeten Schloß zu Ingelfingen
einzuquartieren, „in einem Zimmer, wo, wenn man
allein ist, man sich zu Tode bängeln kann." Es
ist, als ob die jungen Dichter aus der Einsamkeit
in der Natur, aus der Stille der Nacht die Offen-
barung der Poesie erwarteten; und die „Felsenglocke
Orplids, von welcher nur die Gazellen geweckt werden, seitdem die Gassen der heiligen Stadt veröbet
sind", klingt überall hindurch. Hie und da in diesen
Briefen wird uns, als läsen wir ein Gedicht von
Mörike selbst.

Zwischen den Blättern dieses so willkommenen
Buches fand sich überdies die Nummer einer würtem-
bergischen Kirchen-Zeitung mit dem ersten Abdruck des
trefflichen „Thurmhahns", worüber Mörike mittheilte,
daß er als Pfarrer zu Cleversulzbach aus Anlaß
einer Kirchenreparatur solch ein altes Inventarienstück zu sich genommen habe, während das Ganze
unter Sehnsucht nach dem ländlich pfarrlichen Leben
entstanden sei.

Auch die Silhouetten des Dichters, seiner Frau
und seiner Schwester Clara, der beständigen Ge-
nossin seines Lebens, waren beigefügt.

In seiner liebenswürdigen und bescheidenen Weise
gab Mörike dem jüngeren Freunde über die Ent=
stehung einzelner seiner größeren Dichtungen Aus=
kunft; in Betreff seines „Nolten" schrieb er: „Ver=
schiedene Partien im ersten Theil desselben sind mir
selbst widerwärtig und fordern eine Umarbeitung.
Was denken Sie deshalb für den Fall einer zweiten
Auflage? Ich möchte Sie nicht gern zum zweiten
Mal als Corrector unzufrieden machen."

*　　　　*

Im August 1855 wurde mir die Freude, mit
meinen Eltern eine Reise in den deutschen Süden
zu machen. Das Endziel war Heidelberg, wo mein
Vater einst als Student der Rechte zu des alten
Thibaut Füßen gesessen hatte, auch mit ihm befreun=
deten Söhnen eines Hainbundgenossen mitunter von
dem alten Johann Heinrich Voß in dem Rebgange
seines Gartens war empfangen worden. Ich aber
dachte noch ein paar Meilen weiter zu einem leben=
den Dichter, nach Stuttgart, wo Mörike derzeit mit
seiner jungen Frau und seiner Schwester sein be=
wegliches Wanderzelt aufgeschlagen hatte. Während

nun mein Vater, nur von seinem spanischen Rohre
begleitet, in Heidelberg die Stätten seiner Jugend
aufsuchte, setzte ich mich auf die Eisenbahn und fuhr
nach Stuttgart.

Mörike war nicht im Wartesaal, wie er mir ge=
schrieben hatte. Meine Ankunft war mit einer Lite=
raturstunde zusammengefallen, die er derzeit als Pro=
fessor am Catharineum zu geben hatte. Als die
Menge sich verlaufen hatte, blieb ich mit einem
schwarzen Herrn auf dem Perron zurück, der nach
dem mir bekannten lithographirten Bilde von Weiß
jedenfalls nicht Mörike sein konnte; der aber bald
auf mich suchend Umherblickenden zutrat und mir ein
mit Bleistift geschriebenes Billet überreichte. „Salve
Theodore!" schrieb Mörike, „Negotio publico dis-
tentus amicum, ut meo loco te excipiat, mitto
carissimum.‟

Dieser Freund war Wilhelm Hartlaub, dem die
erste Auflage der Gedichte gewidmet ist und der jetzt
von seiner Dorfpfarre bei dem Dichter auf Besuch
war. „Sie kommen zur glücklichen Stunde," sagte
dieser, als wir durch die Straßen schritten; „der
Eduard hat gerade etwas fertig, was von über=

wältigender Schönheit ist." — Die Dichtung, welche er meinte, war die Novelle „Mozart auf der Reise nach Prag".

In der einfach aber nett eingerichteten Wohnung, freilich mehrere Treppen hoch, wurde ich von Frau und Schwester empfangen. Mörike selbst war noch nicht da; aber während ich mich an einem Glase jungen Weins, noch aus dem Garten zu Mergentheim, nach der heißen Fahrt erquickte, trat auch er herein. Er war damals erst 51 Jahre alt; in seinen Zügen aber war etwas Erschlafftes, um nicht zu sagen Verfallenes, das bei seinem lichtblonden Haar nur um so mehr hervortrat; zugleich ein fast kindlich zarter Ausdruck, als sei das Innerste dieses Mannes von dem Treiben der Welt noch unberührt geblieben.

Er faßte mich an beiden Händen und betrachtete mich mit großer Herzlichkeit. „Gelt, Alte!" sagte er dann zu seiner Frau, „so habe wir ihn uns ungefähr vorgestellt. Als ich eben da herauf gegangen bin, da hab' ich mir die Stufe angesehen und gedacht, ob wohl der Storm da herüber gestiegen ist?"

Bei den Gesprächen, in die wir bald vertieft

waren, offenbarte sich überall der ihm inwohnende
Drang, sich Alles, auch das Abstracteste, gegenständ-
lich auszuprägen; die Monaden des Leibnitz erschienen ihm wie Froschlaich; von den kleinen Naturbil-
dern des ihm befreundeten Dichters Karl Mayer
sagte er: „Er kann nichts passiren lassen, ohne es
auf diese Art gespießt zu haben." — Ueber dem
Sopha zwischen den Lichtbildern von mir und meiner
Frau, die wir als Erwiderung der Silhouetten ge-
sandt hatten, hing eine in Oel gemalte Mondschein-
landschaft; Mörike meinte, es stecke ein Gedicht darin.
„Eine Nachtuhr!" sagte er und zeigte auf einen Fels-
block im Vordergrunde des Bildes, über den, vom
Mond beleuchtet, ein rieselndes Wasser tropfenweise
herabfiel. Aber so viel ich weiß, ist dies schon kei-
mende Gedicht nicht zur Entfaltung gediehen. Wir
kamen auf Heine zu sprechen. „Er ist ein Dichter
ganz und gar," sagte Mörike; „aber nit eine Vier-
telstund' könnt' ich mit ihm leben wegen der Lüge
seines ganzen Wesens." Dagegen fühlte er sich zu
Geibel und Heyse, dessen eben erschienene „L'Arrab-
biata" er „eine ganz einzige Perle" nannte, hinge-
zogen und wünschte sich nur Jugend und Gesundheit,

um ihnen recht feurig entgegenkommen zu können;
auch von unserer persönlichen Begegnung wünschte
er, daß sie in eine frühere Zeit seines Lebens ge=
fallen sei.

Von mir, der ich damals erst im Beginn meiner
Prosa=Dichtung stand, hatte Mörike kurz zuvor die
kleine Idylle: „Im Sonnenschein" zugesandt erhal=
ten. „Als ich das gelesen," sagte er, „da habe ich
gleich gesehen, das ist so mit einem feinen Pinsel
ausgeführt; das mußt du Satz für Satz lesen. —
Wisse Sie was!" fuhr er dann fort; „drei Stellen
daraus möchte ich auf Porzellan gemalt haben." —
Er hatte eben nicht Unrecht mit dieser freundlichen
Kritik. Dann aber meinte er wieder: „Sie habe
das an sich, so leise zu überraschen: ‚Es war eine
andere Zeit!'"

Ich hatte ihm erzählt, daß mein Vater, ein
Müllersohn vom Dorfe, von seiner Jugend her eine
Liebhaberei für Vögel habe und noch jetzt mit Be=
hagen dem Treiben der Staare um die ausgehängten
Bruttkästen zuschaue. Als wir später bei der Be=
sichtigung der Wohnräume in das Zimmer kamen,
wo sein erst einige Monate altes Töchterlein in einer

Wiege schlief, sagte er mir, daß er diese Liebhaberei
meines Vaters theile, und zeigte auf zwei Roth-
kehlchen, die im Bauer vor dem Fenster standen:
„Richtige Gold- und Silberfäde ziehe sie heraus;
sie singe so leise, sie wollen das Kind nit wecke."

In meiner Heimath, wo das Plattdeutsche der
Volkssprache sich schärfer von der Schriftsprache scheidet, ist man nicht gewöhnt, einen derartigen Anflug
von Dialekt in der Unterhaltung zu hören; auch
Mörike's Gedichte, hatte ich sie nun laut oder leise
gelesen, waren mir stets nur in meiner eigenen
Sprache dagewesen. Nun hörte ich den Dichter selber in behaglichster Weise sich in der Sprache seiner
schwäbischen Heimath ergehen, insbesondere beim
Mittagstische im Gespräch mit seinem Jugendfreunde
Hartlaub. Als ich ihm meine Gedanken darüber
kund that, legte er zutraulich die Hand auf meinen
Arm und sagte lächelnd: „Wisse Sie was? Ich
möcht's doch nit misse." — Noch ein Anderes hatte
mich stutzen gemacht, ohne daß ich gleicherweise einen
traulichen Bescheid darauf bekommen hätte. Es war
dies das Tischgebet, das Mörike kurz vor Beginn
der Mahlzeit sprach. Ich mußte schweigend darüber

11*

nachsinnen, ob das ein Rest des früheren Pfarr-
lebens sei, oder vielleicht nur einer allgemein schwäbischen Haussitte angehöre; eine solche formulirte
Kundgebung wollte mir zu dem D i c h t e r Mörike
nicht passen, wenngleich in seinen Gedichten sich nichts
findet, das dem Glauben an eine persönliche dem
Herzensdrange des Menschen erreichbare Gottheit
widerspräche. Die Verse aber:

... Aus Finsternissen hell in mir aufzückt ein Freudenschein:
Sollt ich mit Gott nicht können sein,
So wie ich möchte, Mein und Dein?
Was hielte mich, daß ich's nicht heute werde?
Ein süßes Schrecken geht durch mein Gebein!
Mich wundert, daß es mir ein Wunder sollte sein,
Gott selbst zu eigen haben auf der Erde!

sind erst in der Ausgabe von 1867 veröffentlicht.

Als das Gespräch sich auf das poetische Schaffen
überhaupt wandte, meinte Mörike, es müsse nur so
viel sein, daß man eine Spur von sich zurücklasse;
die Hauptsache aber sei das Leben selbst, das man
darüber nicht vergessen dürfe. Er sagte dies fast so,
als wolle er damit den jüngeren Genossen warnen.
Und daß es nicht ein blos hingeworfenes Wort
gewesen, beurkunden seine Gedichte, in denen der

Inhalt eines reichen, wenn auch noch so stillen Lebens
wie von selber ausgeprägt ist.

Am Nachmittag wurde mir zu Ehren auf nor-
dische Weise der Theetisch hergerichtet; Mörike meinte,
o, sie kennten das hier auch. Dann schleppte er mir
selbst aus seinem Studirstübchen seinen großen Lehnstuhl herbei, und als ich mich hineingesetzt hatte, begann er seinen „Mozart" vorzulesen. Die noch
jugendliche Frau des Dichters ging indessen, wie ein
freundlicher Hausgeist, ab und zu; die wirthschaftliche Sorge für die Gäste hatte sie genöthigt, sich
dem pantomimisch kundgegebenen Wunsche ihres Mannes, sich mit in unseren Kreis zu setzen, mit dem
liebenswürdigsten Ausdruck des Bedauerns zu ent-
ziehen. — Mörike las, wie mir damals schien, vor-
trefflich; jeder Anflug von Dialekt war dabei verschwunden. Auch hier aber hatte ich Gelegenheit zu
bemerken, welch hohe Stellung der Dichter bei seinen Jugendgenossen einnahm, und wie sie überall
nur das Schönste und Beste von ihm erwarteten.
Schon 1823 schreibt Bauer in den erwähnten Briefen an ihn: „Aber dies ist mir lieb, daß nur dann
dein ganzes wunderbares Selbst vor mir steht, wenn

sich die gemeinen Gedanken wie müde Arbeiter schla=
fen legen, und die Wünschelruthe meines Herzens
sich zitternd nach den verborgenen Urmetallen hinab=
senkt. Die Poesie des Lebens hat sich mir in dir
verkörpert, und Alles, was noch gut an mir ist, sehe
ich als ein Geschenk von dir an;" und an einer an=
deren Stelle: „Du bist mir schon so heilig, wie ein
Verstorbener." — Der jetzt gegenwärtige Hartlaub
folgte der Vorlesung mit einer verehrenden Begeiste=
rung, die er augenscheinlich kaum zurückzuhalten ver=
mochte. Als eine Pause eintrat, rief er mir zu:
„Aber, i bitt Sie, ist das nun zum aushalte!" —
Ich selbst freilich war von dieser Meister=Dichtung,
in der mir nur eine Partie, die mit den Wasser=
spielen, weder damals noch später hat lebendig wer=
den wollen, nicht weniger freudig ergriffen. Daß
außer einzelnen Gedichten, wie „Erinna an Sappho"
oder „Besuch in der Carthause", diesem Werke kein
weiteres mehr von ähnlicher Bedeutung folgen sollte,
ahnten wir damals nicht.

Nach beendeter Vorlesung wandte das Gespräch
sich auf den „Maler Nolten", dessen erste Auflage
vergriffen war. Der Verleger beabsichtigte eine

neue; aber Mörike wollte den unveränderten Abdruck
nicht gestatten; er hatte schon damals eine Umarbei=
tung desselben begonnen, welche er trotz der ihm
noch vergönnten zwei Decennien nicht vollenden sollte.
Es wolle ihm nicht gelingen, bekannte er; er habe
sogar das Buch schon einmal vor Ungeduld an die
Wand geworfen. — Als wir Anderen ihm dann zu=
redeten, er möge sich doch lieber neuen Schöpfungen
zuwenden, meinte er, es werde doch kein Maler, dem
Gelegenheit gegeben sei, ein Bild zu wiederholen,
mit Bewußtsein dieselben Verzeichnungen wieder
hineinmalen. — Und so ist er denn fortgefahren,
Zeit und Kräfte an dem ihm fremd gewordenen
Werke zu erschöpfen.

Durch die Erwähnung Kerner's, den aufzusuchen
mir leider, trotz Mörike's dringender Empfehlung,
der einmal festgestellte Reiseplan verwehrte, geriethen
wir in das nicht nur in Schwaben leicht aufzuritzende
Reich der Geister. Mörike, der die Sache ernst
nahm, behielt sich vor, mir bei besserer Gelegenheit
brieflich desfallsige Mittheilungen aus seinem eigenen
Leben zu machen. Aber bekanntlich war er kein zu
starker Briefschreiber; erst viele Jahre nachher durch

einen meiner Söhne, der ihn als Tübinger Student
mehrfach in seinem derzeitigen Wohnorte Nürtingen
besuchte, habe ich etwas von diesen Vorgängen erfahren, welche nach dessen Aussage Mörike ihm mit
einer die Nachtruhe gefährdenden Meisterschaft erzählt
hatte.

Eine Reihe derselben steht in unmittelbarer Be-
ziehung zu Kerner's seltsamem Buche: „Die Seherin
von Prevorst." Nachdem nämlich der Dichter nicht
lange zuvor mit Mutter und Schwester von seinem
Pfarrhause zu Cleversulzbach Besitz genommen, geht
er eines Sommernachmittags in sein Weinbergshäus-
chen hinauf, um dort, wie es komme, ein bischen zu
lesen oder zu schlafen. Zufällig hat er unter seinen
Büchern die erwähnte „Seherin" gegriffen und liest
darin — die Geschichte steht S. 274 — was einem
Pfarrer H. zu C. und dessen Nachfolger S. im
Pfarrhause mit einem spukenden Amtsvorgänger Namens R—sch begegnet ist. Eben am Eindämmern,
fährt es ihm durch den Kopf: „Ganz dieselben Wahr-
nehmungen hast du ja auch gemacht!" Die Anfangs-
buchstaben des Pfarrers und seines nächsten Nachfol-
gers passen ebenfalls; nur der Name des Spukenden

ist ihm nicht bekannt. Eiligst begiebt er sich auf sein
Studirzimmer und schlägt im Kirchenregister nach;
und da steht es! „Rabausch“ hatte der Pfarrer ge=
heißen, der hier vor längerer Zeit gelebt und über
den noch allerlei finstere Erzählungen im Schwange
gingen. — Von der Zeit an hätten er und seine
Hausgenossen die Aeußerungen des Geistes mit Auf=
merksamkeit beobachtet.

Diese Hinneigung des Dichters zu einer von der
Wirklichkeit getrennten, geheimnißvoll in sich abge=
schlossenen Welt ist ein bezeichnender Zug seines
Wesens, das überall dahin drängt, sich von der in
fluthender Bewegung tosenden Welt des Tages zu=
rückzuziehen.

Bei einem Abendspaziergange durch die Stadt
wurde mir die Steinfigur des Hutzelmännleins ge=
zeigt, welche oben an der Ecke eines Hauses hütte;
weiterhin trat Mörike in einen Laden und kaufte
mir ein paar weiße Kreidestifte, deren ich mich, wie
er zu thun pflege, zum bequemen Niederschreiben
poetischer Productionen auf eine Schiefertafel bedie=
nen möchte.

Am anderen Vormittage kramte unser Gastfreund

allerlei, besonders handschriftliche Raritäten aus: so,
trotz seiner Abneigung gegen dessen Persönlichkeit,
ein sehr durchcorrigirtes Gedicht von Heine; mehrere
von Hölderlin, darunter eines aus der Zeit seines
Irrsinns, aber auch ein Concept des schönen Gedich=
tes „An Heidelberg"; endlich kam ein Blatt mit
allerhand colorirten Zeichnungen. So viel ich mich
entsinne, sollte es von einem alten Zeichenlehrer aus
dem vorigen Jahrhundert stammen; Mörike, der eine
mir entfallene Classenbenennung für diese Art von
Künstlern gebrauchte, hatte selbstverständlich den Mann
nicht gekannt; aber während er auf die verschiedenen
altfränkischen Dinge aufmerksam machte, mit denen
der Bogen bedeckt war, begann er, leise und behag=
lich redend, mit dramatischer Lebendigkeit die Figur
des alten Herrn in immer deutlicheren Zügen vor
uns hinzustellen, so daß ich es zuletzt mit Augen vor
mir sah, wie das fettige Zöpflein sich auf dem blan=
ken Rockaufschlage hin und wieder rieb. — Nach
einem Gemälde von Orplid, das nach Bauer's An=
gabe in Mörike's Besitz sein sollte, erkundigte ich
mich vergebens; es schien nicht mehr vorhanden.
Dagegen sah ich eine Zeichnung, welche den Dichter

in seiner früheren Jugend als einen besonders schönen
Knaben zeigte. Das lithographirte Bild von Weiß,
so viel mir bekannt, das einzige aus den kräftigeren
Mannesjahren des Dichters, schien mir nicht ganz
ähnlich; auch Mörike selbst meinte das.

Gegen Mittag kamen meine Eltern, mit denen
ich am Nachmittag nach Heilbronn und dann anderen Tags den Neckar hinab nach Heidelberg zu-
rückfahren sollte. — Die nordischen Leute schienen
Mörike zu gefallen; als wir mit ihm und seiner
Schwester einen Spaziergang durch die Stadt und
die umliegenden Anlagen machten, faßte Mörike
mitten aus der Unterhaltung heraus mich unter den
Arm und raunte mir zu: „Aber en passant, Sie
habe recht liebe, liebe Eltern!" Und noch mehrmals
kam er darauf zurück: „Ich komme noch nit aus
mei Staunen und mei Freud; Sie habe wirklich
prächtige Eltern!"

Noch sehe ich ihn mit meinem Vater, den alten
Poeten und den alten Advocaten, in aufmerksamer
Betrachtung vor der Schiller-Statue stehen; Beide
die Hüte in den Nacken gerückt; der Eine mit seinem
Regenschirm, der Andere mit seinem spanischen Rohr

unter dem Arm. Plötzlich wendet Mörike sich zu
mir und sagt mit großer Herzlichkeit: „Wisse Sie
was? Ihr Herr Vater hat so was von einem alte
Schweizer!" Dies Compliment, wofür er es an=
sehen mußte, da ihm die Schweizer nur als ideale
Gestalten aus Schiller's Tell bekannt waren, konnte
mein Vater unmöglich annehmen. „Ach wat," rief
er lachend in unserem Plattdeutsch, „ick bün man en
Westermöhlner Burjung!" Möglich, daß das nun
wieder Mörike nicht verstanden hat. — Auch meine
Mutter zu charakterisiren schien dieser ein freundliches
Bedürfniß zu empfinden; sie habe „so etwas Klares,
Leuchtendes, Liebe Erweckendes," meinte er.

Aber der Tag verging. Beim Abschiede empfing
ich als Gastgeschenk von Frau Gretchen aus der
Garderobe des Haustöchterchens ein paar gestrickte
Schühchen für meine gleichaltrige kleine Tochter, von
Mörike für meine Frau eine Art schelmischen Schön=
heitsdiploms, ein zierlich, jedoch verkehrt auf Glanz=
carton gedrucktes Gedicht, wodurch die Adressatin ge=
nöthigt wird, damit vor den Spiegel hinzutreten:

> „Und was kein Schmeichler ungestraft gewagt,
> Ihr eigen Bild hat es ihr nun gesagt."

Er habe, bemerkte Mörike, das Blatt für Agnes Schebest machen lassen, pflege es aber auch wohl an andere würdige Personen zu verabreichen. — In seine Sammlung ist übrigens dies Gedicht nicht aufgenommen.*

Dann verließen wir Stuttgart, und ich habe Mörike nicht wiedergesehen; auch geschrieben hat er mir, außer einem Gruß auf seinem „Mozart", nur noch einmal, da mich ein großes Leid betroffen hatte. Grüße und kleine Sendungen sind noch einzeln hin und wieder gegangen, bis dann der Tod auch dem ein Ende machte.

———

* Es findet sich vollständig abgedruckt in Westermann's „Illustrirten Deutschen Monatsheften", dritte Folge, Bd. VIII, S. 64.